酒店（宾馆）技能培训与管理实务系列

酒店（宾馆）营销技能培训与管理实务

李笑　主编

JIUDIAN BINGUAN YINGXIAO

JINENGPEIXUN YU GUANLI SHIWU

经济管理出版社

ECONOMY & MANAGEMENT PUBLISHING HOUSE

图书在版编目（CIP）数据

酒店（宾馆）营销技能培训与管理实务/李笑主编．—北京：经济管理出版社，2016.5
ISBN 978 – 7 – 5096 – 4226 – 9

Ⅰ．①酒…　Ⅱ．①李…　Ⅲ．①饭店—市场营销　Ⅳ．①F719.2

中国版本图书馆 CIP 数据核字（2016）第 021165 号

组稿编辑：谭　伟
责任编辑：张巧梅
责任印制：黄章平
责任校对：雨　千

出版发行：经济管理出版社
　　　　　（北京市海淀区北蜂窝 8 号中雅大厦 A 座 11 层　100038）
网　　址：www. E – mp. com. cn
电　　话：（010）51915602
印　　刷：保定市嘉图印刷有限公司
经　　销：新华书店
开　　本：720mm×1000mm/16
印　　张：17.5
字　　数：334 千字
版　　次：2016 年 5 月第 1 版　2016 年 5 月第 1 次印刷
书　　号：ISBN 978 – 7 – 5096 – 4226 – 9
定　　价：48.00 元

本书编委会

主　编：李　笑
副主编：朱玉侠　谭　伟
编　委：朱玉侠　林　侠
　　　　谭　伟　张元栋
　　　　李全超　安玉超

前　言

据中国旅游研究院的数据显示，2015 年全年中国旅游接待总人数将突破 41 亿人次，实现旅游总收入 3.84 万亿元人民币。随着我国经济的迅速发展和旅游热的升温，以及作为第三产业的现代酒店业的不断壮大，其盈利是相当可观的。然而由于我国近年来酒店数量激增，酒店业面临的竞争自然就越发激烈。如何实现酒店更好、更快地发展已经成为现代酒店竞争中亟须解决的问题。现代酒店不仅需要抓住机遇，更关键的是要以人为本，加强酒店技能培训与酒店管理，才能形成持续、稳定的发展局面。

在新形势下，现代酒店如何与时俱进，如何在硬件设施上得到加强，在酒店软件服务即员工的技能培训与管理上加以完善，是新时期酒店业面临的重大课题。一个酒店中最核心的活动莫过于员工的技能培训与管理，技能培训与管理往往决定着整个酒店的发展走向，关系到酒店的经济效益和社会效益，进而影响到酒店的兴衰存亡，所以是酒店工作的重中之重。

在这种背景下，为了酒店的健康发展和壮大，我们通过大量的市场调查，研究了国内外酒店技能培训与管理的成功经验，并结合国内酒店经营者的实际情况与自身需要，编写了这本《酒店（宾馆）营销技能培训与管理实务》，同时规避了市场上类似图书存在的一些问题，在编写体系和内容上进行了优化，从而使本书更贴近酒店的实际情况，体现出其实用性和可操作性强的特点，进一步符合酒店营销技能培训与管理的需要。

本书理论与实践相结合，深入浅出，内容翔实，具有超前性和时代感。全书共分为十二章，即酒店市场营销人员素养、酒店市场营销策划技巧、酒店市场营销分析调研、酒店营销控制预算管理、酒店公关宣传营销管理等，全面而具体地呈现了现代酒店营销技能培训与管理的要点，方便读者熟悉酒店营销运作。相信每一位酒店管理者通过阅读本书，都能结合自己的实际工作环境、自身状况等，真正领悟本书，从而有所裨益。

本书突出三大特点：一是实用性，突出可读性、可操作性；二是全面性，内容丰富而全面，涉及酒店营销技能培训与管理的方方面面，并结合案例，便于读者轻松掌握和运用；三是新颖性，本书无论是篇章布局，还是形式结构，都新颖、独到，并糅合酒店营销所需的最新技能与管理，具有前瞻性与国际性。

总之，这是一本酒店营销技能培训与管理的最新力作，是酒店营销标准化、规范化管理的最新参考用书，是提高酒店业绩与员工素质的最佳读本，也是酒店管理者的良师益友。

本书在编写过程中，参考了大量的图书、报纸、杂志、网站，给本书提供了资料帮助，作为编者，我们在此深表谢意。

目 录

第一章 现代酒店营销概述

第二章 酒店市场营销人员素养

第三章 酒店市场营销策划技巧

第四章 酒店市场营销分析调研

第十章　酒店营销控制预算管理

第十一章　酒店市场营销新型模式

第十二章　酒店公关宣传营销管理

第一章　现代酒店营销概述

一、酒店市场营销的概念

（一）酒店市场营销的含义

市场营销是指企业在市场环境中从事的一种经营活动，是在市场营销观念指导下产生的一种现代企业行为。对于这种行为活动的确切含义，国外市场学界做过多种不同的解释和表述。这些论述反映了不同时期人们对市场营销的认识及其发展过程。

早期的认识是比较肤浅的，随着社会经济的发展和人类认识的深化，市场营销的内涵和外延已经在不断地丰富和扩展，其过程向前延伸到生产领域和产前的各种活动，向后延伸到流通过程结束后的消费过程；其内容扩大到市场调研、市场细分、产品开发、制定价格、选择分销渠道、广告、促销、售后服务、信息反馈等诸多方面；其目的上升为保证消费者的需要得到全部和真正满足，并为社会创造更高的生活标准；其运行表现为在现代市场营销观念指导下有计划、有组织地自觉加以调节和控制的理性活动。

根据现代市场营销的发展，给出如下酒店市场营销的定义：酒店市场营销是酒店在变化的市场环境中，为满足顾客需求和实现酒店目标，综合运用各种营销手段，把酒店产品和服务整体地销售给顾客的一系列市场经营活动与过程。由此可以看出，酒店市场营销具有下列要点：

1. 酒店市场营销是包括酒店营销战略决策、生产、销售等阶段在内的总循环过程

第一阶段——营销战略决策。主要是解决制定或调整经营方向、进行经营规模的合理优化、选择有利的经营时机、评价营销战略方案的经济效益等重大战略问题。营销战略决定着酒店市场营销活动的方向和效果。为保证战略决策的科学性和正确性，必须进行科学的市场调查和预测，在市场细分的基础上选定目标市场，根据目标市场的需求决定酒店的经营方向和经营规模，制订相应的营销战略方案。因此，顾客需求是酒店开展营销活动的起点和制订营销战略的根本依据。

第二阶段——生产阶段的营销活动。此阶段主要的营销活动在生产领域进行，重点是根据市场分析与预测的结果，确定酒店产品品种组合决策，制订酒店新产品开发计划，注重酒店生产和经营的数量、质量、品牌、形象等方面的设计与实施。同时加强生产过程中的各项管理，降低成本和经营费用，为提高酒店的市场竞争力和酒店经济效益奠定坚实基础。

第三阶段——销售阶段。主要在销售领域完成，同时向消费领域延伸。在激烈的市场竞争环境中，产品能否销售出去，直接决定酒店营销活动的成效与经济效益。为此，在这一阶段需要综合运用价格、促销、渠道、广告、服务等各种营销手段和策略，在全面满足顾客需求的基础上，促成酒店产品和服务的最终销售。

以上三个阶段在时间上继起，在空间上并存，既紧密联系又相互制约，从而实现和保证营销过程的循环往复、连续不断。

2. 酒店市场营销是以顾客需求为基础和中心的酒店经营行为

与传统的经营活动相比，现代市场营销的一个显著特点是以顾客需求为中心，需求成为左右酒店一切生产经营活动的出发点。酒店市场营销活动是以盈利为基本目标的，但这一目标的实现，必须以满足顾客需求为基础，获取利润的手段必须有利于顾客消费需求的满足。因此，在营销活动中，酒店追求的首先是产品或服务满足顾客的消费需求，然后根据需求的被满足程度来确定酒店的盈利。

事实上，满足需求与获取盈利并非相互对立，而是彼此依存、相辅相成的。顾客需求被满足的程度越高，酒店的盈利随之越多。基于上述认识，酒店在市场营销中，无论从事市场调研、产品开发或是制定价格、广告宣传都强调以酒店顾客的需求为出发点，不仅满足已有的现实需求，还要激发、转化各种潜在需求，进而引导和创造新的需求；不仅满足顾客的近期、个别需求，还要顾及广阔的长远需求，维护社会公众的整体利益。

3. 酒店市场营销是以整体营销组合作为运行手段和方法的有机系统

在传统的经营活动中，酒店往往集中运用一种或几种经营手段达成预定目标。例如，仅借助产品本身来扩大市场，只依靠推销手段来促进销售。与传统方式不同，市场营销不主张采用单一手段从事经营活动，而认为应在产品设计、品牌形象、商标、定价、财务、销售、服务、公关、分销渠道等各个环节和方面都要制订相应的营销策略，以综合性的策略组合进行整体营销，这些策略和手段又归结为以下几个方面：产品策略、定价策略、分销渠道策略、促销策略，以及近年来迅速发展的公共关系策略、财务控制策略、服务营销策略、信息化营销策略等，整体营销组合即由这些策略结合而成。

不仅如此，在每种策略中又包含了一系列具体手段，如产品策略中包含产品组合、产品生命周期、新产品开发等手段；定价策略中包含成本核算、价格构成、定价技巧等手段；分销渠道策略中包含销售地点、销售渠道等手段；促销策略中包含广告、人员推销、营业推广等手段；公共关系策略中包含政府关系、新闻界关系、社区关系、顾客关系、经销商关系等，这些具体手段又构成该策略的下一层次的组合。整体营销组合与各个策略组合相互联系、共同作用，构成市场营销手段和方法的完整系统。

（二）酒店市场营销的特点

我国酒店业面向国际、国内两个市场，其营销活动又是围绕着酒店产品和劳务交换这一中心来展开的。因而，它具有以下四个基本特征：

1. 供求关系的复杂性

酒店市场营销是由顾客需求和经营者的供给双方共同决定的。共同目的是从两者的供求关系出发，促成产品和劳务交换。它是一个十分复杂的过程。这种供求关系的复杂性主要表现在三个方面：一是需求复杂。酒店市场面向国际、国内和本地区客人，客源市场广泛，类型复杂，既有团队客人又有零散客人，既有海外和国内各种外出旅行而前来住店的客人，又有本地企事业单位、机关社团前来消费而不住店的客人。这些客人的身份地位、文化程度、宗教信仰、生活习惯、兴趣爱好各不相同，其消费水平、支付能力及前来住店、用餐、宴请和消费的目的各不相同，因而对酒店客房、餐厅、康乐等产品的类型、档次、风味、装修美化环境、价格高低和质量要求也各不相同，其需求状况是十分复杂的。二是酒店供给复杂。为了适应各类客人的消费需求，酒店规模有一星级到五星级，以及白金五星和经济型酒店。此外，还有商务、观光、会议、长住等不同性质的酒店。每类酒店还有不同档次。酒店内部的客房、餐厅等产品也有各种类型、档次和风味。这些产品的硬件设施、装修美化、消费环境、经营方式、产品价格和软件服务及其质量高低区别较大，由此又形成了酒店市场的激烈竞争。因而其市场供给和市场竞争也是十分复杂的。三是供给和需求的关系也是一个复杂和不断变化的过程。这种关系不是静止的，而是始终处于供求均衡→不均衡→均衡→不均衡的过程之中，有淡季、旺季、平季和节假日等之分。什么时候均衡？什么时候不均衡？均衡和不均衡的影响因素和表现是什么？从均衡到不均衡再到均衡的过程中，其影响因素是怎样变化的？淡季、旺季、平季和节假日的客源变化与市场竞争的影响因素是怎样变化的，等等，都难以及时掌握。因而，其市场供求关系也是十分复杂的。

市场供求关系的复杂性对酒店市场营销管理的要求是管理人员必须认真研究酒店市场需求和市场供给的影响因素、具体表现、供求关系的变化；必须认真做好市场调查，掌握市场动向、特点、发展趋势，从市场需求和市场供给相结合的角度来搞好市场细分，选好目标市场，然后针对目标市场的需求及其变化制定营销战略、营销方针、营销策略，提供适销对路的酒店客房、餐饮等产品及其优质服务，合理制定产品价格，正确开展市场竞争，才能搞好市场营销，促进产品销售，实现营销目的。

2. 营销策略的多样性

从本质上说，市场营销就是从供求关系出发，运用营销策略来促进和实现产品与劳务交换。由于市场供求关系复杂，又随时处于变化过程中，因此，必然具有营销策略多样性的特点。酒店市场营销策略的多样性主要表现在两个方面：一是营销策略类型的多样性。酒店市场营销策略有产品策略、价格策略、促销策略、渠道策略等传统营销策略，除此之外，还有立体营销策略、品牌营销策略、关系营销策略、忠诚客户策略等。从传统的"4P"，即产品（Product）、价格（Price）、促销（Promotion）和渠道（Place）策略到比较新型的"4C"，即顾客（Customer）、成本（Cost）、便利（Convenience）和沟通（Communication）的营销组合，都能在酒店市场营销中得到广泛运用。因此，其营销策略的类型多种多样。二是每种营销策略的营销手段、措施和方法多种多样。例如，产品策略有具体产品组合策略，不同寿命周期的相应策略，新产品的开发、创新策略，产品质量策略等。价格策略有市场渗透策略、成本定价策略、撇油定价策略、竞争价格策略、心理定价策略等。此外，促销策略和渠道策略的具体手段、措施与方法也是多种多样的。至于主题营销、品牌营销、关系营销、绿色营销和4C组合策略等的具体手段与方法则更是多种多样，十分灵活。

营销策略的多样性特点对酒店市场营销管理的基本要求包括：①要根据市场供求关系的变化和本酒店的实际情况及需要灵活选用营销策略，正确运用各种营销手段和方法。②要善于运用营销组合来开展营销活动。市场营销策略不是单一的，每一种策略的运用都同时需要其他策略的配合。因而，酒店营销策略的运用重点在于营销策略组合，所谓4P和4C强调的都是营销组合的运用。这就是酒店市场营销策略运用的实质所在。

3. 交易行为的庞杂性

酒店市场营销的根本目的是通过营销活动和营销过程的组织来实现其产品和劳务交换，这种产品和劳务交换的行为是十分庞杂的。从产品内容看，既有各种类型的客房和各种风味的餐饮产品，又有各种康乐娱乐项目和各种商品，还有酒店内部的配套服务。从交易方式看，既有各种零星散客、各种团队和会议客人交易，又有客人用餐、宴请、举办各种活动等交易，还有客房和餐饮的预订、预约、自助自选等交易。从契约关系看，既有契约合同交易，又有现场挂账交易。所以，酒店市场营销的交易行为和交易过程是十分庞杂的。

交易行为的庞杂性特点对酒店市场营销管理的要求是：①必须坚持客源类型的多样化。酒店的各类客房、各种餐厅，其客源都不是统一的，既有住店客人，又有非住店客人，还有政府机构、企业单位、公司社团的客人；既有零星散客、家庭消费的客人，又有团队、会议、长住等类客人。只有坚持客源类型多样化，才能适应交易庞杂的特点，提高设施利用率。②必须树立灵活的经营思想。所谓灵活，就是要根据客源类型多样、交易行为庞杂的特点，做到经营方式灵活、产品价格灵活、交易方法措施灵活，认真做好客房、餐厅、康乐娱乐项目和商品部门等各类产品的交易与销售。同时提供优良环境和优质服务，保证产品质量。

4. 与酒店质量的互补性

酒店市场营销和酒店企业管理都属于管理学的范畴，但它们的研究内容和核心概念是不相同的。酒店市场营销的研究内容是营销活动的组织，其核心概念是产品和劳务交换，即如何通过营销活动的策略、组织来吸引和招徕客人，达到产品与劳务销售和交换的目的。酒店企业管理的研究内容是企业接待服务过程的组织，是如何用较少的资源投入来获得较大的效益产出，其核心概念是职能运用，即如何运用计划、组织、指挥、控制等职能去达到预期目标。因此，酒店市场营销与酒店企业管理又是相辅相成的，酒店市场营销以市场为主，重点是研究营销战略、方针，研究市场开发、客源组织、酒店产品和劳务交换的各种措施和方法。而要达到长期和稳定的产品与劳务交换的目的，又必须以酒店质量为基础，包括设施设备质量、消费环境质量、酒店产品质量和服务操作质量。离开了这些质量，市场营销就是无源之水、无本之木，也就失去了根基。所以，酒店市场营销与酒店质量具有很强的互补性。

酒店质量的互补性特点对酒店市场营销管理的要求是：①必须正确认识和处理好酒店质量管理和市场营销的相互关系。只有加强质量管理，切实抓好酒店设施设备、消费环境、各项产品和服务操作的质量，提供以标准化、程序化和制度化为基础的个性化服务和感情化服务，确保质量优良，才能为酒店市场营销活动的开展、为酒店产品和劳务交换的实现创造优良的基础，才能使酒店市场营销与酒店质量互相配合、互相促进、互相补充、互为条件，也才能使这两者之间形成良性循环，越来越好。②必须坚持"两手抓、两手都要硬"的原则，即一手抓酒店市场营销和客源组织，一手抓酒店质量管理，确保设施设备、消费环境、酒店产品，特别是以着装仪表、礼节礼貌、形体动作和服务语言等为基础的操作服务质量适应客人的消费需求，才能使酒店市场营销和质量管理结合起来，互相促进。反之，如果酒店市场营销不能与酒店质量互相配合或配合得不好，必然丧失大量客源，使两者之间处于恶性循环的状态，那么，做好市场营销、市场开发和客源组织就是一句空话。

（三）酒店市场营销的性质

性质是指事物本质，是一种事物区别于其他事物的根本属性。酒店市场营销是以自己的产品和劳务交换为中心来研究其营销活动规律的，因而其根本性质主要表现在以下三个方面：

1. 交换属性

市场营销学的核心概念是交换。酒店市场营销就是围绕其产品和劳务交换来研究酒店营销管理及其活动规律的，因此必然具有交换属性。既然其核心是产品和劳务交换，就必然具有需求方和供应方。需求方就是广大顾客，而顾客又是多类型、多层次、多方面和具有不同兴趣、爱好、习惯、消费心理、支付能力的客人。因而，酒店市场营销就必然要以顾客为中心，研究各类客人的需求表现、消费心理、消费水平和支付能力，研究市场分类、市场细分、目标市场所在和市场开发、客源组织的方针策略、措施和方法等。同样，供应方就是酒店企业，而酒店企业又有各种类型、各种档次、各种规模、各种产品和各种不同的消费环境、经营方式和产品价格。因而酒店市场营销又必然要研究酒店企业应该以什么样的类型、档次规格、消费环境、类型的产品和价格来满足目标市场的消费需求，就必然要研究酒店必须采用什么经营方式、经营策略，运用什么营销手段、措施和方法来开发市场、组织客源，以吸引、留住广大客人、客户前来住店与消费，从而完成酒店产品和劳务的市场交易。通过交换，使供求双方达到各自的目的，这就是酒店市场营销的实质所在。

2. 利益属性

利益属性是指在酒店市场营销过程中，不管是供应方或需求方，他们之所以要进行酒店产品和劳务交换，愿意达成和实现交易，都是受利益驱动的。从供应方来看，各种类型的酒店投资人和经营者之所以要组织开展市场营销，其主要目的就是要获得良好的投资回报和经济效益，是受利益驱动的。从需求方来看，客人和客户之所以要参与酒店业的市场营销，也是受利益驱动的。但他们的利益与酒店不同，其主要目的是满足住店、用餐、宴请等消费要求，表现为酒店产品和劳务的使用价值。如为经商贸易、考察、开会、旅游等而住店、用餐、宴请，从而享受良好的住宿条件与环境，享受美味佳肴、优质服务。其利益一方面表现为客人获得的酒店产品与劳务的使用价值，另一方面表现为客人和客户住店、用餐、宴请等想要达到的商业目的与个人方面的目的。因此，酒店市场营销要研究客人和客户的利益与需求表现是什么，就必须要研究怎样用自己的前厅、客房、餐厅、酒吧、宴会厅等的各种设施与用品配备来满足、迎合客人的消费需求，同时，也要研究怎样用优质的客房服务、餐饮产品、环境卫生、安全服务等来迎合客人的各种需求，使产品质量、价格高低适应客人的消费需求。只有这样，才能广泛吸引、留住客人，保证客人和客户的利益得以实现。所以酒店市场营销必然具有利益属性，而这种利益属性对供求双方来说是相互的，是互相联系、互相依存、互为条件的，是以等价交换为前提的。在市场经济和市场竞争条件下，任何不顾对方利益的行为，特别是那些欺骗顾客、降低质量、胡乱涨价、不讲信誉、随意宰客的行为，其所开展的市场营销活动都是不能长久、难以为继的。

3. 社会属性

社会属性是指酒店的市场营销是社会经济活动的组成部分，是以为广大顾客提供优质服务来促进社会经济发展的。它包括三层含义：一是酒店的营销活动是为社会大众，即广大顾客服务的。酒店既是公共消费场所，又是企业单位，因而其营销活动必须以顾客为中心，以质量为保证。二是酒店的营销活动必须树立社会营销观念，不能单纯追求经济效益而不重视社会效益。三是酒店的营销活动要站在促进社会经济发展，促进社会环境生态平衡、环境保护的高度来开展。所以，酒店业的市场营销活动必然具有社会属性。酒店市场营销的这种性质反过来又要求酒店在营销过程中要解决好三个方面的问题：一是在指导思想上要将顾客利益和企业利益结合起来，坚持宾客至上、服务第一和员工第一相结合的经营宗旨，客人是酒店的衣食父母，是企业经济效益的唯一来源。只有坚持宾客至上、服务第一，才能既照顾客人利益，又能获得优良经济效益；只有坚持员工第一，才有宾客至上、服务第一。两者是相辅相成的。二是要注重环境效益，即要走绿色营销道路，要注重酒店前厅、客房、餐厅、酒吧、宴会厅和各种公共场所的环境装饰、美化绿化，搞好环境卫生质量，确保为客人提供优良消费环境。三是要注重生态平衡、走低碳经济的发展道路，要采用节能、节水、节电、防止污染的设施设备，遵守国家法律法规。不能为了高额盈利而在酒店餐饮中经营国家禁止的野生动物和植物食品，不能开展有害社会环境、不利于社会精神文明的各种活动。总之，酒店市场营销的社会属性要求企业必须树立正确的指导思想，合理制定经营方针、经营策略，正确开展市场营销活动与市场竞争，促进国家和地区社会经济发展，促进精神文明建设与社会进步。

（四）酒店市场营销的实质

酒店市场营销是一个为实现其产品和劳务交换的复杂过程。其实质可以简单概括为：在供求关系不断变化的市场环境中，控制影响供求关系中的可控因素，调节不可控因素，创造市场营销的局部优势，开发市场，组织客源，促进酒店产品和劳务交换，提供优质服务，获得优良经济效益。酒店市场营销的这一实质包括以下三个要点：

1. 市场营销的原则是控制可控因素、调节不可控因素

酒店市场营销是由供求双方共同形成的。在酒店市场供给和需求关系中，都

存在众多的影响因素。这些因素可分成两类：一类是可控因素。主要来自酒店自身，如酒店服务项目产品价格、消费环境、产品质量、服务质量、营销策略等。另一类是不可控因素。主要来自客观市场环境，如国家和地区的政治与经济形势、旅游政策、客源状况、酒店及其产品的供应总量、市场竞争格局、旅游季节波动程度等。这两个方面的因素及其变化都会直接影响酒店市场供求关系和市场交易态势及行为。因此，控制其中的可控因素，调节不可控因素，使其朝着有利于经营者的方向发展和变化，就可以形成市场竞争和市场营销的局部优势，做好市场开发，广泛组织客源，达到营销目的。

2. 市场营销的方法和措施是运用营销策略组织客源

酒店市场营销不管其理论原理如何，总是围绕着营销活动的组织酒店产品和劳务交换这一中心来展开的。而营销活动的组织，包括营销策略、方法、措施等都是为了组织客源，促成产品和劳务交换，提高酒店设施利用率。因此，酒店市场营销必须吸引、招徕客人到酒店消费。这就要大力做好市场调查，搞好市场定位，做好市场细分，选好目标市场，然后运用市场营销策略大力发展客户关系，增加客源机构，以及运用人员推销、广告推销、客房预订、宴会推销、网上营销等各种手段，达到组织客源，促进酒店产品交换，获得优良经济效益的目的。

3. 市场营销的前提和基础是酒店的优质服务

酒店市场营销的最终目的是让客人前来消费，它以满足客人的消费需求为前提和基础，而需求的内容就是酒店的优质服务。它包括优良的消费环境、优质的产品、合理的价格和优良的服务操作质量四个方面，缺一不可。只有提供优质服务，在上述四个方面都保证质量，才能赢得客人的信赖和支持，也才能创造优良的市场形象和声誉，为酒店市场营销活动的开展提供良好的前提和基础。

二、酒店市场营销的体制与功能

（一）酒店市场营销管理体制

体制是由企业机构设置、职权分配管理制度等形成的企业管理的运行机制。酒店市场营销管理体制则是这种运行机制在企业市场营销管理中的体制。从这一角度来考察，酒店、宾馆、饭店等企业的市场营销管理体制可以简单表述为总经理负责，销售公关部门为龙头，业务部门及其预订机构相配合，酒店质量为保证的市场营销管理的工作体系或运行机制。

酒店、宾馆等企业要建立健全这种营销管理体制，完善其运行机制，重点要解决好以下三个问题：

1. 建立和完善市场营销管理机构

市场营销是一种有组织、有计划的管理工作，建立健全和完善市场营销的管理机构是企业开展市场营销的组织保证。尽管我国酒店企业的规模大小不完全相同，内部运行机制也有差别，但其市场营销的管理机构却是大同小异。其营销管理体制见图1-1。

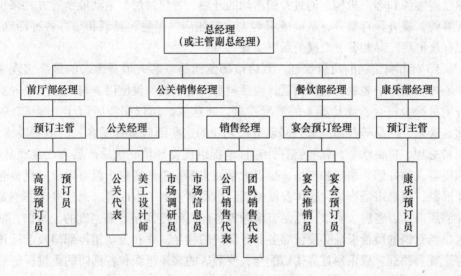

图1-1　酒店市场营销管理机构

2. 明确市场营销的领导责任

市场营销是酒店各项业务管理的前提和基础，也是企业业务经营的龙头。离开了市场营销和客源组织，酒店就毫无价值可言。因此，在建立酒店市场营销管理机构的基础上，就必须明确其领导责任。具体说来，其领导责任主要包括以下三个层次：

（1）市场营销的领导工作。酒店市场营销既是企业各项业务工作的龙头，又关系到企业经营管理的全局。因此，其营销管理体制的建立和运行，就必须建立总经理、主管副总经理或销售总监负责制。一般说来，这种制度要求总经理或主管副总经理承担领导责任。销售总监（大型酒店）和公关销售经理负责具体工作。他们的主要领导职责是研究制定企业市场营销的工作方针、营销战略和策略，目标市场定位，营销预算指标审定，营销任务和指标下达，重大营销活动方案决策等，以便为酒店的市场开发、客源组织和各部门营销活动的开展指明方向，提供领导支持和奋斗目标。

（2）市场营销的客源组织。酒店市场营销的本质和重点是完成市场交易和行为过程的组织，为企业带来丰富的客源。这一重要工作只能在总经理或副总经理领导下，由公关销售部牵头，前厅预订部、宴会预订部和康乐部门等预订机构配合，共同完成客源组织。这些机构都是酒店开展市场营销的职能部门，他们的职责就是贯彻酒店企业的营销方针、营销策略，制定营销计划、营销活动的各种方案，并组织公关销售人员、各部门预订人员深入公司社团、政府机构、企事业单位等客源和客户机构，通过营销活动的开展、客户拜访、主动推销等方式来组织客源，提升预订服务，从而吸引客人前来住店、用餐、宴请和举办各种活动，以保证酒店产品和劳务交换的最终实现。

（3）市场营销的质量保证。酒店市场营销是以客人消费需求的最终实现为中心的，它集中表现为酒店质量，包括消费环境质量、设施设备与产品质量和服务质量是否符合、满足客人的消费需求，而这就必须依靠酒店前厅、客房、餐饮、康乐、商品等各部门来共同创造。企业的这些部门掌握了客人的消费要求、消费心理、价格水平，就能够有针对性地提供优良环境、优质产品和优良服务，赢得客人的好感、信赖和支持，赢得大量回头客和忠诚客户，就可以树立优良企业形象，提高市场声誉，这本身就是酒店市场营销的工作内容。而这些工作都是在酒店前厅、客房、餐饮、商品、康乐等各部门经理领导下来完成的。所以，酒店市场营销的质量保证必须依靠各业务部门的领导，并和公司销售部门及前厅预订、宴会预订、康乐预订等密切配合，使酒店的客源组织和各部门的质量保证形成良性循环，才能确保市场营销落到实处。

3. 制定和落实市场营销的管理制度

市场营销的管理制度是酒店市场营销管理体制的重要组成部分，也是酒店市场营销运行机制的重要保证和必要条件。为此，建立和完善酒店市场营销的管理体制与运行机制，必须制定和落实以下几方面的管理制度：

（1）各岗人员的岗位责任制度。酒店市场营销的岗位责任制度以管理体制为依据，以组织机构和岗位设置为基础。要分别制定和落实公关销售部、前厅、宴会和康乐部门预订人员的岗位责任制度，形成岗位职责规范。每个岗位的制度内容都应该包括两点：一是岗位职务描述，又称岗位职务说明书。一般用表格形式对每个岗位需要具备的学历、资历、专业、任职年限、职权范围、仪容仪表、语言要求、基本素质、主要能力、考核要求等逐一列出，以便为岗位职务人员的选拔、使用提供客观依据。二是各岗人员的岗位职责，即根据各岗人员的职务高低、责任大小逐一列出他们的主要工作内容、岗位职权和工作责任，以便作为他们开展市场营销、客源组织和日常工作的行为规范和考核依据。如果这些岗位职责规范的制度内容在各岗人员中具体落实了，酒店的市场营销管理工作和客源组织也就落到了实处，能够形成基本良好的市场营销运行机制，就能保证酒店各项市场营销工作的正常开展。

（2）市场营销的目标管理制度。酒店市场营销的目标是保证客房、餐厅、宴会、康乐等各部门的客源。因此，这项制度以酒店的销售预算和计划指标为基础，将销售任务和指标分解落实到各月、各季、各销售预订机构和各岗销售预订人员。制度内容是要针对各级各岗销售任务和指标的下达，各月完成销售指标的统计、考核、分析、奖罚等做出明确的规定，并认真贯彻落实，以便促使酒店公关销售部、前厅预订、宴会预订和康乐预订等各部门管理人员和推销预订人员逐月逐季完成销售指标，调动各级人员的主动积极性，保证酒店市场营销和客源组织目标的顺利完成与超额完成。

（3）市场营销的价格管理制度。价格是影响酒店市场营销和客源组织的重要因素。酒店价格包括各类客房在不同季节针对不同客人的价格、餐饮产品与宴会价格、康乐娱乐项目的标准价格等。因此，酒店市场营销的价格管理制度要区别上述服务项目，分别制定价格管理权限、管理方针、各类价格的制定方法、审批权限、公关销售部、各预订机构管理人员的价格掌握与优惠权限及价格调整制度等，以保证酒店市场营销过程中各类产品的价格合理、价格管理规范，防止价格管理混乱，进而影响市场营销开展的现象发生。

（4）市场营销的分析控制制度。酒店市场营销是一个复杂的过程，其市场营销和客源组织又是由众多机构和人员共同完成的。只有做好市场营销的分析与控制，才能掌握销售状况与进展，针对存在问题而纠正偏差。因此，这项制度的内容主要包括三个方面：一是销售例会制度。它以酒店客房销售为主，餐饮部门、康乐部门等销售分析结合。一般每周召开一次销售例会，要具体制定每部门例会的召开时间、参会人、会议内容和要求等。二是销售汇报制度，要明确公关销售、前厅预订、宴会预订与推销等部门各级人员的逐级汇报内容、时间要求等。三是每月市场营销分析制度，要明确规定客房、餐饮、康乐商品等部门或全店每月市场营销分析会议的时间、内容、参会人员、分析指标等，以便通过分析肯定成绩，找出存在的问题和原因，及时提出改进措施，保证市场营销客源组织逐月目标的顺利完成。

（二）酒店市场营销管理的功能

1. 市场营销的功能

市场营销作为一种活动，有以下四项基本功能：

（1）发现和了解顾客的需求。现代市场营销观念强调市场营销应以顾客为中心，酒店也只有通过满足顾客的需求才可能实现酒店的目标。因此，发现和了解顾客的需求是酒店市场营销的首要功能。

（2）指导酒店进行决策。酒店决策正确与否是其成败的关键，酒店要谋得生存和发展，就要重视做好经营决策。酒店通过市场营销活动，分析外部环境的动向，了解顾客的需求和欲望，了解竞争者的现状和发展趋势，结合自身的资源条件，指导酒店在产品、定价、分销、促销和服务等方面做出相应的、科学的决策。

（3）开拓市场。酒店市场营销活动的另一个功能就是通过对顾客现在需求和潜在需求的调查、了解与分析，充分把握和捕捉市场机会，积极开发产品，建立更多的分销渠道及采用更多的促销形式，开拓市场，增加销量。

（4）满足顾客的需求。满足顾客的需求是酒店市场营销管理的出发点和中心，也是市场营销的基本功能。酒店通过市场营销活动从顾客的需求出发，并根据不同的目标市场，采取不同的市场营销策略，合理地组织人力、财力、物力等资源，为顾客提供适销对路的产品，搞好售后服务，并让顾客满意。

2. 酒店市场营销管理过程

酒店是在复杂、不断变化着的市场环境中从事营销活动的。为了有效地适应市场环境的变化，充分利用营销机会，搞好营销管理工作，酒店必须有良好的市场营销管理程序。

所谓酒店市场营销管理过程，就是识别、分析、选择与发掘市场营销机会，以实现酒店任务和目标的管理过程，以及酒店与最佳市场机会相适应的过程。这一过程包括以下四个步骤：

（1）酒店市场营销环境分析。酒店市场营销管理过程的第一步是对酒店营销环境进行分析。只有对酒店环境进行正确的分析，才能发现市场营销机会，制订可行的酒店市场营销计划。市场营销环境分为宏观环境和微观环境。宏观环境是指对酒店产生较大影响的因素，包括政治、经济、文化、人口、法律、技术等因素。比如我国实行的黄金周制度，就对我国酒店业产生了不同的影响，热点地区的酒店黄金周期间人满为患，造成过度需求，而其他地区的酒店则生意冷淡，出现需求不足。微观环境指直接影响酒店经营、管理和服务的因素，包括酒店产品的供应商、旅行社等销售渠道、顾客、竞争、社会公众以及酒店自身的文化、资源和组织等。

（2）选择酒店目标市场。在发现酒店市场营销机会和明确酒店应向市场提供的产品和服务之后，酒店应进一步了解顾客的需要和愿望以及其所在的地区，了解他们的购买方式和行为等，然后分析市场规模和结构，选定最适合酒店发展的目标市场，选择目标市场包括下列步骤：

1）预测市场需求。对酒店所选择的市场机会，必须对其现有和未来的市场容量做出客观的分析、预测，其中包括当前其他酒店的销量、酒店产品可达到的市场份额等。由于未来的市场需求增长与经济发展、收入水平、人口等宏观因素有着密切的关系，所以还要分析这些因素来预测市场是否具有发展前途，最后再决定是否进入这一市场。

2）细分市场。酒店顾客有着多种不同的需求，要适应这种多样化、个性化的需求，酒店管理人员就必须辨别具有不同需求的顾客群体，根据地理、人口、心理、行为等因素将整个市场划分成不同类别的细分市场。

3）选择目标市场。一般说来，酒店是无法同时满足整个市场需求的。因此，酒店经营管理者应在市场细分的基础上，根据各细分市场的吸引力，评估酒店的营销机会，从中选定一个或几个细分市场作为自己的目标市场，然后制订适当的市场营销策略，尽全力满足目标市场的独特需求。

4）市场定位。市场定位就是根据竞争者现有的产品在市场上所处的位置，针对顾客对该产品某种属性的重视程度，塑造出酒店产品与众不同的、个性鲜明的、符合顾客需求的市场形象。酒店的市场定位策略可以强调产品特征方面的差别，如酒店的地理位置、餐饮设施、酒店规模；也可以强调服务对象、服务水平、价格、价值等方面的差别，以便顾客将本酒店的产品与竞争对手的产品区别开来。

（3）确定酒店市场营销组合。市场营销组合就是为了满足目标市场的需求，酒店对自己可以控制的市场营销因素进行优化组合，以完成酒店经营目标。酒店可以控制的市场因素是多种多样的，包括产品、价格、销售渠道和促销等。市场营销组合是一个变量组合，构成营销组合的各因素就是各个自变量，它们是决定市场营销效益的决定性因素，而营销组合的最终结果都是这些变量的函数，即因变量。从这个关系上看，市场营销组合是一个动态组合。只要改变其中一个因素，就会出现一个新的组合，同时，产生不同的营销效果。

市场营销组合发挥的是整体协同作用。酒店必须在准确地分析、判断所处的特定的市场营销环境、酒店资源及目标市场需求特点的基础上，才能制订出最佳的营销组合策略。所以，最佳市场营销组合的作用，绝不是产品、价格、销售渠道和促销等营销因素的简单数字相加，而是使它产生一种整体协同的作用，成为酒店市场营销战略。

（4）管理酒店市场营销活动。酒店市场营销管理的最后一个程序是对市场营销活动的管理。对酒店市场营销活动来说，需要有一个管理系统的支持，因为分析市场营销环境，选择目标市场，确定和实施营销组合等活动在实际的操作与运行中都离不开营销管理支持系统的支持。

1）酒店市场营销信息系统。酒店市场营销信息系统是计划、组织和控制系统的基础，酒店如不能及时准确地掌握有关的市场信息，就不可能制订正确的计划，更谈不上计划的执行与控制。市场营销信息系统是指这样一些机构：从事收集、整理、分析和评估有关的市场信息，实时准确地提供给营销决策者，以便改善市场营销计划的制订、执行和控制。营销信息系统包括内部报告系统、营销情报系统、营销调研系统和营销分析系统四个子系统。通过四个子系统的操作与运行，实现信息系统在市场营销管理工作中的作用与职能。

2）酒店市场营销计划系统。现代酒店管理计划系统的内容有两方面，既要在战略的指导下制定长远规划，决定发展方向和目标，又要有较为具体的市场营销计划管理来具体实施战略计划目标。因此，酒店应依靠两个计划系统的支持，即战略计划系统和市场营销计划系统的支持。

3）酒店市场营销组织系统。计划制订以后，需要有一个强有力的营销组织系统来执行市场营销计划。酒店的规模大小不同，营销组织系统可由几个或几个层次的若干专业人员来组成。市场营销的效率不仅取决于它的组织机构，而且取决于对营销人员的挑选、培训、激励和评估等一系列的营销组织的内部管理。

4）酒店市场营销控制系统。在营销计划实施过程中，可能出现许多意想不到的问题，所以需要一个控制系统来保证市场营销目标的实现。营销控制系统包括年度计划控制、盈利控制和战略控制。总之，市场营销管理的四个系统是相互联系、相互制约的。营销信息是制订营销计划的依据，营销组织负责实施营销计划，而实施的结果又被考察与控制。这四个系统构成了完整的酒店市场营销管理体系。

三、酒店市场营销的原则与任务

（一）酒店市场营销的基本原则

酒店市场营销既要面向国际、国内两个市场，与各种类型的客户与客人打交道，又要面对近距离的同类同档企业竞争。因此，酒店企业要想搞好市场营销，必须遵循以下基本原则：

1. 诚信为本的原则

诚信既是职场道德的客观要求，又是商业竞争的游戏规则。古语说："自古皆有死，民无信不立。"酒店市场营销要和各种类型的客人（客户）、各种供应商、同行竞争对手打交道，就必须坚持诚信为本的原则。这样才能树立商业信誉，赢得客人客户和供应商的信任和支持。即便是对同行竞争对手，也要讲究信誉。为此，酒店在开展市场营销的过程中，重点要注意以下四个方面：一是在开展宣传广告、举办各种营销活动、开拓市场、组织客源过程中，要坚持诚信为本，不能用虚假宣传、虚假产品、虚假促销等手段欺骗客户和客人；二是在日常营销活动、产品销售和接待服务过程中要坚持诚信为本，确保产品和服务质量，坚持一视同仁、童叟无欺；三是在各种客户和供应商的交往过程中要坚持诚信为本，严格遵守合同、协议，不随意拖欠客户和供应商的款项；四是要在整个营销理念的贯彻实施中信守"诚招天下客，信揽四方财"的观念，始终把诚信营销、诚信经营放在首位，塑造和提高酒店企业的知名度和美誉度，才能保证企业的市场营销活动始终立于不败之地。

2. 义利互惠的原则

酒店市场营销必须坚持义利互惠的原则，"义"是指酒店的社会责任和义务，"利"是指酒店的经济利益。在营销活动过程中，要始终坚持义利兼顾、义利互惠，而决不能见利忘义、不择手段。正所谓"君子爱财，取之有道"。所以，酒店开展营销活动，遇事应该先自问这样做是否符合消费者的利益，是否在为客人着想，是否有利于回头客和忠诚客户的培养，在与客户和供应商的交往中是否想到了要互惠互利、共营共进、共同发展。只有这样通过自我反省，才能保证酒店的市场营销活动能够长期与健康发展。

3. 人本和谐的原则

人本和谐就是要根据建立和谐社会的要求，在酒店市场营销活动中坚持以人为本的原则。酒店市场营销都是在总经理领导下依靠公关销售部和前厅、客户、餐饮、康乐等各部门员工共同完成的，它是一项具有全员和全方位性质的工作，所以必须坚持人本和谐的原则。具体要求包括：第一，在营销活动的指导思想上，要坚持以酒店产品销售为龙头，以业务活动为中心，贯彻员工第一、顾客第一的理念。为此，要充分调动员工，特别是酒店销售部门和业务部门广大员工的主动性、积极性和首创精神。第二，要科学分析酒店市场营销环境，理性运用市场营销策略和方法措施，坚持科学发展观。合理制定各种营销活动方案和预案，采用灵活多样的方法广泛开发市场，组织客源，提高客房出租率及餐厅、宴会上座率和康乐娱乐设施利用率。第三，既要敢于和善于开展市场竞争，又要防止盲目竞争和过度竞争可能带来的资源浪费及"两败俱伤"的不良后果，坚持有竞争、有联合。要把竞争的重点放在创造天时、地利、人和的气氛以及产品质量、服务质量和管理水平上来，放在创造条件能够更好地吸引、招徕、留住目标市场的客人和客户上来。第四，要根据市场营销目标的完成结果和工作成效，合理分配劳动报酬，坚持奖优罚劣，调动员工积极性。同时，又要缩小收入分配差距，保持内部员工和谐。

（二）酒店市场营销的工作任务

酒店市场营销采用总经理负责，销售部门和预订机构为龙头和重点，各业务部门密切配合的管理体制，它本身是一项比较复杂而细致的工作。其主要工作任务如下：

1. 研究市场定位

酒店是分星级或等级的，酒店的客源也有各种类型和等级。任何一家酒店都不可能面向所有的市场。为此，酒店市场营销的首要任务就是研究市场定位。具体来说，要做好以下三个方面的工作：①要搞好市场调查，即要以酒店所在的地区市场环境为基础，调查经济与旅游发展状况、客源流量、客源构成、价格水平、周围同星级和相邻星级酒店的客房出租率、平均房价、客源档次、消费需求、市场竞争程度等。②选择目标市场，即要根据市场调查结果，结合本酒店的星级高低、设施的接待能力、自身地理位置、交通条件、市场竞争状况等，在做好市场细分的基础上，选择哪些类型、哪些层次、哪些消费水平的客人和客户作为自己的主要目标市场。③确定市场定位，即在目标市场选择的基础上，确定本酒店在市场竞争中的位置或地位。具体来说，就是要根据目标市场的选择结果，确定酒店的客源构成，客人需求的消费环境、产品质量、价格水平、质量要求等。可以简单地概括为定客源、定环境、定产品、定质量、定价格，并以此为酒店市场营销活动的开展打下坚实基础。

2. 确定营销目标

酒店的市场营销是以客人前来住店、用餐，实现产品和劳务交换为归宿的，这些都要通过营销来实现。因此，在选择目标市场、确定市场定位的基础上，酒店市场营销的工作任务就是确定营销目标。事实上，营销目标是开展市场营销的方向和指路明灯。具体说来，酒店的市场营销目标包括市场目标、质量目标和销售目标。其中，市场目标就是根据市场定位来确定酒店的市场开发和客源组织的具体目标。主要表现为客房出租率、餐厅上座率、客人接待人次的多少等。质量目标则是指客人进店后酒店的环境质量、产品质量、服务质量应该达到的水平，主要表现为优质服务达标率、宾客满意程度、客人投诉率等指标的高低。销售目标则以年度和各月、各季应该完成的房租收入、食品收入、饮料收入、康乐项目的收入等销售指标为主。市场目标和质量目标最终都要通过销售目标来体现。因此，确定销售目标就要通过销售预算来确定酒店各月、各季和全年的客房出租率、平均房价、房租收入、餐饮接待人次、人均消费饮料比率、食品与饮料收入等各项具体指标。这些指标一经确定和公布，就会像一面旗帜或一座灯塔，为酒店和各部门的市场营销工作指明努力方向和奋斗目标。

3. 选用营销策略

营销策略是完成营销目标的手段、方法和措施，它直接影响营销目标的完成效果。因此，研制和选用营销策略，包括营销方案和预案，保证营销目标的顺利实现，就是酒店市场营销的第三项重要任务。酒店市场营销策略多种多样，有传统的产品、价格、渠道、促销4P策略，也有主题营销、品牌营销、绿色营销、关系营销、忠诚客户营销等各种策略。而任一策略的运用都不是单一的，必然采用营销策略组合。所以，酒店要研制和选用营销策略，就必须根据企业所处市场环境、市场竞争状况、酒店自身实际情况、客人需求变化和不同时期的市场营销目标，灵活运用产品策略、价格策略、促销和渠道等传统策略，也可运用主题、品牌、绿色、关系营销等新型策略，但都要形成营销策略组合，制定营销活动方案或预案，然后贯彻落实。只有这样才能将营销策略的运用落到实处，保证营销目标的顺利完成。

4. 大力组织客源

酒店市场营销的最终目的是要通过市场开发和客源组织来提高企业设施利用率而获得优良经济效益。就商业性质而言，酒店属于"坐商"，它必须吸引招徕客人前来住店和消费。因此，在研制、选用营销策略，制定营销活动方案或预案的同时，就必须采取各种手段、措施和方法，广泛招揽、吸引和留住客人，才能实现营销目标。大力组织客源的具体方法很多，重点是依靠市场销售部、公关部、前厅预订部、宴会推销预订部等各部门，通过人员推销、价格促销、公共关系促销、网络营销、各种预订推销优惠促销，参加旅游展销会、博览会，举办美食节等各种活动来广泛吸引、招徕客人，并根据市场竞争、市场发展动向、特点和变动趋势，适时调整营销策略、产品价格和营销措施，从而达到不断扩大客源，提高客房出租率，餐厅、宴会、康乐设施利用率，增加销售收入的目的。所以，采取各种方法和措施大力组织客源，确保客人前来酒店就地消费，也是市场营销的重要任务。

5. 确保市场营销和服务质量互补

酒店市场营销和服务质量是互相联系、互相依存、互为条件、互相促进的。因而，市场营销不能仅仅依靠公关销售、客房预订、宴会推销与康乐项目预订等机构和人员，也不能仅仅依靠采取各种营销策略、措施和方法来大力组织客源，还必须依靠酒店前厅、客房、厨房、康乐等各业务部门大力做好质量管理，确保优质服务，也确保市场营销和服务质量互补，才能使酒店的市场营销和企业的优质服务形成良性循环。为此，酒店必须在总经理领导下，组织前厅、客户、餐厅、厨房等各业务部门和相关职能部门的员工，每天抓好酒店及各部门的设备维修、环境布置与美化，所以，各种产品质量和各级、各部门、各岗位的服务操作质量，确保客人能够获得质价相符的物质和精神享受，才能保证酒店客源稳定，从而长期获得优良的经济效益。否则，没有质量保证，单靠一锤子买卖，是完成不了市场营销的目标的。所以，抓好市场营销部门与各预订机构人员的客源组织和各业务部门的质量管理，确保市场营销和服务质量的良性循环及互相促进，也是酒店市场营销的重要工作任务之一。

四、酒店市场营销供求规律和要求

（一）酒店市场营销观念的演变

营销观念是对市场营销活动所形成的理念、认识和整体性思维。它对市场营销活动的组织、开展和营销管理都起着重要的指导和支配作用。酒店市场营销观念是随着社会市场营销观念的建立和发展而改变的，而社会市场营销观念又是在企业市场营销活动发展过程中，随着市场营销学的建立和发展而逐步形成和演变的。

存在决定意识，理论源于实践。市场营销观念都是随着社会经济，特别是企业市场交换活动的发展而总结提炼出来的。20 世纪初期，以美国为代表的西方国家经济高度发展，市场上各种商品供不应求，这时，西方的经济学理论研究得到发展，逐步形成了专门的市场研究机构，出版了一些市场研究的专著和教科书，如哈佛大学教授赫杰特齐（J. E. Hegertg）的《市场学》、韦尔特(L. D. H. Welt) 的《市场销售职能和商业机构》、布利斯科、拉塞尔等的《销售技术》、科拉克昆巴斯、麦钢德、贝库曼和 P. W. 依贝等分别编著的《市场学原理》等。这时，市场学就从经济学中分离出来形成了独立的学科。它吸收了经济学、管理学、数学、哲学等各学科的成果，形成了一门专门研究市场交换、营销活动规律的边缘性学科。所以《哈佛管理会集》一书总结市场营销学的起源时说："营销学的父亲是经济学，母亲是行为科学，数学是营销学的祖父，哲学是营销学的祖母。"正是由于市场营销学在 20 世纪初期的建立，总结了当时的市场实践经验，提出了市场营销管理理论和当时以生产为主的营销理念，因而才派生出了各类企业，包括酒店宾馆的市场营销观念。从这一时期开始，随着市场经济的不断深入和发展、市场学的进步，企业包括酒店企业的市场营销观念大致经历了以下四个阶段：

1. 生产观念

生产观念又称生产导向观念，就是以生产为中心，企业会什么就生产什么，生产什么就销售什么。因为当时的市场环境是各种产品需求量很大，供应不足。大多数企业只能生产单一产品，无论怎样提高效率，其产品都能被市场的巨大需求量所消化吸收，所以就形成了以生产为中心的市场营销观念。这一观念的实质就是"以产定销，产销结合"。企业的营销活动以生产为中心，重点研究怎样提高生产效率、降低成本，满足社会需求。

2. 销售观念

销售观念又称推销导向观念，就是以销售为中心，即企业的营销活动重点是研究怎样将自己的产品推销出去。因为随着资本主义经济的快速发展，社会上的企业越来越多，所以，各种产品越来越丰富，同类同种产品出现了竞争，而需求跟不上生产的发展。企业的营销活动重点是研究怎样推销产品、降低成本、降低价格，以保证产品能够卖得出去，从而满足社会需要，获得适当利润。

3. 市场观念

市场观念又称为市场导向观念，就是根据市场需求来设计和组织产品生产，即"顾客需求什么就生产什么和销售什么"，"生产你能够卖出去的东西而不是出售你能够生产的东西"。所以，市场观念和生产观念、销售观念是不同的，它是市场需求和市场供给两者之间的紧密结合，是以需求为导向的。而生产观念和销售观念都是以生产和供给为导向与重点的。因为市场竞争的激烈，企业营销活动的重点就变成了首先研究市场需要什么产品和劳务，然后再根据市场需求来设计、组织产品生产和劳务交换，满足社会需求。所以，市场观念的实质是以市场需求为导向，对企业提出了"我们不能只推销自己能够生产的东西，而是要学会生产能够销售出去的东西"。

4. 社会营销观念

社会营销观念是在生态市场观念基础上发展起来的。它的中心理念是企业的营销活动既要满足市场需求，又要注重企业和社会生态平衡与社会效益。企业要站在促进社会进步与发展、环境保护、低碳经济的高度来组织生产经营活动。所以，社会营销观念是现阶段企业营销活动的主导思想。它将企业的市场需求、生产条件和社会利益结合起来，通过满足社会需求来促进社会经济、生态环境、资源保护的发展，推动社会进步与发展。

市场营销观念的演变说明：不同观念的形成和演变都是以市场供求关系的发展变化、社会需求和经济发展的进步为前提和基础的。其实质是市场供求关系变化带来的市场营销活动的实践经验在理论上的总结、提炼，反过来又指导社会市场营销活动的开展。酒店市场营销观念只不过是上述观念在酒店市场营销发展过程中的运用，但其具体运用和表现形式有所不同而已。如生产观念在酒店市场营销中主要表现为"坐店等客"、"姜太公钓鱼，愿者上钩"。销售观念则已开始有了客房、餐饮、宴会的预订服务和人员推销活动。市场观念已经开始按照酒店星级标准、目标市场的需求调查结果和可行性研究来设计、建造、装修与改造酒店，并积极做好酒店产品促销活动的组织。现在酒店市场营销已进入了社会营销观念的运用时期。它以酒店绿色营销为主，主题营销、品牌营销、特色营销及感情化、个性化服务相互结合，促进低碳经济、特色和优质服务的发展，满足客人超前消费需求，促进社会物质和精神文明不断进步。

(二) 酒店市场营销的供求规律

市场营销是站在经营者的角度来研究市场供求关系，然后按照社会发展的要求和目标市场的顾客需要，组织生产和劳务交换，以创造顾客，扩大销售，获得优良的经济效益、社会效益和生态环境效益。因此，根据市场供求规律及其变化来组织营销活动就成为企业市场营销管理的客观要求。从酒店行业的实际情况看，由于影响市场供求关系的因素众多，在不同时期、不同阶段、不同季节的各种因素表现形式不同、影响程度不同，因而其客源数量和流量变化很大。与此同时，各地区的酒店数量、不同星级类型的酒店及其客房、餐厅、宴会、康乐设施等的接待，即供应能力、价格高低和收费标准也是各不相同、不断变化的。这就必然造成酒店市场供给和顾客需求之间的矛盾存在三种可能：供大于求、求大于供、供和求基本平衡。其中，价格起着关键性作用，加之各种因素的共同影响，酒店市场营销的供求规律可简单论述为：供不应求→价格上浮→供求平衡→价格企稳→供过于求→价格下降→供求平衡→供求不平衡。每一次供求关系的变化都会呈现出复杂的市场竞争局面，由此推动酒店市场营销的不断发展。酒店市场营销供求规律的上述变化在各地区的不同时期、不同季节的表现形式和供求偏离的程度是各不相同的。它要求酒店总经理、公关销售部和各业务部门的管理人员必须把握好以下三个要点：

1. 要善于预测市场供求关系的变化状况

在酒店市场供求关系中，供给和需求的规律性变化每年都会发生，而在不同的地区发生变化的时间和供求偏离的程度是各不相同的。供给和需求共同决定市场均衡，形成均衡价格。但均衡是暂时的、不稳定的，它很快就会被不均衡打破。因此，酒店市场营销管理人员只有结合本地区、本城市的旅游发展状况、旅客流量和客源结构的变化，善于预测市场供求关系的变化状况，包括变化时间、变化程度、价格动态等，才能结合本店实力和市场营销实际需要，提前制定客房、餐饮等各类产品的营销，提前制定营销和推销的活动方案，采取适当措施，防止时过境迁跟不上市场供求关系的变化而丧失了良好的市场机会。

2. 要善于控制影响市场供求关系的各种因素

在酒店市场供求关系中，影响市场供求关系的各种因素始终处于变动之中，它们必然使市场关系也随之变化，由此形成了供给和需求之间均衡→不均衡→均衡→不均衡的循环往复，以至无穷的变化。为此，要想搞好市场营销，做好市场开发和客源组织，酒店管理人员就必须善于控制影响市场供求关系的各种因素。其中，酒店自身的客房、餐饮、康乐等产品价格、环境质量、产品质量、服务质量、营销策略、营销方案、营销活动、企业成本费用等因素都是可以控制的。控制了这些因素，就可以去调节酒店外部的不可控因素，如地区市场环境、旅游流量、季节变化、市场竞争格局等。这样，就可以形成局部竞争优势，使本酒店的市场营销处于有利地位，从而获得优良营销效果。

3. 要善于灵活运用市场营销策略

酒店市场营销的均衡与不均衡永远处于不断的转化过程中，要适应这种不断变化的规律，管理人员就必须善于灵活运用酒店市场营销策略。所谓灵活运用就是要根据市场环境、供求关系的变化、市场竞争的实际需要，在不同时期、不同季节选用不同的营销策略，以适应市场营销的变化规律。所以，在市场营销的组织中，要充分运用产品策略、价格策略、宣传广告策略、关系营销、品牌营销、主体营销等策略，树立酒店形象，提高企业声誉；在市场开发和客源组织中，要将价格策略、关系营销策略转化为具体营销组合，广泛联系客户，做好市场推销，培养忠诚客户，抓好市场交易行为和过程的组织，以保证为酒店客房、餐厅、宴会和康乐等部门源源不断地提供客源，而在客人进店后又要将产品策略、品牌策略转化为内部营销组合，始终抓住环境质量、产品质量、服务质量，确保满足客人的消费要求。所以，灵活运用营销策略，就是要根据市场供求关系的变化，将各种营销策略具体化，形成营销措施和方法，才能凸显酒店市场竞争的局部优势，广泛招徕、吸引、留住客人，赚取超过市场平均利润的超额利润，获得优良经济效益。

（三）酒店市场营销的基本要求

酒店市场营销不同于市场销售。市场销售的核心是"以我为主，以产定销"，本质上是一种单向营销哲学和理念。市场营销的核心是"以客为主，以销定产"，本质上是一种多向营销哲学和理念，是把"我的客人"和"创造顾客"放在首位。所以，酒店市场营销是一种涉及面广、情况复杂的全方位的营销理念和具体工作。为此，做好酒店市场营销管理必须遵循以下三个基本要求：

1. 要树立全员营销意识

酒店市场营销是在产品观念、销售观念的基础上发展起来。它是站在经营者的角度来研究市场供求规律，促进产品和劳务交换，满足顾客需求，获得经济效益、社会效益和环境效益。它的中心思想是"以销定产"，而不是"以产定销"。因此，酒店市场营销的开展和组织就不单纯是公关销售部门和预订部门的事情，也不是少数人的事情。它具有全员、全方位的性质。为此，只有树立全员营销意识，坚持在总经理领导下，让全体员工包括营销部门和业务部门、一线部门和二线部门的员工都参与其中，都来关心酒店的客源状况、酒店设施利用率，以及环境质量、产品质量、服务质量和销售效果，以保证企业所提供的消费环境、各项产品和服务操作都能适应、满足客人物质与精神消费以及享受的需要，才能招徕、吸引和留住客人，搞好市场营销。

2. 要具备善于应变的思想

在酒店市场供求关系中，供给和需求都是不断变化的，从不均衡到均衡再到不均衡，是一个循环往复的过程。在这一过程中，调节市场供求关系的主要机制是价值规律和地方政府的宏观政策。当市场需求大于市场供给时，在价值规律的作用下，各种类型的投资人就会投资新建或租赁改造各种酒店，扩大市场供给。当新增酒店发展到一定规模造成供过于求、影响宏观效益时，国家和地方政府又会采取宏观调节手段，控制新建规模和档次，避免供给集中和大量增加而造成宏观经济损失。但随着旅游事业的发展，供大于求的局面又会转化成求大于供。供求关系始终处于不断变化之中。这种变化不仅随市场客源和酒店供给呈一定时期的阶段性变化，而且每年还会因为季节、天气、节假日等的客源规模、数量、结构和流量不同而使供求关系发生周期性的变化。这两种变化交织在一起，就形成了一个十分复杂的过程。在实际工作中，上述变化又使酒店的市场竞争状况、格局、价格和竞争手段各不相同。因此，酒店要想做好市场营销的组织工作，广泛开发市场，组织客源，就必须树立善于应变的思想意识，善于把握当地市场供求关系的变化。随时搞好市场调查，掌握市场变化的各种信息，分析新增、新建和租赁改造酒店及其供应能力的变化对本企业的影响，分析市场特别是竞争对手的客源、价格、竞争策略和手段的变化，然后结合本店实际，确定或调整自己的营销策略、方案、产品价格、营销措施。只有这样，才能适应市场供求关系的变化，搞好酒店营销活动的组织，防止在激烈的市场竞争中被淘汰出局。

3. 要注重整体营销的密切配合

酒店的市场营销是一项涉及全店各级各部门的工作，特别是各种市场营销策略，如产品策略、品牌策略、主题营销策略、绿色营销和关系营销策略的运用，其涉及范围都很广泛，至于营销活动中的环境质量、产品质量和服务质量保证，更是涉及各个部门。因此，酒店开展市场营销必须要求各级各部门、各环节之间的密切配合。具体说来，营销战略、方针、各种营销方案的贯彻落实由各部门去执行。产品策略要依靠前厅、客房、餐饮康乐、工程等部门互相配合，保证产品质量和服务质量。品牌策略要依靠各部门的配合来创造品牌质量，树立品牌声誉，提高企业的知名度和美誉度。至于主题营销、绿色营销等策略的运用，也要注重整体营销的配合，总之酒店市场营销活动的开展如果离开了整体营销配合，就会互相分离，产生摩擦、矛盾和纠纷，难以形成整体营销效果。

五、酒店市场营销的挑战与趋势

市场营销是在一个动态的全球环境中进行的。每一个历史阶段都需要营销管理人员以一种崭新的思路去思考营销的目标和实践，过快的变化很快会使昨天的制胜战略过时。目前，酒店在市场营销中面临的挑战主要有以下几个方面：

（一）全球化的挑战

随着交通和通信技术的发展，各国之间交往日益频繁，世界经济社会一体化趋势进一步加强，各国市场之间的需求也越来越具有相似性。就某些产品和服务而言，各国市场之间的差异性甚至将完全消失。企业要想在激烈的优胜劣汰竞争中赢得生存发展，就必须以世界市场为导向，采取全球化市场营销战略。

1. 市场的全球化

随着苏联的解体、东欧剧变以及中国的改革，市场经济体制已为世界各主要国家所接受。市场开放程度不断加大，各国政府对外国产品进口及外国公司直接投资的限制逐渐放宽，国际贸易迅猛发展。加入世界贸易组织，使我国同世界各国之间的贸易往来更加频繁。国际金融市场也已全球化，各国货币可自由兑换。欧盟、北美自由贸易区、亚太经合组织的出现及发展在经济上淡化了国界，走向区域经济一体化。此外，随着世界贸易组织及其他国际组织成员国的不断增加，越来越多的国家的经济政策将受到国际法规与条约的约束。这一切都使得世界经济、政治、法律环境的差异性减少，使得酒店在开展营销活动时，逐渐模糊了国界的概念。

2. 顾客的全球化

一方面，世界各国消费者的需求日益趋同。有调查发现，许多国家青少年一代的消费具有惊人的相似性。他们都喝可口可乐、吃麦当劳、穿牛仔裤、听摇滚乐……卫星电视、国际互联网使得各国消费者不出国门也能了解到异域风情，各种流行时尚能够迅速风靡全球。另一方面，国际商务旅行和旅游度假活动也日益增多，旅行者希望在世界各地都能买到他们熟悉的值得信赖的品牌产品，享受到标准化的服务。这使得酒店市场营销人员能够更多地考虑各国消费者需求的共同点而非不同点，更加注重全球产品、价格、广告、服务的标准化而非差异化。当然，全球营销者也不能完全忽视需求的差异性。

3. 竞争的全球化

开放就意味着酒店要承受外来竞争的压力，要与外国的跨国酒店集团竞争。产业、市场、顾客的全球化使酒店面临的不是要不要全球经营的问题，而是如何全球经营的问题。如果酒店没有意识到这一点，并积极地采取行动，那么酒店在所面临的全球竞争中势必会处于劣势，甚至威胁到自身的生存。因此，竞争的全球化是越来越多的酒店开展全球营销的又一动因。

（二）环境要求和社会责任营销的挑战

酒店具有双重身份，当作为独立自主、自负盈亏的商品生产者和经营者时，它具有自己独特的经济利益，其经济利益在于追求利润的最大化，从此意义而言，酒店是“经济人”。作为经济人的企业，势必以追求利润为标准衡量自己的经营成果及决定自身的价值取向。同时，酒店又是社会经济细胞，是社会财富最基本的创造者，酒店的这种社会性决定了它是“社会人”。酒店的生存与发展所需的各种资源（包括人、财、物等）及酒店所生产的产品的实现条件都有赖于社会提供，因而酒店应当承担一定的社会责任，其经营行为应当受到约束和限制。

有关酒店社会责任的看法众说纷纭，可概括为三大类，即保护消费者权益、社会的利益和发展、自然环境及社会生态平衡。

1. 保护消费者权益

保护消费者权利和利益是酒店的主要社会责任。具体来说，要求酒店为广大消费者提供优质的产品和服务，以满足其各种不同的需求。为此，要求酒店要树立起以顾客为导向的经营哲学，并根据市场需求的变化，不断调整市场营销策略，以适应消费者不断变化的需求。

2. 保护社会的利益和发展

保护社会的利益和发展是酒店义不容辞的社会责任。酒店从事生产经营活动，一方面为社会创造日益丰富的物质财富，以保证社会各经济部门及国民经济的正常运转；另一方面酒店为国家及各级政府提供一定的税收，即从价值形态上为国家做贡献，以增加国家资金积累，促进国家建设事业迅速发展。此外，酒店还应当对社会公益事业进行支持和捐赠，帮助教育、娱乐、社会贫困地区的发展，这是近年来酒店社会责任的延伸。

3. 保护自然环境及社会生态平衡

保护社会自然环境免遭污染，实现社会生态平衡是酒店重要的社会责任。随着商品经济的发展，酒店在为社会创造巨大财富、给广大消费者提供物质福利的同时，也在一定程度上破坏了自然生态平衡，污染了环境，并造成恶劣的社会环境。因此，保护自然环境，治理环境污染，解决恶劣的社会环境，实施社会可持续发展战略势在必行。通过绿色营销从微观方面实施可持续发展战略是酒店的社会责任，通过绿色营销来保证消费者的绿色消费亦成为酒店的社会责任。

（三）科学技术发展的挑战

计算机、电话、电视、互联网技术的迅速发展，以及这些技术的联合应用，对酒店的生产和营销活动产生了重要的影响，尤其随着互联网技术的迅速发展、网络营销技术的不断成熟和完善，给市场营销带来更广泛和更深刻的变革，酒店面临着网络带来的无限商机和激烈的挑战。因此，谁能领先一步认识、发掘与利用互联网络，谁就将在市场营销和竞争中获得主动权，从而创造出全新的市场和机会，为市场营销带来崭新的格局。

（四）酒店市场营销的发展趋势

1. 顾客消费趋于流行化

就像时装消费一样，人们的酒店消费观念已经发生了很大的变化。顾客的品位变化极快，新颖的、借助某些抽象化的题材来迎合人们心理的服务，可能会成为时尚而风行一时，但是它们犹如昙花一现，旋即湮没在变化的海洋中。变化如此迅速，预测如此艰难，使得酒店的市场营销工作变得非常具有挑战性。

2. 市场细分越来越个性化

随着经济的发展，人们的收入水平和消费水平同步上升，消费需求也向高级阶段发展，消费者已从原有的数量消费、质量消费向个性化消费转变。消费个性化使得酒店在设计产品和服务时，必须考虑"量身定制"的问题。

3. 顾客预期不断上升

21 世纪酒店的竞争更加激烈。为了吸引顾客，各酒店将不断创新。激烈的竞争使得酒店提供的产品质量、服务质量应不断提高，消费者对所提供的产品和服务的期望也随之提高，顾客变得更加挑剔，酒店要真正令顾客满意越来越困难。

4. 酒店之间的竞争加剧

随着应用技术能力的提高和市场信息的快速传递，市场障碍不断弱化，行业渗透性越来越强，竞争在酒店业会愈演愈烈。竞争加剧使得酒店利润率降低，面临更大的压力。因此，酒店必须加强与上下游企业的互惠关系，这成为酒店未来营销工作的重要内容之一。

5. 酒店产品和服务很容易被模仿

由于盈利性产品和服务很快被模仿，今日看是特殊服务，明日就成了标准化服务。模仿能力强、模仿速度快使得酒店通过开发新产品来开拓新市场的难度加大。只有维持一定数量的忠诚顾客才能保证酒店获取稳定的利润。在营销战略上，酒店应把顾客置于组织结构的中心，通过向顾客提供超值服务来与顾客建立长期的伙伴关系。

另外，网络化、全球化以及政治经济形势和社会的变化等各种因素也会给营销环境带来变化，从而对酒店营销战略和策略产生不可忽视的影响。要适应这些变化，酒店必须时时注意市场变化，了解顾客需求变化，高瞻远瞩，立足于今天，放眼于未来，这样才能使酒店立于不败之地。

第二章 酒店市场营销人员素养

酒店营销人员首先是一个市场营销人员，应该具备一名市场营销人员的基本素养，究竟一个合格的营销人员需要具备哪些基本素养呢？一般而言，正确的营销理念、一定的营销特质、专业知识和能力以及相应的个人特质是成为一名合格营销人员的基本要求，此外，作为一名酒店行业的营销人员，还应符合酒店行业的一些特殊的要求。总的来说，一名合格的酒店营销人员应具备以下基本素养：

一、拥有正确的酒店营销观念

（一）营销观念的演变与发展

与一般的市场营销一样，酒店营销观念的演变大致经历了五个阶段：生产导向、产品导向、销售导向、营销导向、社会营销导向。

1. 生产导向阶段

在生产导向阶段，酒店以生产观念作为经营指导思想。生产观念是指酒店所有的经营活动都围绕生产而进行，强调酒店产品的生产，至于顾客的需求则无暇顾及。简言之，生产观念就是一种"我生产什么，就卖什么"的观念。

2. 产品导向阶段

产品导向观念也是一种古老的经营思想，与生产观念并行。这种经营思想看重产品，认为只要产品好，质优价廉，且又有特色，就一定可以售得出，不需要考虑推销等活动。如果说生产观念重生产量，只想"以量取胜"，那么产品观念则是强调"以质取胜"。这种观念显然使市场上的同类产品有了竞争，想以自己优质的、有特色的产品取得优势，较生产观念前进了一小步。然而，若是永远迷恋自己产品的优良品质，看不到市场的动态变化，就会使产品得不到新的开发，终究会使自己陷入困境。商品只是经久耐用、货真价实，并不会永久畅销。酒店经营只顾客房整洁、餐食质量，不研究日新月异的市场变化以及消费者不断变化的需求，终究要走向失败之路。

3. 销售导向阶段

随着旅游业的不断发展，酒店业也因此得到高速发展，各地建了许多酒店，酒店开始面临竞争局面。市场形态开始发生转化，由原来的卖方市场向买方市场转化。旅游者的可任意支配收入和余暇时间也有很大的增加，他们对酒店产品的需求也发生了一定的变化，旅游者开始有了选择酒店的机会。形势变化迫使酒店经营者不能守在酒店，等待顾客上门登记，而是采取积极主动的推销手段来招徕客人。酒店的工作重点开始从产品生产向产品销售转化，进入了以销售为导向的经营阶段。

在销售导向阶段，酒店以销售观念（或推销观念）作为经营指导思想。销售观念也就是一种"我卖什么，你就买什么"的观念。在这种观念的指导下，酒店纷纷组织销售队伍，使用各种强有力的推销手段特别是广告和价格手段进行酒店产品的销售。

销售观念强调采用大众销售渠道的销售，强调酒店推销工作，强调将酒店已经生产好的产品推销出去。虽然，这种观念对酒店产品的销售和酒店经营起到很大的作用，但这种观念与生产观念、产品观念一样忽略了市场需求的变化，都是以产品的生产为导向的，都未超出"以产定销"的经营思想范围。

4. 营销导向阶段

营销导向，也可称为顾客导向，是指所有的营销都必须围绕着顾客需求进行，以顾客为中心。

目前，国际上发生了各种社会经济的变革，各国之间政治、经济往来日益频繁，旅游活动越来越普及，大众化旅游产生，促使酒店业的需求类型增多、数量增加。各种类型的酒店，如豪华宾馆、度假村、经济型酒店、全套间酒店等建造起来，分别去迎合各种不同类型的顾客需求。顾客选择酒店的机会越来越多，顾客的需求也日益复杂。在这种市场环境下，酒店单纯地从自己获利的需要出发去大力推销产品的想法，已不能适应形势了。从长远来看，这样的酒店产品会逐渐地不适应市场的需要。为了使酒店产品能较持久地适应市场需要，酒店经营者必须以营销观念作为经营指导思想，根据顾客的需求，系统地研究酒店整体营销活动和营销计划，使酒店的产品、价格等都适应顾客的需求。营销观念要求酒店与市场不断相互进行信息交流，并根据市场新的需求去改善酒店的产品。它还要求酒店进行市场细分，寻找目标市场，针对目标市场中顾客的需求来确定酒店营销计划和策略。酒店通过其产品为一个或几个目标市场服务，而不是没有目标地招徕顾客。这一阶段的核心观念是"顾客需要什么就生产什么、销售什么"，企业的经营思想开始发生从"以产定销"到"以销定产、适销对路、产销结合"的根本性转变。

目前世界上许多酒店经营者纷纷以营销观念作为酒店的经营指导思想。在这种新型的经营思想指导下，经营者改变了传统的经营方式和经营态度，并对酒店的组织机构做重大调整。随着新的经营思想和经营方式得到应用，酒店经营也就从销售导向阶段向营销导向阶段转化，这是酒店经营史上的一次伟大变革。

5. 社会营销导向阶段

社会营销导向的观念是在 20 世纪后期出现的。人口无计划生育，资源过分利用，生态环境恶化，使人们越来越清楚地认识到环境与资源保护的重要性。社会营销导向主要是在这种背景下提出的。这一观念认为，置身于社会整体中的酒店和别的任何企业一样，不能独立地追求一己的利益，必须使自己的行为符合整个社会与经济发展的需要，力求在创造酒店或企业的经济效益的同时，能为整个社会发展做出贡献，创造社会效益。一些国际连锁酒店在这方面已经开始做出值得赞赏的努力。如为了节约纸张从而减少森林砍伐，它们提供的卫生纸是再生纸做的；办公室的一些非正式文件使用电传纸的反面；在客房里放置小册子，宣传保护环境与资源的日常方法；组织员工参加植树活动等。

从整体而言，世界酒店业已经广泛地接受了营销导向和社会营销导向这两种比前三种更先进、更科学的营销观念。我国一些管理出色的酒店或酒店集团也实施了营销导向或社会营销导向，并取得了一定成绩。

（二）正确的酒店市场营销观念

1. 以顾客为导向

这是指酒店所有营销活动都必须围绕顾客而展开，即以顾客为中心。它要求酒店首先要对市场需求进行调研，选择合适的目标市场，了解这些目标市场中顾客的需要，然后根据他们的需求来设计和提供产品和服务。另外，还要尽可能充分地利用酒店营销渠道成员如旅行社等，保证顾客方便地预订酒店产品。

2. 不断地使顾客满意

酒店顾客的需求会随着时代的不同而发生变化，当酒店原有的产品和服务不能满足顾客变化的需求，就要求酒店根据顾客需求的变化来改进和更新酒店的设施，并完善酒店的服务。酒店的生存、经营的成败取决于顾客。如果顾客的需求已经变化，而酒店产品不变，顾客就不会喜欢你的产品，也不会来购买，酒店经营就会失败。因此，酒店营销人员要不断地研究顾客的需求，随着顾客需求的变化而改进酒店设施和服务。

3. 实现酒店营销目标

酒店营销观念强调在使顾客满意的前提下，实现酒店营销目标。假如酒店只注重满足顾客的需求，而不同时考虑酒店自身营销目标的实现，那么，这样的酒店是不会长期生存下去的。酒店利润增长、市场占有率提高、销售量增加等都是营销目标，酒店必须通过顾客的满意来实现这些营销目标。酒店既要重视顾客需求的满足，又要强调自己营销目标的实现，两者不可分割开来，要做到使顾客满意，酒店受益。

二、具备一定的市场营销特质

市场营销就是一种创造价值的交易，它销售着产品的同时，也在销售着服务，在市场越来越细分化，竞争越来越加剧的今天，如何使企业的产品和服务让消费者接受和认可，除了正确的营销战略外，市场一线营销人员对企业营销战略和战术的理解和发挥，也就是市场营销艺术特质，此时就起了重要作用。

（一）具有营销灵敏性

有人说市场营销在美国及西方国家是 80% 的制度加 20% 的艺术，而在中国是 80% 的艺术加 20% 的制度，这个观点有一定的道理。中国的企业现在虽然逐步引进国外先进的市场营销经验，注重制度化的建立，但是由于中国与西方拥有不同的文化背景，假如过分注重制度化的建立而忽视市场营销的艺术行为，必然会与消费市场脱节。

灵敏性是指敏锐的观察能力，是市场营销艺术的基础。一个具有灵敏悟性的营销人员，他的销售行动并不是呆板地执行公司的营销计划，而是创造性地调整计划以满足客户的需要，从而达成营销的目的。在此过程中，具有说服力的口才虽然可以配合自己的成功，但是假如没有灵敏地感受到顾客的反应，而只是口若悬河，没有进行必要的合理沟通，就达不到预期的营销效果。而假如你能很成功地猜测出你的目标客户的所思所想，并能得出一个行之有效的诱导方法使目标客户达到自己想要达到的期望，便能很好地维持客户关系。可见灵敏性特质是市场营销人员必须具备的特质之一。

（二）自我驱动力

营销人员必须具有的第二个营销特质就是自我驱动力，其实驱动力是建立在自信心的基础上的一种自我达成的成功精神。他必须有一种强烈的成功欲望，而这种欲望同时需要物质和精神的激励。假如一个营销人员没有足够的自信心和强烈的成功欲望，只是为了物质上的需求，则当他达到一定的营销业绩时，必然会失去以往的冲劲，达到自己的销售曲线的高峰期就停滞不前，失去对市场的责任感，而沾沾自喜于过去的成就中，就不再耐心地去维护市场。

而具有自我驱动力的营销人员，将成功作为一种自我满足的方式，就像一个竞技场上的竞技者，他的主要目的就是为了发挥自身的潜能，对于市场上的任何困难，都会想尽办法克服，积极主动地开拓市场，金钱是外在驱动力的一部分，而成功的欲望则是自我驱动力的核心。在营销人员自我驱动力这一营销特质发挥作用的过程中，外在的精神激励及更大的物质激励起到重要作用。

（三）一定的个人特质

作为一名合格的营销人员，除了具备以上两种营销特质外，一般情况下，还需要一定的个人特质，如外向开朗、善于交际、头脑灵活、伶牙俐齿、能说会道、谈吐不凡等。此外，圆滑的社交能力、自信心和决心、对工作的责任心等也是成功营销的关键因素。

总之，要想成为一名成功的营销人员，除了与生俱来的一些性格特质外，还需要不断充实、磨炼自己，提高自身的综合素质，才能在营销大军中站稳脚跟。

三、掌握营销工作相关的知识

（一）一定的营销管理知识

作为一名专业的营销人员，即使是基层的员工也要掌握一定的营销管理知识，才能为工作的开展铺平道路。这些知识包括基本的营销理论、酒店市场营销管理的主要内容等。

1. 酒店营销组合理论——4P 理论

美国市场营销学家麦肯锡教授把各种市场营销要素归纳为四大类，即产品（Product）、价格（Price）、渠道（Place）和促销（Promotion），这几个词的英文首字母都是 P，故简称 4P。市场营销学主要以 4P 理论为核心，许多基本原理和内容都是围绕着这 4 个营销要素展开的。

产品策略是企业为了在激烈的市场竞争中获得优势，在生产、销售产品时所运用的一系列措施和手段，包括产品定位、产品组合策略、产品差异化策略、新产品开发策略、品牌策略以及产品的生命周期运用策略。

价格策略包括确定定价目标、制定产品价格原则与技巧等内容，其影响因素包括营销渠道、区域分布、中间商类型、运输方式和存储条件等。

渠道策略主要研究使商品顺利到达消费者手中的途径和方式等方面的策略，包括付款方式、信用条件、基本价格、折扣、批发价和零售价等。

促销策略是指主要研究如何促进顾客购买商品以实现扩大销售的策略广告、人员推销、宣传、营业推广和公共关系等。

此外，必须指出的是，市场营销组合不是固定不变的静态组合，而是经常变化的动态组合。企业应善于动态地利用可以控制的市场营销因素，制定市场营销组合策略，以适应外部不可控因素的变化，在市场上争取主动，从而提高市场竞争力，使企业能更好地生存和发展。

还要注意营销组合要适合企业特定的目标顾客群，要适合酒店自身的特点，即企业组织的人、文化、财力和生产能力等。

上述四个方面的策略组合起来称为营销组合策略。市场营销组合策略的基本思想在于从制定产品策略入手，同时制定价格、促销及营销渠道策略，组合成策略总体，以便达到以合适的商品、合适的价格、合适的促销方式把产品送到合适地点的目的。

2. 酒店市场营销管理的主要内容

酒店市场营销管理是一项科学管理活动，作为一名营销人员，应该熟悉酒店营销管理的内容，大体可以归纳为三个部分：酒店环境与市场分析，酒店营销活动、营销战略与策略研究，酒店营销计划、组织与控制。

酒店环境与市场分析着重研究酒店与市场的关系，分析影响和制约酒店营销活动的社会、经济、文化等各种环境因素，分析酒店顾客的特征和购买行为，如顾客的社会文化背景、价值观念、宗教信仰、年龄特点、职业、收入、消费水平、购买习惯及偏好等，进而提出酒店市场细分和选择目标市场的理论和方法，并就市场调查和市场预测的方法做出介绍。

酒店营销活动、营销战略与策略研究是酒店市场营销学的核心内容，主要研究为满足顾客的需求和实现酒店的经营目标，酒店怎样运用各种营销手段，采用何种营销战略和市场营销组合。

酒店营销计划、组织与控制的研究主要阐述了酒店为保证营销活动的成功而应在计划、组织、控制等方面采取的措施与方法。

（二）其他方面的知识

1. 全面了解酒店产品知识

作为酒店的营销人员，应该全面了解所在酒店的产品和服务，尤其是所负责的产品类别的专业知识（一般酒店的营销人员会专门负责不同的产品，如宴会销售、客房销售、贵宾卡销售等），只有这样才能向客户全面地介绍酒店产品，从而开展营销工作。

2. 相关的法律知识和职业道德规范

营销人员在工作期间应有一定的法律意识、遵守一定的职业道德规范。

（1）避免商业诽谤。在拜访顾客时，营销人员有时会被问及有关竞争者的问题，营销人员极有可能会贬低竞争者，从而使自己可能面临更大的信用风险。老顾客已经决定购买竞争者的产品，对竞争者进行贬损，必然会引起顾客反感。

商业诽谤主要包括：

口头中伤，指口头向第三者（如顾客）进行有竞争的不公正或不符合事实的陈述，即对竞争者的商誉或个人名誉的损害。

书面诽谤，指在与顾客的书面文字交流中出现的对竞争者不公正或不符合事实的陈述，包括给顾客的信件、销售文字资料、广告或公司手册。

产品贬损，指对竞争者的产品或服务进行不切实际或欺骗性的比较和歪曲性的评论。

不公平竞争，营销人员进行产品介绍时对竞争者的产品的性能或质量做出的不当的表述。

（2）如实描述酒店产品。营销人员在向客户介绍产品时，如果陈述不当，就有可能卷入法律纠纷，所以要尽量如实陈述产品和服务的情况。但可以运用一定的营销技巧对自己的产品进行"推销"，即所谓"营销中的吹嘘"。

第三章　酒店市场营销策划技巧

作为酒店经营的重要内容，营销策划目前已成为企业盈利，尤其是市场制胜的重要环节，杰出营销策划方案与优秀执行力的结合是现代企业开拓市场和战胜竞争对手并取得优异绩效的基础和前提。这就要求策划者在参与这项工作之前必须了解有关营销策划的基本问题，从而为营销策划方案的制订打下基础。

一、营销策划相关问题分析

（一）关于市场营销策划

营销策划最早起源于美国，在20世纪60年代，美国市场开始受到来自欧洲和日本产品的强烈冲击，市场也出现萧条情况，正是在这种情况下，有些美国的学者和公司开始在市场营销方面制定新的营销策略，以应对欧洲和日本的挑战，对市场营销的模式、管理以及运作方式进行了一系列改进，并取得了非常明显的成效，尤其是在20世纪90年代以后，很多美国产品尤其是高技术产品，开始逐步在国际市场上重新确立了自己的优势地位。日本在70年代以后出现了许多专业性的策划公司，其主要功能即在于为日本企业开发国际市场以及在国际市场上取得优势地位以便于出谋划策，这些公司虽然规模不大、数量不多，但却为日本企业的经营和日本经济的腾飞做出了非常巨大的贡献。

我国的营销策划起源于20世纪90年代，当时我国的市场正面临由卖方市场向买方市场转化，社会上出现了许多所谓的点子公司，这些公司虽然没有一个成为类似麦肯锡这样非常著名的国际咨询管理公司，但毫无疑问，他们同样为我国企业的发展以及我国产业的结构调整做出了非常大的贡献，当然，从严格意义上讲，这些点子公司所提供的建议并不是营销策划，因为真正的策划不是一个点子，特别是在经济全球化的今天，营销策划作为营销工作的重要组成部分，对市场的指导作用越来越大，涉及的范围越来越广，一个点子或一个创意往往对企业的发展没有根本性的帮助，因为即使非常优秀的点子或者创意也是需要全面的、系统的、科学的和具有创造性的发挥才能体现其价值，再好的点子，再优秀的创意，如果脱离了市场环境，或者企业的资源条件达不到，也同样对企业整体战略的实施没有帮助。

那么，我们应该如何理解营销策划呢？简单地说，市场营销策划就是为某一企业、某一商品或某一活动所做出的策略谋划和计划安排。就内容而言，营销策划应该至少包括下述六个方面的基本要点：

（1）市场营销策划的对象可以是一个企业、一种商品或一次活动；

（2）市场营销策划的范围往往涉及企业的各个部门，甚至本企业以外的组织或个人，亦即营销策划不是策划部门可以独立完成的，企业几乎所有的资源都需要为营销策划提供相应的帮助；

（3）市场营销策划要立足于企业的营销现状和营销目标，亦即营销策划是为企业实现战略目标服务的；

（4）市场营销策划需要设计和运用一系列计谋，这是市场营销策划的核心和关键；

（5）市场营销策划要制订周密的计划并做出安排，以保证计谋运用成功；

（6）市场营销策划的表现形式是文字报告——营销策划方案，其结构由市场环境分析和营销活动设计两大部分组成。

研究市场营销策划，尤其是酒店营销策划，不仅要学习和掌握市场营销策划的基本方法和技巧，更重要的是认识和掌握市场营销策划的一般规律，以创新思维为灵魂，以酒店资源为条件，以企业经营目标为指导，以市场环境为基础，遵循市场经济的客观规律，只有这样，才能更好地开展市场营销策划的实践活动。

（二）市场营销策划的研究对象与主要方法

市场营销策划是一门涉及多种学科的综合性科学，其研究对象是市场运作过程中的各种问题，如市场进入障碍、营销资源的配置、营销创意、营销理念的设计和制定，以及市场营销策划方案的基本方法、技巧和一般规律。其范围包括从资源整合到利润分配的全过程，是在现代市场营销观念的指导下，以市场营销管理为土壤，从市场需求入手，深入市场调查研究，认真分析市场营销环境、竞争对手、企业市场竞争条件，以及使目标市场顾客达到满意状态的条件，因时、因地、因人制宜地提出"创意—构架—行动"方案的系统过程。虽然各个具体的策划方案千差万别，各有其创新特色和营销要素融合的技巧，但不论是哪一种性质的市场营销策划，其策划的过程、基本方法甚至策划流程还是具有一定的规律性和共同特点的。

一般而言，营销策划的基本方法可以归纳为程序法、模型法和案例法。

（1）程序法，即按照一定程序进行市场营销策划。一般经过确定策划目标、收集和分析策划信息、创意构思与提炼、制定策划方案、方案评估与论证、实施和控制策划方案以及测评策划效果七个阶段。

（2）模型法，即利用现有的模型、模板、模块进行策划。因为模型本身已经经过检验、判断和逻辑分析，并通过实践验证在某种特定的市场条件下是成功的，因而我们可以利用现有的模型进行策划，在实际操作中，现有模型是市场营销策划的重要工具。

（3）案例法，即有些条件和环境相同或相似的策划是可以引用过去成功或失败的案例进行策划的。事实上，虽然每一个策划都是不同的，但优秀的策划是必须借鉴一些成功案例的。

当然，在操作中上述方法实际上是经常混合使用的，一个优秀的策划方案往往是三种方法的高度融合，作为策划者，这三种方法都应该熟练掌握。

（三）市场营销策划与市场营销管理的区别与联系

（1）市场营销策划是市场营销管理的内容之一，市场营销管理是市场营销策划的土壤，二者是皮和毛的关系，亦即市场营销策划是市场营销管理的重要组成部分。

（2）市场营销策划是实现市场营销管理任务和目标的特殊手段，任何营销管理目标的实现，不仅依赖于外部环境和企业的资源条件，同时也必须以优秀的策划方案作为基础，这是因为，一个方案一旦实施，通常在某一段时间内会成为企业营销工作的指导方针，直接影响企业营销工作的各个方面。

（3）市场营销管理的范畴覆盖市场营销活动的全过程，而市场营销策划则侧重于营销理念的设计和营销方案的制订。

（4）市场营销策划和市场营销管理具有一个共同的目标，这就是顾客满意的最大化和企业利润的最大化。

（四）营销策划的意义

1. 企业长久生存和发展的需要

营销策划是企业在一个较长时期内经营管理，特别是市场运作的总体规划，为企业的市场开发与拓展提供总的指导方针。这是因为，企业要想长久在市场上生存和发展，就必然需要对产品和市场做出全面规划，使企业在运营过程中遵循一定的轨迹，充分发挥企业的资源优势和利用市场机遇。要做到这些就必须对管理方法、市场模式、产品、价格、渠道和促销等进行不间断地改进和升华，以保证企业长远经营目标的实现，而所有这一切都有赖于企业对市场环境的准确评估和企业资源的优化。营销策划的作用即在于为这样的发展提供可行的方案，并且在运作过程中进行调整和深化。

2. 服务于企业的战略目标

企业的战略是一个相对比较长远的目标或规划，它的实现有赖于企业在经营中不断对市场进行研究，了解消费者的需求，改进产品的技术性能和提高产品的盈利能力，这个过程中的每一个阶段都需要设立在不同时期的工作目标上，营销策划的作用就在于运用营销策划的技巧和对市场研究的成果，为每一个发展阶段做出相应的战略规划。从这个意义上说，营销策划实际上包括两大部分，其一是公司市场营销的总体规划；其二是具体目标市场或产品的单项营销策划。但无论是整体策划还是单项策划，都必须服务于企业总体战略目标。

3. 创建品牌，扩大企业的知名度

现代企业经营与市场运作的关键是创建企业的品牌和增强企业的知名度，尤其是对于像酒店这样的服务型企业而言，由于产品本身的特性决定了其在产品创新或者质量提升方面要想做到很明显的差异化存在比较大的困难，因而品牌的创建和维护就成了酒店长久占据较好市场地位的关键所在。酒店营销策划的首要目标是在消费者心目中树立良好的产品形象和企业形象，这是酒店得以长久在市场上生存和发展的基础。这是因为，只有优秀的营销策划和有力的实施手段才可能使企业在这个方面获得长足发展。

4. 增加市场份额，打击竞争对手

现代企业的市场竞争集中表现为对消费者的争夺，这是因为，市场份额的增加不仅可以增强企业的实力，打击竞争对手，更重要的是，市场范围的扩大和消费者数量的增加可以在更大范围内树立公司的品牌形象，是企业在市场上得以迅速发展的有力保障，营销策划的重要内容之一就是为企业设计合乎市场规律和企业资源要求的竞争方案，在市场上打击竞争对手的同时增加企业的市场份额。事实上，竞争策划方案往往是企业策划部门的重点工作，大多数或者绝大多数的策划方案都是为了应对竞争对手挑战的，毕竟，我们所处的市场环境是买方市场，如果不能有效打击对手，则对企业而言，不要说发展，恐怕连生存都会成为比较大的问题。

5. 锤炼企业的销售队伍，提升企业的营销能力

营销策划的内容必然涉及企业的营销管理过程，优秀的策划方案不仅可以为企业带来利润和良好的市场形象，还可以在执行方案的过程中为企业培养一大批优秀的执行人才，这是因为，优秀的营销策划方案不仅会使企业员工在参与企业营销方案运作的同时为企业创造价值，同时也可以在这个过程中掌握一些基本的营销技巧和管理方法，换句话说，企业员工通过执行优秀的营销策划方案，提升了自身素质，这对企业而言无疑是提升营销能力的捷径。

二、营销策划的方法与技巧

任何一个营销策划都会由于所处的市场环境有区别，酒店所拥有的资源不同，酒店策划的主要目标不一样，策划者的主导思想、沟通能力、知识水平、实

践经验等不尽相同等原因，使得最终形成的策划方案都是千差万别的，即便是在一个相同的市场环境下，由于策划者对经济的未来走势，行业的未来发展有不同看法，也会使得营销策划方案大相径庭，事实上，只要不是完全抄袭别人的方案，每个人的策划方案都是不同的，因为策划本身所涉及的环境、资源、目标、知识、能力等各个方面的因素实在是太复杂了。但这并不意味着营销策划是无章可循的，从策划的一般方法来看，大多数策划方案还是有一些共同特点的，这些特点主要体现为策划的基本方法和策划流程的规律性。

（一）选定策划主题的基本思路

对于企业的营销策划，如何选择策划的主题往往是策划者需要首先解决的问题。这是因为，企业经营过程中存在的问题可以说多如牛毛，如果每一个问题都需要策划部门解决，企业将负担不起这样的费用，因而，作为专业策划或企业的策划部门，在对企业的营销运作进行整体或单项策划时，要根据企业的要求及本身的素质和能力首先确定营销策划的主题。此外，并不是所有企业领导或者部门提出的课题都是可以进行策划的，一项策划的完成同样要依据一定的条件和拥有足够的资源。

当然，即使是非常合理的策划主题，对于策划人员而言也不一定是能够承担策划任务的，这除了与自己的能力有关系以外，还取决于企业提供的策划资源等其他因素，因此，策划主题的选定需要考虑很多方面的内容，但一般情况下，下述内容是策划者在确定策划主题时需要首先考虑的。

1. 对现状不满意是策划的基本主题

绝大多数策划的起因是企业对目前的经营状况不满意，甚至是企业的经营难以为继，急需采取新的运作方式来改变目前的困境。这虽然是企业管理过程中领先者缺乏战略思考的表现，但也确实是多数企业进行营销策划的主要原因，事实上，绝大多数的酒店营销策划，其策划主题都是在这种情况下形成的。

这时，对于策划者而言，能否找到市场运作的症结所在，并且以解决具体的管理问题或市场模式问题作为策划的主题，就成为策划能否成功的关键。例如，酒店目前面临的问题是客房空置率过高，需要解决办法。对于策划者而言，首先要对产生问题的主要原因进行分析，看是服务质量、酒店位置、广告促销、竞争对手还是价格原因造成的，然后才能确定自己的策划主题。就像医生给病人看病一样，只有先明确了病因，才能考虑治疗的办法。而且，在现实操作中，多数营销策划涉及的往往不是企业经营过程中的一个问题，因为任何营销方面存在的问题都会波及企业管理的其他方面，但作为主题，营销策划一般只能有一个，这就要求策划者对问题的研究要非常深入，只有抓住问题的本质对症下药才能找到根本的解决办法，因而分析问题的能力是策划者首先需要具备的。当然，这也不是一日之功，需要策划者不断学习和长时间积累。

2. 对新项目运作的整体思考是策划的基本内容

现实的营销策划很多体现为对新市场的开发或者是新产品上市的策划，这样的策划相对于单项策划要复杂一些，涉及企业从生产到销售、财务、渠道、促销等各个方面，对于新企业或新产品和新市场，这样的策划需要企业的全部资料和针对市场的认真调研。一般情况下，这种策划所涉及的是企业总体发展规划，或者是局部市场或新产品上市的规划。由于这样的策划所涉及的内容比较广泛，因而企业一般对策划的要求也是有所区别的，策划者应根据企业的战略目标和市场环境确定策划的主题。

3. 单项主题策划体现策划者的专业水准

由于营销策划涉及企业经营管理的方方面面，任何策划人员都不可能做到在每一个环节都是高手，就像医生一样，只能在某一领域非常精通，而不可能治疗所有的病症，因而作为一个优秀的策划者，首先要对自己的策划能力有一个客观和公正的评价，在选择策划主题时，尽量贴近自己最擅长的方面，对于不熟悉或是缺乏经验的主题策划，尽量不要承接或是主要依靠专业人员操作，切不可不自量力地确定生疏的策划主题，以免给企业的经营带来损失。

4. 有些主题并不切合实际

对于企业要求的有些不切实际的主题，要中肯地提出自己的反对意见。现实中，有些企业领导主观意识较强，或者对市场情况不了解，往往要求策划部门对一些不太可能实现的目标进行营销策划，而且由自己提出策划主题或策划要求。这时，对于策划者而言，不能盲目听从领导的安排，而应该有理有据地向上司反映真实的情况，以免浪费企业的资源。因而对于企业的策划人员而言，不仅需要具备优秀的策划能力、广博的营销知识和洞察市场变化的敏锐观察力，更重要的是应具备优秀的品德，时刻牢记自己对企业所担负的责任，如果一味地听从上司的指示就很可能给企业的发展造成巨大损失。

5. 有些主题重要到非策划不可

策划人员如果是企业的专职员工，应该有责任提醒自己的上司对某些迫在眉睫或是对企业发展具有战略意义的课题进行策划，即主动提出策划主题，这是策划者的责任。当然，要完成这样的主题策划需要策划者对企业的经营状况有非常深入的了解，经常观察企业的运作状况和市场的变化情况，做到未雨绸缪。许多企业的策划人员每天感到无所事事，原因就在于他们比较缺乏主动寻找策划主题的动机，只是被动地听从领导的指示，从而既不能为企业分忧解愁，也浪费了自己的才华。

6. 策划者的能力受到限制

如果一个策划主题涉及的面比较宽，或是策划者感到自身能力有限，无力承担这样的策划任务，一定要向上司提出支援要求，因为一般而言，企业的策划都是有时限的，尤其是市场营销策划，由于市场变化快、可以完全由企业把握的关键因素少等原因，要求策划在一定时间内完成并付诸实施，以保障企业的利益，因而，这样的策划其时效性是非常强的，如果因为策划者个人的原因而使企业失去市场机会，这样的损失就太大了，所以，策划者如果不能独立完成策划任务，最好请专业策划公司帮助解决问题，切不可勉强为之而最终导致企业的利益损失。

7. 公司的预算有限

任何策划都需要一定的资源支持，如果选定的策划主题涉及范围非常大，需要投入的资源非常多，而公司又没有足够的预算，这样的策划方案就不会取得相应的成果。因此，在选定策划主题以前，需要了解公司对于策划方案所提供的预算能否支撑策划活动的进行，如果资源不够，则只能在较小的范围内进行，切不可强求，这是因为，任何策划方案的实施都是需要企业投入资源的，不成熟的方案一旦实施，不仅不会给企业带来利益，而且极有可能使企业在营销过程中蒙受巨大损失。

总之，在策划主题的选择上，无论多么慎重都是值得的，因为一旦选题偏离方向，那么所有围绕它做出的策划都将变得毫无意义，如果这样的策划得以实施，不仅对企业的市场营销效果不利，而且即使对于策划者个人而言，其效果也是灾难性的。

（二）策划主题选择的条件

策划主题的确定往往是企业在运作过程中来自某一方面的要求，而且并不是每个主题都很明确。作为策划者，在主题选择上，一定要给自己设定一定的条件，这是因为：一方面，只有充分了解决策者的意图才可能使策划达到目的，通常情况下，任何营销策划方案只有在得到决策者的支持时才有实现的可能；另一方面，自己没有能力承担的主题策划，即使勉强做出来，其实施的效果也不会很好或者根本就没有实施的可能性。因此，在确定策划主题以前，还要考虑下述问题：

（1）上司与有关部门对这个策划的期待是什么；

（2）哪些人与部门可以协助我完成这样的策划；

（3）在策划立案之前如何分配时间，安排进度；

（4）这个策划能否沿用常见的手法，上司会不会满意；

（5）策划中需要掌握的最关键的资料是什么。

在着手拟订策划书之前，对各个方面进行一次详尽、周密的调查是十分必要的。这样做的目的有两个：其一是避免误入歧途，浪费时间和精力；其二是节省时间。在材料充足的条件下，策划书的拟订就只是创意的产生和抄抄写写的问题了。

在这里需要特别强调的还是策划的实用性，通常而言，在限定的费用、资源、人力和时间范围内，完成效果最好、成果最大的策划是每个策划者追求的目标，也是理想策划的标准，但这个标准通常只是针对策划者而言的，对于企业而言，策划必须是人人易懂、容易参与、便于协助的，因为只有这样的策划在实施过程中才比较简单，实施难度才会相对较小，而取得成效的可能才会较大，因此，为了完成这样的策划方案，策划者不仅要了解市场和企业的资源状况，同时还必须对策划的实施者进行分析和调研，只有在充分掌握实施者能力的基础上才能制订出适合企业人力资源状况的营销策划方案。实际上，策划的过程从某种意义上说就是一个调查研究的过程，所以坐在办公室里是不可能完成策划的。

此外，策划主题最忌讳的是求全、求多、散乱，那样的话，不但会使主要的目标难以实现，甚至在你看来轻而易举就可以实现的小目标也会化为泡影。所以，在策划主题选择过程中一定要将想解决的营销问题集中在几个方面甚至只是一个方面，这样的策划才可能有比较强的针对性，从而实施效果才可能比较理想。同时要处理好计划与策划的关系，因为计划与策划是一种唇齿相依、相辅相成的关系，二者互为条件，计划是策划目标实现具体化的必然阶段，策划力的提高有助于计划的实现，所以对任何一个方面的忽视都是一种错误的认识。

当然，策划的过程同时也一定是一个寻找灵感的过程，是一个尝试错误的过程，也是一个不断地自我认可和自我否定的过程。这个过程也许是痛苦的、寂寞的和枯燥乏味的，但是只要你能够抓住灵感，然后再不断地完善它，展现在你面前的也一定是一片前所未有的新天地。

（三）如何寻找策划的启示资料

缺少成为创新的"原料"，即使脑子再好也不管用。因为脑子空空也是挤不出智慧的，优秀的策划无一不是建立在对启示资料的充分分析与研究之上，因此，寻找策划所需要的启示资料不仅是在确定策划主题之后，对于策划者而言，首先完成的第一步工作，同时也是优秀策划方案形成的基础。

一般情况下，寻找策划者所需创新或启示资料的方法主要包括以下几个：第一，从已知的知识、情报中寻找，这种方式当然有赖于策划者的市场营销经验及扎实的市场营销方面的理论知识，因而策划者的个人能力不仅体现为策划文案的创意、撰写，以及文案的提案和实施能力，同样也体现为资料的收集和整理能力；第二，从个人或集团的智慧中寻找，这不仅包括策划者需要与有经验的市场人员交谈，从他们那里汲取进行策划的基本素材和营销创意，更重要的是寻找可以作为策划启示资料的相关文献。对策划者而言，市场营销情报的主要来源包括以下几个：

（1）专业书籍、专业性杂志；

（2）工商报纸的剪贴资料；

（3）本公司或相关公司过去实施的与市场开发有关的策划、提案、活动等资料；

（4）专家、经营顾问、大学教授、研究人员拥有的有关市场开发的知识和情报；

（5）同业或其他与市场开发有关的记录、策划或报告；

（6）国外企业有关市场开发的情报；

（7）在企业讲座、研讨会上相关人员提出的观点、创意、情报等。

重视日常积累和掌握一些积累知识的方法是很重要的，由于策划对知识的丰富性要求甚高，所以，策划人员在日常的生活和学习过程中必须注意知识的积累和有意识地分类，以便在策划过程中使自己的思路和视野更加开阔，摆脱知识面狭窄的束缚。当然，对于策划而言，专业知识永远是最重要的，一个优秀策划方案的产生要求策划者不仅要精通本专业的知识，而且要精通策划对象的相关知识，甚至竞争对手的相关知识。所谓"行家看门道，外行看热闹"，优秀策划者的水平都是在不断的积累和锻炼中逐步提高的，这就要求策划者有非常强的学习能力和学习欲望。

（四）如何产生创意

创意来源于创新，而创新则来自于对某种事物不间断地思索和对原始资料的积累与升华，在这个过程中，需要特别注意的是，积累不是盲目地将所有有价值的或无价值的资料堆积在一起，而应该分门别类，以便于以后查阅方便。优秀策划者的能力在于，他们能够从纷繁复杂的多种数据和资料之中精选出对自己十分有用的部分作为策划的原始材料，并对这些材料去粗取精、统筹整理。因此，当你受命做某项策划时，应该做到：第一，凭印象把有关的资料整理出来；第二，精选资料。

不要害怕整理资料时的麻烦，因为在整理资料并将之分门别类的过程中，你也可以对自己资料库中的内容有一个温习，这也是自我提高、自我充实的过程。在这里，有意识地激发自己的潜能是产生创意的源泉，很多人在参与策划工作时总是抱怨自己脑子太笨，想不出好主意，或者抱怨别人没有给自己足够的提示。事实上，创意的产生虽然是非常困难的，但也绝不是没有可能的，只要掌握了一定的方法并加以实践，时间久了，自然也能够积累一些产生创意的方式，或者至少可以利用一些方法激发自己产生创意。实践中，下述方式可能有助于策划者提高自己产生创意的能力：

1. 自我暗示的魔力

自我暗示是影响潜意识的媒介，是走向成功的第一步，要想获得惊人的成就、在痛苦的求索中产生独特的创新，就必须动员你的潜能。所有的暗示和所有自我提供的刺激，通过一个人的五官而进入内心世界，都可称之为自我暗示。事实上，这种自我暗示存在于每个人的潜意识，只要能够激发自己，这种潜意识里的东西就会变为现实的想法或者创意。例如，大家都知道阿基米德发明浮力原理是因为他在洗澡的时候看到了澡盆的水溢出来而获得的启示，这其实就是典型的自我暗示，因为长时间都在思考这样的问题，只要有一个偶然的机会激发自己的想象力，这种暗示的成果可能就会成为一个金点子。

自我暗示是有意识思想的发生部分与潜意识的行动部分两者之间沟通的媒介，实际策划中，很多独特的创意其实都是这种自我暗示的结果。当然，这种发自内心的想法之所以能够成为策划的金点子，是基于策划者长期的实践活动积累和扎实的营销理论功底，没有人可以幻想在无丝毫营销基础的情况下，能够凭空产生营销创意。

2. 自信意识的培养

策划是一门以创新为生命的科学，因此它也是一门考验智慧的科学。在策划过程中，策划者除了要掌握必需的思维技巧以外，还要有足够的耐心和毅力。如果缺乏这种耐心和毅力，就必将半途而废。尤其是创意的产生一定依赖于策划者对某一事物运作的掌控能力，如果对所做的事情没有足够的信心，不相信自己能够把事情做好，其结果就是这件事情一定做不好，因为你已经失去了做好事情的必要前提，在这种情况下能够产生创意的机会就非常小了。因此，作为一个优秀的策划者，除了需要学习和具备必要的专业知识以外，有没有足够的信心做好某一项策划也是非常重要的，因为这同样是创意产生的基础，而不间断地培养自己的自信意识也是每一个策划者的必修课程。

3. 强烈的成功欲望

这里有一个永恒的定理：信心加上炽烈的欲望，没有任何事情不会实现。策划作为一种创造性劳动，需要策划者具备强烈的求胜欲望，这是产生创意的主要动力，没有对事业的执着追求，就失去了创意产生的原动力。这个定理无论是在社会实践还是科学实验过程中都是被反复验证的，例如，爱迪生在发明灯泡以前曾经进行过 2000 多次试验，可口可乐在开发中国市场时，曾经有 11 年的时间没有赚到一分钱，如果不是有强烈的成功欲望支撑，我们很难想象这个世界会有爱迪生这么伟大的发明家和可口可乐这么伟大的公司。更何况，策划本身就是一种创造性的劳动，如果没有强烈的成功欲望，创意的产生同样也是不可想象的。

4. 充分发挥你的想象力

想象力就像一个工厂，人类所有的计划都是在这个工厂中铸造而成的。凭着想象力，人类有了灵感冲动，欲望具有了形象、形态和行动。因此，我们可以说，人能够创造他所能想象的任何东西。人类的唯一极限是他的想象力与利用的程度，在想象力的利用上，人类远未达到他的顶峰。营销策划的创意与策划者的想象力同样密不可分，一个优秀的策划方案往往是策划者想象力得以发挥的结果，是策划者对某一具体事务独到理解的结晶，从这个意义上讲，策划者的想象力如何在很大程度上决定了策划方案的创意是否优秀，因而培养和发挥自己的想象力同样也是产生创意的重要前提。

具体而言，想象力具有以下两种形态：

（1）综合想象力。这种能力可以把旧有的各种观念、构思、计划组合成一种新的混合物。严格地讲，这种能力并没有创造出新东西，它只是将所吸收的知识、经验、调研结果和观察结果作为材料来利用，在前人创造的基础上添加或者删减一些内容，最终形成自己所需要的创意，这种想象力对策划者而言是必备的，如果连这种能力都不具备，创意的产生也就无从谈起了。事实上，大多数的发明家都是利用这种能力进行发明创造的，大多数的优秀方案也同样是以这种想象力作为创意产生源泉的。当然，如果没有任何前人的原理或者经验可以借鉴，也就是说当你利用综合想象力未能解决问题时，就需要依赖另外一种想象力——"创造想象力"来产生创意了。

（2）创造想象力。依靠这种想象力，人类有限的知识与无穷的智慧得到了直接的沟通；依靠这种想象力，人类得到了预感和灵感，它使一种新的欲念传达到人的身上，并激发了人的潜在智慧与能力。创造性想象力是自动发生的，当思维在紧张工作并受到欲望的强烈刺激时，它就会自然而然地发挥作用。但这种想象力所依赖的条件也是非常苛刻的，不仅需要具备丰富的知识与深厚的功底，更重要的是需要对问题几乎不间断地思索，只有这样才可能在某一个非常偶然的机会中将自己的灵感激发出来。例如，牛顿发明万有引力定律就是这种想象力的集中体现。

当然，将无形的欲望冲动转变为具体的事实与财富，需要一个或多个计划。这些计划必须在想象力（主要是综合想象力）的帮助下制订。因为有了创意只是策划的第一步，要把这个创意转化为策划方案，还要经过一番复杂的整理、分析、组合及删减的工作，才能形成初步的策划思路。创新是无形的力量，想象是意识的工厂，它可以把你的意识能量转变成财富和成就。因此，不断训练想象力同样是优秀策划人员必备的素质。

5. 脑力激荡法

如果在策划过程中你感觉产生创意是最困难的，对自己所有的创意都不满意，这种情况下，还可以尝试脑力激荡法，即通过发挥大家智慧的方式形成一个优秀的创意，这种方式尤其适合于单项策划，也就是所有参与策划的人员针对一个主题自由研议，并想出创新的方法。

实际上，这种产生创意的方式目前在很多优秀企业的营销策划过程中已经成为最主要的创意产生方式之一，而且这种方式因为集中了众人的智慧，因而所产生的创意往往更具有现实意义。具体而言，采用这种方式搜集大家的智慧时，需要注意以下几点：

（1）提出的构想多多益善；

（2）对每个人提出的构想不做好坏评论；

（3）欢迎"搭便车"，即在别人提出的构想上加上一些新东西，或是由此产生出另一种新的想法，并对新的想法加以阐述。

程序与要点：

（1）规定在一段时间内各人集中提出彼此的想法；

（2）从别人提出的构想中获得某些启示后，继续说出自己的新构想；

（3）在黑板上将各人提出的新构想扼要记下；

（4）构想的数目越多就越有可能提出好构想；

（5）提出的构想不要顾及"有无实现的可能"，即使是空想，也应大胆提出；

（6）将提出的构想进行分类，从中挑出"极具特色的构想"形成策划命题。

脑力激荡法首先是兼容并蓄，然后是去伪存真，逐步完善，这是探求创新的主要方法之一。利用这种方式产生创意的典型案例是目前服装店里的"伶偶"（也就是木制模特），因为就服装店的营销而言，最重要的就是如何吸引顾客的眼球，当采用一般方式不能达到或者不能有效达到这一效果时，服装店老板通过脑力激荡法，集中全店员工的智慧，终于解决了这个问题。

事实上，一系列开始看似光怪陆离的想法，通过分析和论证有可能成为营销创意的最好思路，策划者需要在不断总结和归纳的基础上形成最终的创意，脑力激荡法目前不仅在营销策划过程中使用比较广泛，即使在公司管理，尤其是优秀公司的管理过程中也已成为一种重要的管理方法，作为策划者应该学会熟练运用这种技能，因为这不仅可以解决有些比较复杂的问题，更重要的是，这是产生创意的最好方式之一，因为它集中了大家的智慧。

6. 激发你的潜意识

有许多灵感都存在于潜意识中，只是这些灵感有时隐藏得很深，只有激发才能唤醒它们，当然，最关键的是要找到激发潜意识的方法，这种方法因人而异，比如反复思考和大声念诵策划目标就是许多人获得灵感的窍门。人的潜力是无限的，这种潜力包括两个方面：精神和身体。只要能深入挖掘，那么就一定会有所收获。要有效地激发潜意识，其力量来源有两点：自我激发和外部力量的刺激。作为策划人员，尤其是需要创意产生时，学习和掌握自我激发的技能和方法十分重要，因为它对创新意识的提高起着非常重要的作用。

7. 集中注意力

在灵感产生以前，其感觉犹如在黑暗中寻找一个细小的物体，未接触到它时，你可能以为它不存在，但是，一旦接触到它，你必将欣喜若狂。一个简单的例子或许能够说明集中注意力的意义：当力量集中在一颗钉子尖时，你会轻而易举地将它钉进墙里，但如果换一种玩法，把钉子倒过来就完全是另外一回事了，究其原因，不外乎点和面的关系而已。所以，学会集中注意力是十分重要的，对策划者而言，没有专注于事业的精神是不可能将工作做好的。同时，对策划人员来说，不但要强化积极心态的意义，也要充分认识消极思想的危害。即如果你认为你是成功的，或者你坚信你将来能够成功，那么你就一定会成功，如果你认为你是失败的，那么你将来永远都是失败的，这是一个铁则。

8. 学会活用关键词

有时创意的产生只是因为一个简单的词语提示，我们把这种能够给人启示的词语称作"关键词"。这些关键词对策划者的作用在于，不断提醒你策划的主题，逼迫你产生联想，而联想往往是创意产生的基础。

例如，增加布料行业营业额的策划关键词卡片：

（1）流行化；

（2）年轻人为主要对象；

（3）高层化；

（4）顾客时间带；

（5）顾客组织化；

（6）访问销售法；

（7）订购方式；

（8）男人女性化；

（9）店铺多量化；

（10）联合销售。

流行化创意：

（1）对产品进行彻底改造，适应市场需求；

（2）为了合乎流行化的要求，对商店进行装修；

（3）宣传要强调流行化商品；

（4）从顾客中选择对流行化有嗜好的人，给其邮寄产品。

年轻人为主要促销对象：

（1）使商店成为年轻人的专卖店；

（2）对年轻人实施广告宣传；

（3）店内装潢、播放的音乐、店头广告等彻底迎合年轻人的嗜好；

（4）举行中奖比例颇高的、针对年轻人的促销活动。

所谓活用关键词就是善于通过对一些词语展开联想，以期突破静如止水的思维定式，使创新也随之产生。

9. 模仿是创新的基础

生硬的模仿是拙劣的，但是一旦加上自己的创新，那么这种模仿就不是简单的照抄照搬了。大部分的策划方案都是在已有情报或策划的基础上再加些什么或减些什么，关键在于这样的增减能够使策划方案更切实际和有效。事实上，日本人是世界上最善于模仿的民族，有人说日本的经济发展得益于模仿美国人，但并没有人嘲讽他们，原因就在于日本人是在模仿的基础上进行改良，而改良以后的东西就是创新了。同样，策划者也要学会这种继承中有发展、模仿中有创新的模式。

创意对营销策划无疑是非常重要的，但创意的产生只是策划的最初阶段，对创意进行筛选和甄别、完善和组合同样也是影响策划成败的重要因素。创意奇特并不是策划的最终目的，策划的最终目的是保证策划方案能够实施，并且保证能够为企业或组织带来利润，并创造财富。所以，在将创意具体化的过程中，必须把方案的可行性放在第一位，必须同企业的资源和市场环境结合在一起。否则再好的创意也只能是一种设想而已，不会对企业的经营带来利益。

如果将策划的水准加以分类，大概可以分为：尝试的水准、有所企图的水准和诡计多端的水准。这实际上体现了策划的创新水准，一项策划如果没有独到的个人见解也就失去了其魅力，在很多情况下也就没有利用价值了。从更广泛的意义上来说，策划方案体现了策划者个人拥有的信念、哲学或者人生观。夸张一点讲，策划人对策划方案"赌注了性命"，因为策划的本质就是突破前人的束缚，就是自我个性的体现，也就是创新，倘若失去了这个原则，策划也就失去了生机与活力。因此，创新是策划的生命。

当然，具有创新意识的策划并不一定是理想的策划，因为评价一个策划方案的优劣只有一个标准，那就是策划方案实施后的成绩大小。良好的策划，一言以蔽之，就是实施效果奇好的策划，而这样的策划无一不是以创新做基础的。有人说，策划生涯就是不断创新又不断否定自己以期达到更高策划意境的过程，这话的确有一定的道理，事实上，正是这种革命的精神，才使策划一直都保持着前卫与先锋的本色。

三、策划方案的整理与实施

杰出的创新能力、缜密的逻辑思维及丰富的市场营销知识和经验只是优秀策划者素质的一个方面，除此之外，出色的说服和实施能力也是策划人员不可缺少的能力，而且对于提案的实施来说，后者的作用可能还要大一些。这是因为，任何营销策划都是服务于企业的某个经营目标的，不是做出来给人看的，优秀的策划只有在市场上得到运用，对企业和策划者才具有实际意义，因此，策划方案的整理及如何使策划方案得到上司的赞同并加以实施，对策划者而言，具有更加重要的现实意义。

（一）策划实施的一般程序

通常情况下，一项策划方案要想在企业里实施，得到领导的赞同往往是必要条件，但除此以外，还需要经过一定的组织程序，一般而言，只要符合下述某一项要求，策划方案实施的可能性就比较大：

（1）领导、同事都认为很好；

（2）向策划会议之类的决策性会议提出，并得到与会者的赞同；

（3）经过专项会议研究，并得到批准；

（4）经过相关专家论证，并得到企业主要领导的支持。

当然，要想自己的方案能够实施，为企业创造更多的利润，体现自己的策划能力，策划者除了要提出杰出的创新提案和实施措施以外，还应该做出标准的策划书。

（二）如何使策划方案得以实施

进行营销策划最大的目的在于帮助企业解决现实问题和保证企业的持续发展，实际操作中，要实施这样的策划案不仅要得到企业领导的支持，而且要获得关键部门员工的广泛认同，策划者只有用丰富的内容、有力的证据和杰出的创意才可能说服相关人员，策划的目的才可能达到。而要想达到这样的目的，策划者必须学会换位思考，站在别人的角度上考虑自己的策划方案是否可以实施。

因此，争取上司和同事的理解和支持，是策划方案得以实施的必经阶段，尤其是在决策中起重要或主要作用的上司，他们对于策划方案的信心往往是策划方案能否实施的关键所在。这就需要在策划和提案过程中和大家不断进行交流与沟通，这对策划者而言也不无益处，一来可以在大家的参与下完善策划的细节，二来也可以从大家的意见中汲取营养和启示，对自己的方案进行修正和补充。因此，为了使策划得到上司和关键部门领导的支持，策划书的撰写要做到以下几点：

1. 策划书要通俗易懂

公文有公文的写法，合同有合同的格式，策划书也不例外，约定俗成的一些规则也还是要有的，这些内容包括以下方面：

（1）策划名称——要求具体和明确。例如，你的策划书名称为"新产品营销策划方案"，这可能就不是一个很好的名称，因为题目太大，对决策者来说会感到过于笼统，如果改为"2013年1~3月某酒店在某地区以高端客户为对象的促销方案"，就非常明确了。策划书名称是非常重要的环节，如果策划书名称不能吸引上司的注意力，则这样的策划方案通过的概率就比较低了。

（2）策划者名称——类属部门、职位、姓名要写清楚。如果有外界人士参与则要特别注明，尤其是比较著名的机构或者个人需要注明，因为这样可以增加方案的可行度，从而提升方案实施的概率。

（3）完成的日期——一般填写审议日期或前一日，如果策划书很早以前就完成了，可以填写完成日期和审议日期以博得审议者的好感。

（4）策划目的及策划内容概要——这部分内容最重要的是要简明扼要，并且做到：目标具体且量化，措施明确且可行，费用单列且合理，效果可预测且准确，此外，问题、困难一定要作为前提提出。

（5）策划内容的详细说明——这是策划书的"本文"部分。应该注意下列问题：内容的表达要使用审议者容易了解的方式；内容的重点要整理得言简意赅；除了运用文字技巧外，还可穿插照片、图表、插图等，要学会运用投影或其他设施让审议者最深刻地理解你的方案。

（6）实施策划用的程序表与计划书——策划付诸实施时必须有一套作业程序和作业时间表，以及有关人员、费用、场所、工具等计划，要有可以利用各种表格的能力并且自己要懂得绘制。

（7）策划所期待的效果及效果预测——尽可能根据值得信赖的资料取得对策划方案效果的预测，做到尽可能准确，给审议者信心，但切忌胡说，要依据客观事实说明自己的预测，策划者要对这样的方案负责任，如果自己首先失去了客观态度而对领先者讨好，并希望方案通过，则其结果是不堪设想的。

（8）说明编制本方案的原委——说明为什么选取这样的主题，以及本方案之所以成立的理由。

（9）对本方案问题点的看法——任何方案都无法做到面面俱到，因此在方案呈报以前必须进行彻底检查，将检查后方案的长处、缺陷、问题摘要附记。要知道，指出方案设计的缺点并不代表我们对方案本身有异议，而是指出这样的缺陷对方案的实施不会有太大的影响，但必须在实施中对这些问题给予关注。

（10）参考的策划案例、文献、过去的事例等策划的内容如果前所未见、崭新无比，实施后的结果往往很难预料，在审议会上很难通过，因为审议者会认为这样的方案没有任何经验可以借鉴，风险会比较大，因此，在提案时要指出这样的方案参考了什么样的企业案例或文献，更何况绝大多数方案都需要借鉴前人的成果，以增强决策者对方案的信心，提升说服力，这并不影响策划者的声誉。相反，如果一味求新，幻想哗众取宠，则很可能会遭到与会者对方案的否决。

（11）如果有第二、第三种方案，可以在会上概略说明，策划方案往往不止一个，可以在优选方案的基础上说明你的看法，让审议者有时间对各个方案加以类比和选择，但最主要的提案只能有一个。

（12）实施策划时应注意的事项及要求的事项——策划方案是以实施为目的而进行的写作，因而在编制过程中或编制完成后应该注意下列事项：

1）方案实施人员的选择必须有一定的素质要求和职责要求；

2）方案的制订和实施要有一定的经费开支，同时要求方案的实施必须依据一定的计划安排；

3）执行委员会成员应视同企业计划小组成员；

4）有必要向企业全体员工说明策划方案的意义。

2. 策划必须预测结果

做任何事情都必须经过"计划—实施—考核"过程，称之为"循环管理"。对策划作业而言，也是如此，虽然任何预测都不可能做到绝对准确，但预测是做计划的前提，也是策划书应该体现的关键内容。一般而言，在对市场或者市场营销的其他方面做出预测时，应该把握下述基本原则：

（1）尽可能不要遗漏要点，比如市场份额、市场容量、利润率等关键指标；

（2）尽可能做到正确预测，预测的准确度实际上反映了策划者对市场的感知度和策划水准，准确的预测不仅有利于企业的资源调配，同时也有利于说服审议者认同自己的策划方案，从而增加实施的可能性；

（3）在策划完成之时，就把预测的数字算出来，写在你的策划书上。

在一切都处于尚未实现的情形之下时，对策划方案的预测的确存在一定的难度。但是，只要方法得当，严格按照科学的程序进行评核，还是可以得到比较准确的预测结果，这需要策划者不仅具备有关市场的专业知识，同时对于统计和财务方面的理论也要有所涉猎。以下介绍一些简单的预测方法。

预测策划结果的方法因策划的主题、内容、性质及期限的不同而不同，一般的方法与原则为：

（1）分为甲乙两个小组讨论，甲组包括策划人员，乙组不包括；

（2）分组提出比较正确的预测结果和预测依据，并进行对比；

（3）对两个小组的预测结果进行调整、修正，获得相对准确的预测数据；

（4）对预测结果可以给出三种最基本的结论：最差、最好、平均，策划者应该对这些结果进行进一步的评估，以得到尽可能准确的结论。当然，对于某些难以预测的结果，如市场份额、新客户的增加量等，即使采用这种方式也是很难得到非常准确的数值的，但至少应该给出一个大体的印象。

策划作为一门科学，其严谨性不容忽视。所以，在预测策划成果时，坚持客观、公正、严格的原则是十分重要的，并且，所有的讨论与研究都应该在这样的环境和气氛下进行，只有这样才能保证预测结果的准确性。要知道，一个策划在实施以前，无论怎样讨论与研究，其成本都是非常低廉的，如果策划实施以后再想进行调整或修改乃至重新拟订计划，其后果对企业而言往往是不堪设想的。因此，要给你的策划一把评估的量尺，这就是预测，并且，要对实施后的结果与预测做对比分析，以便以后的预测更加准确。

如何增加预测的准确度历来是策划人员比较头疼的问题，因为无论是用什么方法都不可能达到完全准确，这是因为市场营销的环境几乎每时每刻都在发生变化，同时，预测的准确度与公司所投入的资源也有密不可分的关系。实际操作中，除了上述分组预测的方法以外，下述预测方法也是被策划者经常采用的：

（1）靠感觉预测结果；

（2）靠经验预测结果；

（3）靠过去的销售资料及当年消费趋向、市场状况等进行科学预测。

在预测策划结果的过程中，对以往积累资料的应用有助于提高预测结果的精确性。因而针对过去相关资料的研究和分析也是对策划结果进行预测的必不可少的工作之一。如果实在缺乏预测所要求的基本资料，甚至没有丝毫关于产品和市场的操作经验，则在策划正式实施以前，还可以做一些小规模的试验，以验证预测结果的准确度，这虽然可能会花一点时间和精力，但总比策划实施以后再进行修正的成本要低得多。

小规模试验就像是新产品试销一样，如果对策划方案的实施结果把握不大，不知道策划方案实施以后对企业未来的影响力究竟有多大，就必须在一定范围内进行试验，以验证策划的实施结果。通常，选定某一区域、某一产品进行试验。例如，当我们对改革的正确与否争论不休时，深圳这个试验性的特区出现了，并且以其迅猛的发展证明了改革开放的正确性，从而为国家决策提供了第一手资料。对于策划方案实施结果的预测也是如此，小规模试验就是检验整个策划方案能否取得预期成效的最好办法之一，当然，这同样也是需要企业付出代价的。

（三）如何选择策划方案

策划的目的在于通过方案的实施提高企业的盈利能力。策划并不是策划者达成个人目的的敲门砖，因此，一味地迎合上司的想法是错误的，在策划方案选择的问题上，这种迎合的结果可能对企业利益造成最大的伤害。因此，选择实施效果最好而不是领导喜欢的方案进行提案是策划者需要把握的基本原则。

事实上，一个策划者在为企业提供方案时，有时可能会遇到各种各样的选择，对自己苦思冥想做出的策划也不忍割舍，在这种情况下，如何选择策划方案就成为策划者需要决定的重要问题。一般而言，只有两种情况不会存在策划方案的选择问题：其一，策划者本人有非常强的判断力，可以毅然下定决心，在数种方案中只选择自己最满意的；其二，上司给策划者规定了不可逾越的范围。假如没有这两个条件，策划方案的选定原则应该是：

（1）自己感觉最现实的方案；

（2）自己感觉最容易通过的方案；

（3）如果对每一方案都没有足够的信心，或是觉得每个方案都有利弊，就要选择自己最喜欢的方案，同时提交其他方案供审议者选择。

所谓"在其位必谋其政"，如果仅仅因为上司的好恶而曲意迎合，完全置企业的利益于不顾，那么，这样的策划者就是十分拙劣的，也可能他们的策划方案在通过时就比较容易，但给企业造成的损失将是十分巨大的。因此，优秀策划者的人品是完成优秀策划的基本前提，也是策划人员必备的职业素质，在方案的审核过程中，一定程度的妥协是必要的，但没有原则的让步则是可悲的。

（四）如何进行策划的提案

所谓提案，简单讲就是将自己的策划方案提交相关会议讨论或者直接交给企业的决策者进行审核，以决定是否实施的过程。这个过程对于策划者而言可以说是最为关键的，因为提案如果不成功，则方案就没有实施的可能，不仅策划者的才华得不到展示，而且之前所有的努力也会基本上付诸东流。因此，提案水平的高低同样反映了策划者的基本素质，而要想在提案过程中达到比较好的效果，就应该注重对下述问题的研究。

1. 策划力与执行力缺一不可

策划无论多么优秀，创意无论多么奇妙，倘若缺乏促使其实现的能力，那么，这个策划方案可以说是毫无价值。这是因为，策划力与执行力是企业运作过程中两个相辅相成的车轮，是缺一不可的。策划力弱，则企业在发展过程中就会缺乏创造性，从而白白浪费企业的资源，达不到企业应有的经营水平，执行力弱，则是对策划能力的一种浪费，即使策划人员有再好的创意，策划方案再优秀也无济于事。

事实上，很多优秀的策划方案之所以不能在市场上获得比较好的效果，很大程度上是因为企业缺乏执行策划方案的能力，企业的资源达不到策划方案的要求，或者至少在方案实施过程中有些非常关键的环节没有做到位。从这个意义上讲，策划人员在进行策划时首先应该了解的不是市场环境而是公司的资源，尤其是对公司执行力的情况要做到全面掌握，否则即使能够做出非常优秀的方案也不可能在实施过程中达到比较好的效果，这同样也是需要进行评估的，因为其直接关系到策划方案的具体内容。

2. 不要忽略提案前的沟通

策划方案毕竟还是要人来审议的，在正式提出策划方案之前，最好设法取得有关人员的了解、赞同，甚至协力，这是十分必要的。原因很简单，做出来的方案如果不能实施，充其量只能成为策划者未来做方案时的参考资料，而要想实施自己的方案，没有相关人员的支持则几乎是不可能的，因而为了提案有效，与审议者的事先沟通也是策划人员必备的一种技巧。内容包括以下几点：

(1) 与审议成员在会议前见面并征求意见；

(2) 摘要说明策划方案的主要内容，听取审议者的建议；

(3) 对审议者提出的建议详加考虑，并在不违背策划本意的情况下根据审议者的建议进行修改。

实际操作中，这些沟通对象可能包括：对策划方案的取舍有决定权的领导，对策划方案持反对意见的关键人员，以及极有可能持反对意见的参会成员等。策划方案的实施效果永远是检验策划方案是否优秀的唯一试金石，但如果连实施的可能性都被排除了，则策划者也就失去了机会。因此，优秀的策划人员必须具备三种基本素质——独特的创新能力、出色的说服能力、杰出的执行力，而且三者密切相关，缺一不可。

3. 提案与说服要"视觉化"

不会运用适当的手段获得上司及同事的支持和理解，这样的策划人员仍然是策划方案推销战的失败者，说服审议者的过程本身就是一个推销方案的过程，除了策划方案本身必须非常优秀，至少自己确定方案实施以后会对企业的运作带来巨大利益以外，还需要利用一些道具（如投影、幻灯、图表、影片等）提升说服力，以使更多的人了解策划方案，使他们在充分论证方案可行性的基础上变为你的支持者，这当然不是一件很容易的事情，因为审议者对于策划方案本身有时并不了解或理解上有困难，这时，必要的说明工具也许会起到意想不到的效果。庄子曰："君子生非异，善假于物也。"在完全凭借语言无法打动你欲说服的对象时，一些小小的道具可能会帮助你解决非常关键的问题。

4. 准确选择提案的时机

兵法有云："运用之妙，存乎一心。"提案时机如果把握不好，也可能会葬送掉一个非常优秀的策划方案，这不仅对于策划者本身是巨大的损失，更为重要的是企业可能会因此失去一个非常好的市场机会。当然，是否能掌握提案的最佳时机，同样有赖于策划者本身是否善于察言观色、见机而为。对于策划方案提出的时机而言，墨守成规的做法是不可取的，即策划方案完成以后立即提出，当然，对于企业急需的策划方案，这样的方法也未尝不可，但如果是一个对于企业长远发展有决定性意义的方案，并且这样的方案是企业在一个比较长的时期内实施的具体措施，就需要选择时机了。这时，需要考虑下列情况：

（1）审议案件堆积的时候。除非你的策划方案是企业急需的，否则在企业工作非常繁忙或者需要对重大事项进行审议时，最好不要提出你的方案在会议中讨论。因为这时企业需要审议的事项非常多，你的提案也许只能安排在次要位置，对于精心准备好的提案和说明来讲，这是不公平的，因为与会者在此时可能已经筋疲力尽，没有心思对你的提案进行认真审议了，或者会干脆把你的提案放到下一次会议上讨论，这往往会挫伤你的气势，同时，两次会议之间的时间对你来说也是一种损失。

（2）趁火打劫不可取。如果明知自己没有准备好或提案有比较大的漏洞，而又匆忙上会讨论，企图利用审议案件堆积的机会蒙混过关，趁火打劫，则是非常危险的。因为参会人员没有对你的提案进行充分论证，没有找到提案中存在的问题，对于你的提案就不会有较深的认识和理解，这样的方案一旦付诸实施，就不可避免地会出现问题，从而引起大家对提案策划者的不满，到头来背黑锅的只能是策划者，因为别人会认为这个提案没有经过充分讨论，自己不需要承担责任。如果这种局面真的形成，策划者在这个企业也就基本上没有立足之地了，更为严重的是，这个有缺陷的方案所导致的企业经营损失往往不是策划者能够承担的，这也是为什么本书一再强调策划者人品的重要原因所在。

（3）支持者的多寡。支持者的多寡尤其是企业关键人员是否支持你的方案，对提案的实施具有至关重要的作用，因而策划者在提案审议以前一定要了解相关人员的态度和参与审议人员的具体情况，否则，一旦遇到下列情况，则很有可能前功尽弃：

1）提案之前已沟通或同意支持的审议者因各种原因未能参加会议，这种情况很可能会使提案流产；

2）积极支持提案的审议者为数极少，或是一个也没有，这种情况很可能会使提案被驳回；

3）关键决策者可能在审议过程中听从了反对者的意见而改变初衷，这种情况很可能会使提案被搁置或者否决。

（4）了解被列为第几个审议案。会议的日程对于提案能否通过也是非常重要的，假如你的提案被安排在第一项，一般情况下会受到过多的关注，通过的可能性也许很小，如果安排在稍后或下午的某个时段，则通过的概率就会相应提高。这看上去有点儿投机取巧，但在实际操作中，有些审议者的水平确实有限，对提案中的相关问题不甚了解，如果花费很多时间给他们作解释，或者由于审议者的胡搅蛮缠而导致提案流产，也同样是企业和策划者的损失。因此，虽然提案水平是最关键的要素，但其他情况的发生也会影响提案的通过，在提案过程中讲求一点儿技巧也是无可厚非的。

（5）必须由经营者裁夺的提案。如果提案不是经过会议讨论，而是由经营者决定，则提案的选择时机则更为重要，因为决策者的好恶会极大地影响提案的结果，比如，有些决策者非常情绪化或不愿意在他工作很忙时有人打扰他，如果在他情绪欠佳或工作繁忙时提出方案，很可能会遭到冷遇，因此，敏于察机也是策划者需要具备的技能。一般情况下，下列方式可以选择：

1）看到决策者上班的时候满脸笑容、精神愉快，可以提出；

2）与决策者的秘书保持密切联系，获得决策者的相关信息；

3）以策划提出的期限已到为由，披上"紧急提案"的外衣，不容分说地使对方同意。

天时、地利、人和是赢得战争的三大因素，同时也是企业策划人员在提案过程中应该注意的关键问题，其中又以天时为第一要素，由此可见时机把握对于胜负的重要意义，在说服上司接受你的提案时也是如此，如果能够准确地把握时机，可以说你的说服工作就算完成了一半。

5. 准确判断审议者的水准

俗话说，见什么人说什么话，到什么山唱什么歌。在说服上司的问题上，策划者也要因人而异，对不同类型的上司采取不同的说服方法。提出策划方案时一定要看准审议者的知识水平和管理能力。我们常用对牛弹琴来讽刺那些在某些方面懵懵无知的听众，殊不知这句成语对不分对象、只知自弹自唱的愚蠢行为同样也是一种嘲讽。更何况企业的决策者在很多情况下对策划方案所涉及的内容并不了解，也许从知识水平上讲还可能是很一般的，这时，如果策划者的文案过于专业化，过多地引用一些很高深的理论，审议者听不懂在说什么，则方案通过的可能性就会大大降低。因此，准确判断审议者的水平也是提案得以通过的重要条件。

6. 妥协也是重要的提案技巧

如果说策划在初始阶段是完全的个性体现，那么在策划方案的研讨和修正阶段则是对个性的妥协，当然，这种妥协的根本目的只有一个，即使策划的可行性更高，但这样做的前提是：

（1）策划方案的本质不受损害；

（2）采用对方意见对策划方案进行修改以后，策划方案会更完美，策划目标更容易实现。

适度的妥协是使策划方案得以实施的必要技巧，固执己见则有可能使你丧失实现策划目标的机会。当然，妥协绝不是对个性的否认，而是对个性中既有的一些非现实的和脱离理性内容的修正，唯此而已。

7. 从容说明也是一种技巧

对一个策划者来说，至关重要的是一切要以逻辑、经验、案例、客观的判断来决定，千万不能感情用事，那样只能自乱阵脚。一个策划方案的通过通常要经过下列程序（见图 3 - 1）。

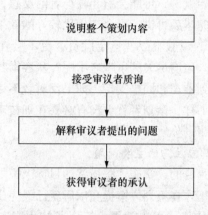

图 3 - 1　策划方案的程序

在整个过程中，策划者对方案的说明十分重要，通常情况下，策划者在说明自己的方案时要注意下列几个问题：

（1）要从容而信心十足。任何策划方案都会有不完善的地方，在审议过程中难免会被审议者质疑，在一个企业管理制度完善和具有团队精神的公司里，这些问题只有很少是恶意的，绝大多数情况下是善意的，因而作为策划人员，对自己的方案必须有足够的信心，在解释方案的要点时条理要清晰，不能慌张失措，或是无言以对。这里所谓的信心十足，并不是态度倨傲、自尊自大、目中无人，而是在说明过程中以自己的信心影响审议者的态度。当然，十足的信心不仅来源于策划者的心理素质，更重要的是来源于对方案本身的信心，坚信方案实施以后一定会为企业的长久发展做出非常重要的贡献。

（2）不可感情用事。出现相反的意见或是比较激烈的争论在审议策划方案时是常有的事，这时，作为策划者切忌与对方发生"正面冲突"，并大声与对方辩论，给会场造成紧张气氛。回答这样的问题应该尽量使用肯定语气，若是感情用事，甚至恶语相加，则不仅不利于方案的通过和实施，同时也会给与会者留下非常恶劣的印象，这样的方案即使在会议上可以通过，在未来的实施过程中也会遭遇到比较大的困难，因为参与审议方案的人可能就是方案的具体实施者，因而感情用事对策划者而言没有丝毫好处。

（3）逐步施加压力。只要对自己的策划方案信心十足，在说明时就可以增加一些力度使方案顺利通过，但这样的做法在方式上必须十分讲究，否则很容易就会引起与会者的反感。要在会议的进程和对方案的说明中逐步阐述自己的观点，在阐述的同时给与会者留下十分紧迫的感觉。例如，此方案如果不尽早实施，竞争对手就会在市场上领先一步，到时候我们可能要损失很大的市场份额，这样的表述如果在一开始就讲，可能会引起与会者的反感，但当你将市场情况讲解清楚，方案措施说明完毕后再讲，则会产生比较好的效果。

（4）讲求说服技巧。说服不以音量定胜负，更不会在拳脚上见真章。既然如此，又何必将自己陷入风度尽失的争吵之中呢？从容本身就是自信的体现，也许气定神闲更有助于得到上司和同事支持，如果反对者不讲究说服技巧，同样也会引起与会者的反感，那样，策划者就更没有必要在细枝末节上斤斤计较了，因为他们这时实际上是在帮助你解决问题。

（五）实施策划方案应注意的主要问题

策划方案的拟订不是目的，实施才是最终的目标。策划者往往不重视策划的实施，或者认为自己的工作在策划方案提交以后就已经完成了，殊不知再优秀的策划方案也必须靠实施才能体现出效果，策划者的才能实际上是靠经营者体现的。因此，即使从策划者角度考虑，对于方案的有效实施也必须高度关注。在这方面，策划者应着重做好下列工作：

1. 沟通彻底

方案审议通过以后，接下来的工作就是实施情况了。通常情况下，策划者没有机会具体实施自己的策划方案，尤其是对于比较大型的策划方案而言，实施者往往是企业的若干部门，也就是说，策划者与实施者是相互脱离的，倘若实施者对策划方案的要点和重点问题没有搞清楚，或是对策划者的意图在认识上有误区，在实施策划方案的过程中就极可能出现偏差，从而达不到策划者希望的效果，这种情况下，唯有深入细致地沟通才能使实施者对方案的理解达到一定的高度，才有可能使策划方案正常进行。如果只是作为文件将策划方案传达给执行者，就可能产生下列情况：

（1）产生误解，因而执行效果与策划目标大相径庭；

（2）囫囵吞枣，没有抓住策划方案的精髓；

（3）执行者从自己的观点胡乱解释策划者的意图；

（4）执行者未曾研究策划方案的细节，使策划方案变质或走形。

因此，策划者除了要与方案的实施者进行充分沟通以外，还必须进行现场指导，至少要对关键执行人员说明方案的要点和执行的关键问题。这些说明要点包括：

(1) 策划方案的主旨；

(2) 策划方案要达到的目标；

(3) 策划方案的实施内容；

(4) 执行时应注意的技巧、重点；

(5) 执行方案的效果评估方法等。

2. 中间检核

为了保证策划方案的正确实施和达成相应的实施效果（除非是短期内可以结束的经营活动），对每个执行过程和执行阶段都必须有例行的检查制度，以避免策划在执行过程中出现问题，这在实践中是非常有必要的。这是因为，一方面，这种检查会督促方案的执行者严格按照方案制定的各种措施按时完成自己的任务，使策划方案的实施真正体现企业和策划者的战略意图；另一方面，任何策划方案都是有缺陷的，这种检查也有助于对方案进行微调，以最大限度体现方案的价值和为企业带来更多的经营利益。

3. 活用组织之力

任何工作如果是一个人去做，则孤掌难鸣，且难以收到较好的效果。策划方案的实施需要依靠企业中几乎所有人的支持，尤其是实施部门的负责人对策划方案的实施效果具有非常大的影响力，没有他们对策划目标的深刻理解和非常强的执行力，再好的策划方案也不可能有好的效果，这就需要策划者充分利用组织的力量去完成策划目标，与具体的执行者及执行者的上级领导要有充分的沟通，及时了解执行过程中产生的各种各样的问题，使策划者的意图真正体现为企业的实际操作过程，唯有如此，策划方案才能取得预期的效果。

通常情况下，如果是实施一个比较复杂的策划方案，成立一个专门的领导小组是必要的，而且应该由企业的主要负责人担任这个小组的领导，须知，没有组织上的保障，是不可能做到行动上的统一的，从这个意义上讲，策划者不仅需要具备优秀的策划能力，还必须具备组织管理能力与沟通能力。

4. 分析成果

策划方案实施以后，策划者必须对实施效果进行检验，这一方面有利于改善和提升自己的策划水平，为下一次策划奠定一定的基础和积累一定的素材；另一方面也是对企业的交代，说明策划方案对企业经营的贡献，或没有完成目标的原因。一般而言，这些分析应包含以下几方面的内容：

(1) 成果预测数字与实际成果数字的差距；

(2) 分析产生差距的原因；

(3) 总结实施过程中发生的问题，包括应该反省的事和应该改进的事；

（4）得出结论，作为以后编撰策划方案的参考。

在这里，有必要再次强调，在策划实施过程中，策划人员的配合和对一线工作的指导是十分重要的。也就是说，策划人员是需要实际参与方案实施的，这样做的话，一来可以及时解决实施过程中的具体问题，二来也有利于保证策划方案的实施能够始终沿着预定的轨道前进，避免偏离原来设想的方向。此外，策划人员也可以根据实际情况，实时修改策划方案中的漏洞，使策划能够获得比较大的回报。

（六）策划者必须负成果之责

身为策划者，应该坦然自诩为"无名英雄"，平时就保持这种心态，那才是比较聪明的做法。这是因为，对策划者而言，感到最头疼的问题是策划者应该为策划成果负多大的责任？策划者在策划中的责任有何限度？通常情况下，如果策划方案被执行部门执行，但实施以后效果不好，策划部门就会成为众矢之的。倘若不幸发生如下情况，即方案实施以后耗费了企业大量资金、时间、人力等资源，效果却奇差，给企业带来很大损害，则策划部门就会成为众目所视的焦点。因此，策划者作为替罪羊的案例在现实中屡见不鲜，这自然是不公平的，但作为企业的策划者，在很多时候只能默默承担这样的后果。

其实，对于任何策划方案，其成效不明显或不理想，一定是策划或执行两个部门之一有问题，或者是两个都有问题，但实际情况往往是双方互相指责对方的过错，而且一般情况下，除非执行部门的过错十分明显，否则成效不好的过错多半会落到策划部门，虽然这极不公平，但往往很容易被第三者接受。道理很简单，企业里的策划部门只有一个，而执行单位却很多，任何一个方案如果执行不到位一定会牵扯到很多部门，许多人为了保护自己或者小团体的利益，即使明知这是不公平的，也同样会指责策划部门的工作。

理论上讲，策划部门是把策划方案推销给执行部门，对执行部门而言，为了获得丰硕的成果，应该会全力以赴，但在实际执行过程中，由于执行部门领先者的素质与能力及资源等问题，很可能会使执行过程偏离策划方案的意图，而且这种情况在市场营销过程中尤其明显。例如，实际操作中，策划部门与销售部门的矛盾似乎是天然的，销售部门在没有完成企业销售任务而寻找原因时，往往首先想到的就是策划部门给出的销售策略有问题。这时，企业最需要的是统帅的驾驭能力和领导素质，没有领导权威发生作用，再好的策划方案也是不可能取得良好成效的。酒店的运作同样如此，如果酒店的老板不能明辨是非，甚至推诿责任，那倒霉的就只有策划部门了。

但无论如何，推卸责任都是一种可耻的行为，对策划人而言，更不应该让这种事情发生在自己身上。事实上，如果能够勇于承担责任，不但可以赢得其他部门的尊敬，也可以为下一个策划方案的实施创造良好的条件，争取更多的支持，毕竟完美无缺的策划方案是不存在的。

（七）复杂策划方案的实施技巧

有些策划方案是可以在短期内实施的，但也有需要很长时间才能实现策划目标的方案。从策划技术来看，短时间内可以实现的策划方案在设计难度上相对较小，对策划者的素质要求也不一定非常高或者对执行者的素质要求有限。但对于复杂的策划，则往往在实施期限上要有很长的时间，企业的资源也不一定在某一个时期够用，这时，对于策划者来说，应该将策划分阶段进行，对于总体方向要有所把握，即战略策划与战术策划的关系要搞清楚，只有战术策划才是可以纳入企业具体工作计划的，但这样的计划必须服务于企业整体的战略发展目标，分阶段实施或分阶段策划就是对企业发展战略的整体把握和具体实施过程。总之，策划目标的实现往往不是一蹴而就的，为保证目标逐步实现，同时，也为了不断提高实施者的信心，就要有条不紊地制定分期目标，使最终目标的实现能够阶段化进行。

对于大的策划方案而言，最终目标的实现不是一朝一夕的事情，因此，无论是策划人员还是实施人员，都应该对此有充分的心理准备，以避免因失去信心和恒心而导致策划方案实施半途而废，造成人力、财力和时间的无端浪费。

（八）策划必须具有商品特点

任何策划在没有付诸实施以前，就像是工厂生产出来的产品，不具备任何市场价值，只有转化为商品，才能为策划者和企业带来经济效益，这就使得策划人员必须说服自己的上司并采纳他的策划方案。但现实情况往往是，上司也许并不看好这样的策划。这样的情况可能有多方面的原因，比如上司对这方面的情况确实不了解或者真的不具备执行这种方案的潜力，但多数情况是策划者不会推销自己的产品造成的，或者是策划方案本身有许多不切实际的想法或错误。

为避免这样的情况发生，策划者在事先必须与领导充分沟通，把自己的策划作为商品推销给上司，这是需要技巧的，至少要有一个诉求点作为基础，以体现你的商品魅力。这里，最重要的是给上司足够的吸引力，数据要量化，不能夸夸其谈，要让人觉得你的方案是可以为企业的发展带来效益的。因而，最重要的首先是要具体化，其次要以明确的数字表达，例如营业额、利润、知名度和市场占有率等来吸引你的上司。对于任何企业而言，策划方案都必须以博取利润为最终目的，这应该是毋庸置疑的，但恰恰有许多策划者最有可能忽略这一点，所以在争取上司支持时也就不可避免地会产生争议与分歧。所以，无论何时，策划都应该围绕利润这个主题，切不可一味地追求新奇或声势，而将最根本的目的置之不顾。

第四章　酒店市场营销分析调研

一、酒店 STP 分析和 SWOT 分析

（一）酒店 STP 分析

对酒店进行市场细分化（Segmenting）、市场目标化（Targeting）和市场定位（Positioning）分析，即实行"STP"营销，是决定营销成败的关键。

1. S——市场细分

（1）酒店市场细分的含义。酒店经营者依据选定的标准或因素，将一个错综复杂的酒店异质市场划分成若干个需要和要求大致相同的同质市场（亚市场），以便有效地调配使用资源进行营销的行为叫市场细分（Market Segmentation）。同一细分市场中的个人、团体有着某种或某些共有的特点，其需求之间的差别很细微，而在各个不同的细分市场之间，消费者的需求则呈现出比较显著的区别。

（2）酒店市场细分的标准。

1）按照地理区域划分市场。按照客人来自不同的国家、地区和主要城市来划分市场，这是最基本的方法，也是最常用的划分方法之一。不同国家、不同地区的旅游者由于经济状况不同、消费习惯有异，他们对酒店的产品和服务各有不同的需要和偏好。在了解客人的差异之后，酒店可以采取不同的营销手段以吸引客源，并且以不同的设施和服务去满足他们的需求。例如北京长富宫饭店，根据其日本游客占主要地位的特点，特设日本游客楼层，在该楼层中，客房的陈设全为日式，服务人员进屋打扫卫生必须先脱鞋方可进入房内。

2）按照住宿动机划分市场。不同住宿动机的客人在行为方式、消费水平、消费习惯上有很大差异。根据不同的旅游动机，酒店一般将客人划分为几类：公务商务旅游、体育文化旅游、观光度假旅游等。

3）按照购买方式划分市场。从客人的购买方式来看，酒店消费者主要可以分为团体客人和零散客人两大类。团队客人由于一次性购买量大，酒店通常会给予相应的价格折扣和其他优惠，而散客对酒店而言则意味着较高的房价和较少优

惠以及由此带来的较高盈利。

团体市场包括：公司类客人、会展旅游者、旅游团队、体育文化代表团、机组与空姐成员。

4）按照销售途径来划分市场。根据销售途径来划分，酒店市场可以分为直接订房市场和中间商订房市场。中间商订房市场是代理个体消费者向酒店订房并从中获得相应利润的个人和组织。酒店中间商订房市场主要有以下几种类型：旅行社、航空公司、信用卡公司、酒店预订组织、第三方订房网络等。

5）按照人文因素划分市场。人文因素多种多样，如职业、性别、受教育程度、个性及心理特征等。这些资料可以从客人住店登记表中获得。这种方法对于酒店进行详细的市场分析、了解客人的不同特征，并为客人个体建立客户档案有十分重要的意义。

6）其他客源市场。酒店还可以按照顾客购买频率划分市场、按照客人在酒店停留时间划分市场等。

2. T——市场目标化

酒店经营者在市场细分化的基础上，根据酒店的资源和目标选择一个或几个亚市场作为本酒店的目标市场，这种营销活动称为酒店目标营销或市场目标化。

当酒店选定目标市场后，如何经营好这些目标市场，是酒店营销人员需要考虑的一个重要问题。酒店目标市场选择策略是指酒店如何选择自己的目标市场。常用的目标市场选择策略有：

（1）无差异营销策略。无差异营销策略是指酒店不进行市场细分，而把整个市场作为自己的经营对象。这种方法在酒店的实际经营中表现为不分主次，凡是客人都接待（见图4－1）。

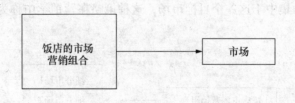

图4－1 无差异营销策略

酒店营销人员试图用一种营销组合来应对整个市场，目的是集中满足市场消费者的共同需要。这种策略在营销学中称为无差异营销策略。无差异营销策略适用于以下内容：

1）同质市场，即市场需求差异小得可以忽略不计的市场。

2）新产品介绍期。

3）需求大于供给的卖方市场。

无差异营销策略既有一定优点又有不足之处。优点主要是它可以减少酒店的经营成本和营销费用。由于采用单一性的营销组合，产品的组合成本、销售渠道的费用及促销费用都大大降低。不足之处是这种策略忽视了市场需求的差异，可能会导致部分宾客不满意。另外，这种策略不能适应竞争激烈的市场环境。

（2）差异性营销策略。酒店选择两个或两个以上亚市场作为目标市场，并针对不同目标市场采用不同的营销组合，称为差异性营销策略（见图 4－2）。差异性营销策略适用于以下内容：

图 4－2　差异性营销策略

1）规模大、资源雄厚的酒店或酒店集团；

2）竞争激烈的市场；

3）产品成熟阶段。

（3）集中性营销策略。有时酒店营销人员不愿意将酒店的有限资源分散在许多亚市场上，为避免势单力薄，宁可将资源集中使用于某一个最有潜力且最能适应的亚市场上去，这样可以在自己的目标市场上取得绝对优势或建立强大的形象。营销人员使用某种特定的营销组合来满足某个单一目标市场，并将酒店的人力、物力、财力集中于这一个目标市场，这种策略在营销学中称为集中性营销策略（见图 4－3）。

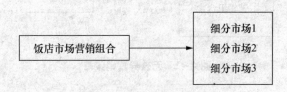

图 4－3　集中性营销策略

集中性营销策略适用于以下内容：

1）酒店资源并不多的中小型酒店；

2）竞争比较激烈的市场。

集中性营销策略对酒店主要有三点好处：首先，它有利于酒店经营项目专门化。其次，有利于酒店提高资源的利用率。最后，有利于酒店在目标市场上建立扎实的基础。这种营销策略的目的是希望能在较小的市场中占领较大的市场份额。由于酒店将资源集中于某一亚市场，因此酒店所冒的风险较大，万一目标市场发生于其不利的变化，酒店就会面临危险。为此，营销人员在采用这种策略时应特别小心谨慎。

近几年来，由于酒店行业竞争日益激烈，采用差异化营销策略的酒店也日趋增多。这就意味着酒店将以多种产品、多种价格、多种销售渠道以及多种促销手段来满足不同的目标市场。由于选择多个目标市场，酒店的收入得以增加，并能降低酒店的经营风险。但也由于目标市场的增多，酒店的经营费用和营销费用随之增多，同时也增加了营销人员管理工作的难度。

3. P——市场定位

酒店进行市场细分并选定其目标市场及其策略后，就要对如何进入和占领市场做出决策。若选择的目标市场已有竞争对手，甚至竞争对手已经占有了有利的市场地位，则酒店经营者应首先着手对竞争势态进行分析与判断，并对目标市场顾客选择酒店所重视的标准或追求的利益加以分析与研究。通过竞争势态的分析，酒店经营者要了解现有的竞争者们在市场中处于何种地位，竞争实力怎样，有何独特之处。在分析目标市场顾客追求的利益时，应查明客人选择酒店的明显利益、重要利益及关键利益。在对竞争形势和客人所追求的利益进行有效分析的基础上，再进行本酒店的市场定位构思。

所谓酒店市场定位，指根据目标市场的竞争形势、酒店本身条件及客人追求的关键利益，确定酒店在目标市场上的竞争地位。具体地说，就是为了使本酒店或产品与服务组合在目标市场的顾客心目中树立明确、独特、深受欢迎的形象（或地位）而做出相应决策和进行的营销活动。

通常，酒店所采用的市场定位因素有很多，诸如酒店的设施、服务、价格、地理位置、安全、建筑风格、名气与声誉、优良的习惯与传统、气氛等。这些因素既代表客人关注的利益，又体现酒店竞争实力。因此，酒店经营者应有选择、有侧重地确定最能体现实力和酒店个性的那些定位要素来开展本酒店或本集团的市场定位活动。例如，喜来登酒店集团素以服务周到细腻著称，凭借"在喜来登，一切从小的做起，服务无微不至"这一形象定位跻身于高度竞争的世界酒店行列。

酒店市场定位通常包括三个阶段的工作：第一阶段是明确酒店客人的关键利益和酒店竞争优势；第二阶段是市场形象的策划；第三阶段是有效、准确地向市场传播酒店的市场形象。这三个阶段的工作大致可以分为五个具体步骤进行。

第一，明确酒店目标市场客人所关心的关键利益（因素）。市场定位的目的之一是树立酒店明确、独特的深受客人喜欢的形象。为此，经营者必须首先分析研究客人在选择酒店时最关心的因素及客人对现有酒店的看法，这样方能投其所好。

第二，形象的决策和初步构思。经过第一步定位工作，经营者就要研究和确定酒店应以何种形象出现于市场方能获得客人的青睐。值得注意的是，酒店经营者在进行这一步工作时，应站在客人的立场和角度去思考问题，如"该酒店能为我做些什么"，"我为什么偏要选择这家酒店而不是别的酒店"等。

第三，确定酒店与众不同的特色。市场定位的另一个目的是要树立独特、容易让人记住并传播的形象。事实上，酒店之间在许多方面均可以显示出自己的特点或个性，如管理风格、服务、价格、地理位置、建筑特色等。经营者应选择最能体现本酒店个性的特色并将其应用到酒店形象的构思与设计中。

第四，形象的具体设计。这是指酒店经营者在完成前三步分析的基础上应用图片、文字、色彩、音乐、口号等手段，将构思好的理性形象具体地创造出来，使它对客人的五官感觉产生作用，让客人容易记住酒店的形象。

第五，形象的传递和宣传。酒店的市场形象一经设计完善，就应立即选定适当的宣传时机和合适的宣传媒介向目标市场客人宣传和传递；否则，即使形象设计得再好也只能是停留在酒店经营者的脑海里。

综上所述，酒店经营者应当明确，STP 营销策划是一种能帮助经营成功、获得更多市场占有率的好办法，然而其难度也是显而易见的。因此，这就要求经营者具备渊博的市场知识与强烈的竞争意识。

（二）酒店 SWOT 分析

SWOT 分析也称营销环境分析，是指酒店经营者通过对营销环境进行系统的、有目的的诊断分析，以便清楚地明确本酒店的优势（Strengths）、劣势（Weaknesses）、机会（Opportunities）和威胁（Threat），从而确定酒店的营销战略。

酒店的经营管理及其营销活动受到酒店内部和外部众多因素的影响。我们把影响酒店营销活动的内部因素和外部因素所构成的系统称为酒店营销环境。那些有利于酒店营销活动顺利而有成效地开展的内部因素，称为酒店营销的优势，如酒店优良的组织机构及现代化经营思想、优秀的酒店文化及雄厚的酒店资源等。反之，则不利于酒店营销活动开展的酒店内部因素，如低劣的员工素质、紊乱的管理制度、不称职的管理人员、低品位的酒店文化等，我们称为酒店营销劣势。

酒店营销机会是指有利于酒店开拓市场、有效地开展营销活动的酒店外部环境因素，如良好的国家经济政策、高速增长的市场等。反之，不利于酒店开展营销活动的外部环境因素，我们称为酒店营销威胁，如竞争对手越来越多、竞争对手实力增强、经营的目标市场萎缩等。

1. 酒店优势、劣势的诊断

酒店组织机构、酒店文化和酒店资源是判断酒店营销优劣势的三个重要因素。因此，酒店经营管理者通过对这些要素的认真诊断，大致能从总体上看出酒店营销的优势和劣势，从而充分发挥本酒店的优势，不断改进本酒店的不足之处，制定出切合实际的营销战略。酒店是否拥有营销优势，首先要从其组织机构来看。酒店决策层人员的经营观念素质、部门的设置和分工协作、中层管理人员的素质以及基层员工的职业形象等诸多因素是衡量酒店组织机构的具体内容。因此，通过对这些内容的分析、诊断，就可以确定酒店的组织机构是否有利于酒店营销活动顺利而有效地开展。

判断酒店营销优劣势的第二个要素是酒店文化。酒店文化是指全体员工所拥有的职业导向、信念、期望、价值观及职业化工作习惯的表达形式。它包括酒店的精神面貌、优良传统、良好的声誉、建筑的外貌形象、内部的规章制度、奖惩制度、分配制度、员工职业道德、产品艺术设计和造型等具体内容。通常，优秀的酒店在这方面表现出良好的品位和品质，从而造成文化上的营销优势。

酒店资源是判断酒店营销优劣势的第三个要素。它包括人力、物力、财力、工作时间及管理的经验和技术等内容。一般说来，具有强大营销优势的酒店在这几个方面都具有较雄厚的实力。

2. 酒店营销机会、营销威胁的诊断

酒店外部营销环境总是为酒店经营管理者提供营销机会或产生营销威胁，这是每家酒店都会面临的情况。经营管理者只有善于分析外部环境，捕捉各个重要机会，并同时善于发现各种潜在的和现实的挑战，才能使酒店适应外部环境，这可谓适者生存。

3. 酒店外部营销环境包括外部微观环境与外部宏观环境

外部微观环境是指直接影响酒店经营活动的市场环境，它包括消费者、供应商、中间商、酒店竞争者等。外部宏观环境是指间接影响酒店经营活动的综合性大环境，如自然、历史、文化、政治、法律和经济环境等。

通过 SWOT 分析，有助于酒店经营人员选择合适的营销战略（见图 4 - 4）。

4. 市场利基者及其竞争策略

（1）利基市场营销的概念。有些酒店专门关注市场上被大酒店或集团忽视的某些细小部分，在这些小市场上通过专业化经营来获得最大限度的收益，也就

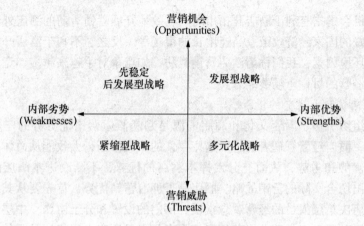

图 4 - 4　SWOT 营销战略选择

是在大酒店的夹缝中求得生存和发展的酒店。这种有利的市场地位在西方市场营销学中被称为"Niche"，常译为"利基"，在这个位置上可以取得最大限度的利益。这种市场地位不仅对小型酒店有意义，而且对某些大酒店中的较小部门也有意义，他们常设法寻找一个或几个既安全又有利的市场位置。通常具备足够市场潜量和购买力、利润有增长潜力、对主要竞争者不具吸引力、酒店有能力占据且能靠自己的信誉对抗主要竞争者等特征，可视为最有利的市场地位。

　　外在环境的不断变化使得酒店内部的营销管理受到严重的冲击和挑战，酒店的经营管理者对以往某些传统的营销管理观念进行反省，在市场分析、营销策略决策、制定营销组合等方面重新设计（业务重组），以适应市场的变化。在此基础上，许多酒店发现过去那种大胆生产、大量销售同一种产品的大量营销方式被取代，代之以关注小块的、未被别的酒店占有的处女市场或虽有酒店占领但并不稳固的市场，予以全力进入，最大化地满足该市场的需求。

　　（2）利基市场营销的优点。

　　1）运用利基市场营销的酒店目标市场较小且单一，便于酒店进行市场研究。市场研究的目的在于为酒店的决策提供有关市场变动的确切可靠的依据；这些依据的取得有赖于市场信息的收集和科学的分析法。由于利基营销关注的是细小的市场情况，这就大大降低了有关目标市场调研的复杂性；市场研究可以在较短的时间内展开，酒店为此支付的成本也较小，有利于在产品线狭窄、目标市场地域分布单一、市场购买行为一致性较强的酒店中取得优势，实现调研目标。有效分析这些营销的决定因素，有利于酒店透彻了解市场，从而采取"短、平、快"的行动，迅速进入市场，降低促销成本。

　　2）运用利基营销，便于酒店加强客户服务管理。在对目标市场研究的基础上，酒店可以掌握目标市场行为和消费者的切身需要，深刻意识到客户的需要正是酒店必须满足的。这样，酒店可以有针对性地就客户的要求进行产品开发和业务调整。又因为利基营销活动集中在小块市场上，即使酒店依照客户的要求不遗余力地提供服务，对酒店的整体营运成本也不会造成很大的提高。因此利基营销成为大多数酒店尤其是中小酒店从事竞争的有力武器。

3）运用利基营销的酒店，易于掌握营销目标。酒店的营销目标不是越大越好。在一定时期内，它必须与酒店的内部资源相匹配，且有利于酒店对营销目标和发展方向的控制。酒店对自身营销目标的控制取决于其在市场上的力量和位置，包括酒店产品的市场占有率、顾客的品牌忠诚度、酒店信息系统的状况等涉及酒店产品立足市场的核心要素。由于利基市场营销有利于酒店的市场研究和对市场信息资源的掌握，以及有利于酒店在目标市场提供有效服务并建立品牌忠诚度，因此酒店有理由对其产品在市场中的占有率抱有信心。酒店在对营销目标把握和对内部资源的比较、权衡之后形成的取舍策略，使得酒店与市场密不可分，从而实现了营销上的佳境。

利基营销的上述特点，使得正确运用它的酒店具有较强的市场适应能力，容易在激烈的市场竞争中占有一席之地。

（3）利基营销的运用条件。

1）该市场有足够的规模或购买力，从而可能获利。

2）该市场有增长潜力，不会短期萎缩。

3）酒店有满足市场需要的技能和资源，可有效为之服务。

4）酒店能够依靠已建立的客户信誉，保卫自身地位，对抗竞争者的攻击。

上述内容是指：如果酒店决定进入利基市场，则这个利基市场必须能够为酒店的立足、发展提供一系列可能的生存环境，即利基市场有成为酒店目标市场的可能性。

（4）运用利基营销的两类情况。虽然许多酒店都可以探讨并尝试运用利基营销，但其在不同的市场环境、产品竞争及产品促销策略条件下，其运用的着眼点和重点步骤是不同的。

1）对于希望进入新市场的中小型酒店来说，一般面临的问题是：

①酒店对要进入市场了解较少，如市场潜量、用户需求偏好、竞争对手的行销手段；

②酒店本身的形象和信誉未被消费者认知、认同或接受，在同行中知名度低；

③酒店的财务受投资收益的制约，如受到大的竞争对手的正面攻击，有可能被迫退出市场。

2）对于着力开拓市场、引导购买增加的大酒店而言运用利基市场营销的侧重点有所不同。一般欲采取利基营销大酒店面临的问题可能是：受到众多竞争者的冲击，市场趋于饱和；产品开发上偏离技术发展趋势；难以较快改变其产品结构和酒店文化。因此应做到：

①调查使用相同和相似产品的顾客。

②找出目前不用但有可能使用本酒店产品的顾客。

③设法利用现有产品（线）开发新产品。

④寻找新兴市场。

其中，开发新产品是大酒店应当注意的重点，借助大酒店的技术优势，开发新产品容易形成其他竞争对手力所不及的利基市场。

应当注意，由于利基营销一般集中在一个狭小的市场上，因此当市场上的需求受到某种影响而改变，或面临竞争对手的强烈正面攻击时，销售量较易波动而导致利润突然下降甚至消失，为防止这种缺点增加酒店的生存机会，一旦有条件，酒店应当避免单一利基市场的风险。事实上，酒店的成长和壮大大多是通过这种由多个竞争优势的"产品—市场"的组合形成的。

二、旅游者住宿消费特点分析

为了使我们对酒店产品的内容设计理解得更具体和正确，我们需要经常调查、分析和掌握旅游者选择一家酒店时考虑的主要因素。

美国旅馆基金会与宝洁公司为了研究美国旅游市场上经常旅行者的偏好，共同合作进行了一项调查研究。这次调查研究是通过向 1365 名旅游者邮寄问询表的方式进行的。这些旅游者在过去 1 年里外出旅游天数在 5 天或 5 天以上。被调查者是从一组由 19000 名男、女性户主组成的具有代表性调查对象中抽样得到的。现在将旅游者选择酒店考虑的主要因素说明如下，以便于我们在设计与改进酒店产品时参考。

（一）旅游者初次选择一家酒店考虑的因素

旅游者初次选择一家酒店时一般考虑 14 个因素，其重要性排名如表 4－1 所示。从最近的变化来看，清洁和合理的价格已变得更为重要一些。

表 4－1　旅游者初次选择一家酒店考虑因素一览表

因素	2009 年排名	2014 年排名
清洁	2	1
合理的价格	3	2

续表

因素	2009 年排名	2014 年排名
便利的位置	1	3
良好服务	4	4
安全保险	6	5
品牌/声望	5	6
公司/家庭折扣	7	7
预订服务	8	8
其他	13	9
推荐	9	10
娱乐设施	10	11
个人护理用品	14	12
连锁常客奖励计划	11	13
商务设施	12	14

（二）旅游者再次选择一家酒店考虑的因素

旅游者再次选择一家酒店时，有关上述 14 个考虑因素的重要性排名与初次选择时是非常相似的（见表4-2）。

表4-2　旅游者再次选择一家酒店考虑的因素一览表

因素	2009 年排名	2014 年排名
清洁	2	1
合理的价格	4	2
便利的位置	1	3
良好服务	3	4
安全保险	5	5
品牌/声望	7	6
公司/家庭折扣	6	7
其他	13	8
预订服务	8	9
娱乐设施	9	10
个人护理用品	10	11
推荐	14	12
连锁常客奖励计划	11	13
商务设施	12	14

（三）旅游者不再选择一家酒店考虑的因素

导致旅游者不再选择一家酒店的因素主要有 13 个，其重要性排名如表 4 - 3 所示。显然，其中最重要的一个因素就是不够清洁。

表 4 - 3　旅游者不再选择一家酒店考虑的因素一览表

因素	2009 年排名	2014 年排名
不够清洁	1	1
不够安全	3	2
员工不关心顾客/不礼貌	4	3
噪声	2	4
房价太高	5	5
床上用品不相配	6	6
缺乏维修保养	7	7
温度控制问题	8	8
毛巾不够用	9	9
其他	12	10
个人护理用品太粗劣	10	11
缺乏娱乐设施	11	12
缺乏商务设施	13	13

（四）旅游者对酒店各种设施、服务和用品重要性的看法

为了研究酒店各种设施、服务和用品在旅游者心目中的地位，这次调查还要求旅游者对 25 种不同设施、服务和用品的使用频率作答（见表 4 - 4）。使用频率的统计范围从"一直都用"到"几乎没用或从未用过"。这次调查项目在往年调查项目的基础上新增了 7 项，淘汰了 1 项。问询表调查的结果经过加权处理后，得到了下列排名。从排名中可以看出，酒店的功能和舒适性再次被认为是最重要的，另外，"对可以吸烟/禁止吸烟房间的选择"这一因素重要性的评价（权数）也大大提高了。

三、酒店营销调研内容和类型

酒店市场调研是酒店经营决策的重要手段，其涉及范围不限于酒店市场，而是贯穿于营销管理的全过程。也就是说，从发现、判断市场机会到计划、执行、控制以及信息反馈，都是酒店市场营销调研的范围。

表 4-4 设施、服务和用品的使用频率

设施/服务/用品	2009 年		2014 年	
	排名	权数	排名	权数
电视机	1	100	1	100
电视遥控器			2	99
对可以吸烟/禁止吸烟房间的选择	7	86	3	97
肥皂/香皂	2	95	4	96
自动定时开关的收音机/闹钟			5	91
免费早餐			6	90
两条以上的毛巾	5	87	7	89
叫醒服务	3	90	8	85
餐厅/咖啡馆	8	86	9	85
市内免费电话			10	84
免费报纸	6	87	11	82
个人护理用品	4	89	12	82
房内冰箱	9	77	13	78
房内咖啡机	10	71	14	75
游泳池	11	67	15	66
自动入住登记	12	63	16	66
吹风机	13	57	17	63
有衬垫的衣架			18	62
房内保险箱	19	52	19	59
熨斗和熨衣板			20	58
通过电视自动结账	14	56	21	58
房内用膳	16	54	22	55
收费电视（电影）	17	53	23	53
声音留言	15		24	52
健身设施	18	53	25	52

（一）酒店市场营销调研的内容

1. 酒店市场需求和变化趋势

酒店应收集客源地的信息资料，如国家经济政策、人口构成、收入水平等，测定市场的潜在需求和现实需求总量，从而预测市场变化趋势。这类研究主要使用定量分析方法，力求准确地判断市场前景，为调整经营结构和营销策略指明方向。

2. 酒店竞争情况

竞争情况是直接影响酒店营销的不可控因素，需要认真研究。酒店应收集的信息包括以下几点：

（1）市场占有率。这方面信息可以使酒店经营管理人员能了解本酒店在竞争中的进展情况。通过比较本酒店的销售量与竞争对手的总销售量，计算本酒店的市场占有率。

（2）竞争对手的营销策略和实际做法。了解竞争对手的营销方案，有助于制定本酒店的营销策略。连续数日从报纸杂志上搜集竞争对手的广告信息，是获得这方面资料的最好、最简便的方法。此外，酒店还应设法了解竞争对手的电台和电视台广告、户外和机场广告、直邮广告，以及在直接招徕宾客、旅行社以及公共关系、营业推广等方面的营销活动情况。在收集这方面的信息时，经营管理人员应着重了解四个方面的情况：本酒店的竞争对手吸引哪些细分市场；竞争对手采用什么策略来树立市场声誉；竞争对手使用哪些广告媒体和营销方法；竞争对手的营销方案是否成功。

（3）分析各竞争者酒店的特点。酒店的特点包括有形和无形两种。通过分析，经营管理人员应编制竞争性酒店比较表。

（4）客房出租率。很难获得各主要竞争对手酒店的客房出租率数据，但酒店的经营管理人员仍应做好已经收集到的资料汇编工作，以便将本酒店与各竞争对手酒店的客房出租率及发展形势进行比较。

3. 可控因素的影响

在营销调研中，酒店应针对产品、价格、渠道、促销等可控因素对销售的影响分别进行调查研究，并结合销售成本分析和利润分析，对酒店的战略、策略和未来的业务活动做出规划。

4. 其他不可控因素的影响

一般说来，酒店很少直接对政治、经济、文化、科技等不可控因素进行调查。大多数情况下，主要是通过报刊等资料收集信息。也有专门的调研公司，他们可以提供有关这方面的情况。

5. 动机调研

在酒店业，动机调研广泛应用于分析旅游者选择某一家酒店而不选择别家酒店的原因。换句话说，要研究旅游者对各个酒店所提供的产品和服务的看法，分析旅游者到某一酒店而不到其他酒店住宿的原因。这种分析是"质"的分析，有助于判断酒店的哪些特征对宾客选择酒店会产生决定性的影响。从而明确本酒店选择的目标市场是否正确，是否提供了目标市场需要的产品和服务并满足了宾客的需求。

（二）酒店营销调研的类型

（1）探测性调研。探测性调研是酒店对发生的问题缺乏认识，甚至在一无所知的情况下，为弄清问题的范围、性质、原因而进行的小规模调研。例如，客房实际出租率低于计划出租率究竟是哪些原因造成的？是竞争对手开展了新的促销活动还是受经济形势变化的冲击，或是服务质量出了问题？这时应通过探测性调研，如邀请一些常住客人或是销售人员进行座谈，了解情况，以便尽快查明原因、澄清问题。探测性调研是一种非正式调研，灵活性和直觉性很强，要求调研人员经验丰富，洞察力强。这种调研的方法有两种：一是文献调查，即收集一些有关资料进行分析；二是经验抽查，可向熟悉情况的人士征询意见。

（2）描述性调研。描述性调研是酒店通过详细的抽样和分析，客观地了解酒店市场情况，清楚地描述酒店市场特征。该调研的许多内容是描述性的，如酒店研究某一目标客人的年龄构成、地理分布和经济情况，以及旅游者对本酒店和竞争对手所提供的产品与服务的态度等。描述性研究的任务是寻找问题的答案。因此，在进行这类研究之前对问题应该有相当程度的认识，最好根据决策的内容将问题分解为若干项更具体的、针对性强的假设。一般说来，这类调研较适用于描述旅游者人口因素方面的特点、评估各类旅游者的重要性、选择销售渠道、测定市场潜量以及预测市场占有率和销售。调查方法有询问法和观察法。描述性调研的调查规模和深入程度都超过了探测性调研，因此，需要事先周密地策划调研方案，安排工作进度。

（3）因果性调研。因果性调研的目的是确定酒店各种变动因素之间的关系。在描述性调研中，人们会发现一些因素之间相互关联，但究竟是哪个因素引起了或决定着其他因素的变化还需要因果性调研来加以确定，如降低房价能增加销量、广告能改变宾客态度等。因果性调研可分为定性与定量研究两类。定性研究的任务是识别出那些对酒店市场变化有重要影响的关键因素；而定量研究则需要测定酒店各种因素相互影响的数量关系。

（4）预测性调研。预测性调研是为了推断和测量酒店市场未来变化而进行的研究。它涉及的范围广，如酒店营销机会研究、行动方案研究和决策性研究等。研究方式可根据决策性质和资料条件灵活多变。它可以通过专家和有经验的人士的意见，对事物的发展趋势做出判断；并可以在描述性调研或因果性调研的基础上进行分析和计算，预测未来变化的量值。酒店预测性调研对经营决策有重要的意义，它的调研结论常被直接用作决策的依据。

四、酒店营销调研程序和方法

（一）酒店营销调研的程序

酒店营销调研的程序指的是酒店针对一项正式的调研活动，从准备调研到实现调研目的全过程的先后步骤与总体安排。

1. 确定问题和研究目标

调研的第一步是应认真地确定问题和研究目标。在本案例中，营销研究人员对问题作了如下确认：

"提供飞行电话服务会给美国航空公司创造日益增加的顾客忠诚度和利润，这项费用与公司可能做出的其他投资相比是合算的吗？"然后，他们制定出下列特定研究目标：

（1）航空公司的乘客在航行期间通电话，而不等到飞机着陆后通电话的主要原因是什么？

（2）哪些类型的乘客最喜欢在航行中打电话？

（3）在一次典型的长距离波音 747 飞行航程中，有多少乘客可能会打电话？价格对他们有何影响？可制定的最好价格是多少？

（4）这一新服务会为美国航空公司增加多少乘客？

（5）这一服务对美国航空公司的形象将会产生多少有长期意义的正面影响？

（6）其他因素诸如航班次数、食物和行李处理等对影响航空公司做出选择的相对重要性是什么？电话服务与这些其他因素相比，其重要性又将怎样？

2. 制订调研计划与实施

调研计划可分为三类：

（1）探测性调研，即收集初步的数据，借以启示该问题的真正性质，并提出若干假设或新的构思。

（2）描述性调研，即作定量描述。例如，有多少乘客愿花 25 美元在飞机上打一个电话？

（3）因果性调研，即测试因果关系。例如，每次电话费从 25 美元减少到 20 美元时，至少能增加 20% 的电话次数。

在制订了调研计划后，营销经理要组织各种力量按调研计划的要求系统地开展调研活动。首先，营销调研的组织者根据调查课题的规模要求挑选适宜的精干人员，建立调研组织。如果需要且可能的话，应对组织成员进行专门培训。其次，需要确定询问项目和设计问卷。这是一项重要的工作，成功的问卷让被询问者乐意表达他们的真实想法。再次，营销调研人员要规划好具体工作日程，进行开支核算，准备好一切调研时所需物资。最后，进入全面调查阶段。在此阶段中，营销调研组织成员一方面大量搜集第二手现成资料，另一方面进行实地调查，获取第一手原始资料。调查的方法一般有询问法、观察法和实验法等。

3. 资料处理阶段

这一阶段是整个调研活动的关键，是通过对有关资料、数据的处理向管理层提供有益的建议报告的阶段。

（1）整理资料。在市场调研中搜集到的大量资料与数据，有很大一部分是凌乱的、独立的，还有一些不能反映真实的市场情况，这就必须对资料加以整理与筛选。在整理的过程中，首先要检查资料是否齐全，如发现资料有谬误或遗失，一定要及时改正与补充，保证资料的真实性和完整性。然后，把经过整理的资料数据用列表的方法进行分类和汇编。通过列表，便于营销人员使用比较的方法得出本旅游产品的市场位置和竞争形势。

（2）分析资料。这一阶段，营销人员要运用各种统计分析方法对已整理好的资料进行加工分析，决定取舍、确定误差范围，取得客观的调研结果。如果需要，可以运用高级分析方法和决策模型对调研结果进行再加工，直到调研结果能够回答调研命题为止。

4. 提示调研结果

调研人员不应该造成使管理当局埋头于大量数字和复杂统计技术中的局面，否则会丧失他们存在的必要性。调研人员应该提出与管理当局进行主要营销决策有关的一些主要调查结果。当这些结果能减少管理当局采取恰当行动时的不确定因素时，这些研究就是有用的研究。

假设案例中的美国航空公司得到的主要调查结果如下：

（1）使用飞行电话服务的主要原因是：有紧急情况、紧迫的商业交易、飞行时间上的混乱等。用电话来消磨时间的现象是不会发生的。绝大多数的电话是商人所打的，并由他们支付账单。

（2）每200人中，大约有5位乘客愿花费25美元通话一次；而约12人希望每次通话费为15美元。因此，每次收15美元（12×15＝180美元）比收25美元（5×25＝125美元）有更多的收入。然而，这些收入都大大低于飞行通话的保本成本1000美元。

（3）推行飞行电话服务使美国航空公司每次航班能增加两名额外的乘客，从这两人身上能得到620美元的纯收入，但是，这也不足以抵偿保本成本。

（4）提供飞行服务增强了美国航空公司作为创新和进步的航空公司的公众形象。但是，创建这一额外的信誉使他们在每次飞行时付出了约200美元的代价。

5. 编写调研报告

调研报告是某次营销调研活动结束时，调研人员用事实材料分析说明所调查课题的文体报告。调研报告记载着调研成果，通常被送到高级决策团作为其参考的书面建议。

市场调研报告一般包括导语、正文、结尾和附录四部分。正文应涉及调研方法、误差范围、调研结论和建议；附录包括注意事项与参考文献目录。

具体的调研报告结构如下：

（1）扉页：写明报告题目，编写报告人姓名、接受报告人姓名、调研结束日期和呈递调研报告的日期。

（2）目录。

（3）内容提要。

（4）序言：说明调研的原因、研究的问题、提出的各种假设和要实现的目的。

（5）调研方法。

（6）调研结果。

（7）局限性。

（8）结论和建议。

（9）附件。

（10）参考文献。

营销人员对信息进行分析总结得出的报告，是真正有价值的信息，营销人员应该将这些有价值的信息及时地呈送有关决策人员，使信息迅速被使用并发挥作用。

（二）酒店市场营销调研的方法

基于酒店市场本身的复杂性，在选择调研方法时就需要与调研任务的特点及酒店本身的特点相结合，所选用的一种或几种调研方法应该能最大限度地反映客观事实，控制误差范围。

1. 信息的获取

设计调研方法时，要做出决定的有：资料来源、调研手段、调研工具、抽样计划、接触方法。

酒店市场调研所需的数据资料从其来源和性质可以分为第一手资料和第二手资料两大类。

（1）第一手资料。第一手资料是为专门的研究目的而收集的资料。第一手资料不论是通过问卷调查、野外考察还是从实验室而得，都可以为研究者提供在其他地方得不到的资料。同时可以保持资料口径的前后一致。但是收集第一手资料成本高、耗时长，往往还需要地方政府的配合。收集第一手资料的方法主要有调查法和观察法。

表4－5　设计调研方法

资料来源	第一手资料、第二手资料
调研手段	观察法、调查法、实验法
调研工具	调查表、机械工具
抽样计划	抽样单位、样本大小、抽样程序
接触方法	电话访问、邮寄调查表、面谈访问

常见的调查法有抽样调查、重点调查、典型调查与普查。可以用个人面谈或小组讨论法，也可以用电话询问、邮寄调查表或混合调查法。

常见的观察法有直接观察法、实际痕迹测量法和行为记录法。

相比之下，抽样调查法在获取第一手资料中运用较为广泛，其中以填写调查表方式的抽样调查最为普遍。调查表方式抽样调查既能收集旅游需求各方面的第一手资料，而且花费的时间较少。

抽样调查最重要的一步就是根据调查目的设计调查表格。例如，香港旅游协会常年雇请调查员在启德机场对抵港国际游客进行抽样调查，问卷长达12页共34个（组）问题，包括乘哪一班飞机抵达香港、停留天数、国籍、年龄组、团队规模、性别、途经国家、交通方式、动机、消费情况、购物类型、游览地点、访港前后印象等。

（2）第二手资料。第二手资料包括科研档案资料、地图、统计报表、人口普查资料等。收集第二手资料可以节省时间和经费，有助于更准确、有的放矢地收集第一手资料。但是第二手资料与调查的目的、口径、方法往往不能合拍，时间性和精确性达不到要求。因此，使用第二手资料一定要明确材料来源，弄清目的、口径和可比性。

酒店的第二手资料可以分成两部分，即酒店内部第二手资料和酒店外部第二手资料。

1）酒店内部第二手资料。

①客人记录：

a. 酒店前台登记：包括客人姓名、来源地、到离店时间、停留天数、证件号码、团队人数等。

b. 客人预订要求：包括客人特殊需要、预订方式、预订方法、客人类型、价格要求或特殊包价等。

c. 客人记录卡：用卡片记录有关客人的重要信息，这些信息是从前台登记和客人预订要求中摘录下来的。

d. 客人的主要档案材料：包括客人姓名、年龄、来源地、职业、电话号码、偏好、使用酒店次数、长包客人的投诉或个人要求等。

酒店前台登记能提供多种重要信息，应该做好重要信息的归类工作，否则前台登记信息会显得错综复杂、杂乱无章，对营销调研用处不大。前台登记可以按地理因素（如国家）来归类，也可以按时间顺序归类，或者将二者结合起来归类。

②酒店销售记录：客人支付费用、支付方式等；以列表形式把客人在某一时间内花费的账单或分类账单组织起来，作为信息来源；收取费用的预订单；酒店每天、每月的销售总结；酒店每周、每月、每季的出租情况，年平均出租率等。

③酒店的其他记录：放置在客房内的调查表；酒店各部门汇报（如酒店每天早上召开的店务会上各部门经理反映的情况）；客人来信等。

以上是酒店内部第二手资料的来源，仅列出了几个方面，实际情况要复杂得多，但营销人员应该考虑以上几个方面。

2）酒店外部第二手资料。

①政府机构：包括国家旅游局、各省市旅游局、旅行社、统计局、国际会议处、外贸局等。

②国际机构：国际和区域旅游组织及专业旅游市场调研机构年报、其他资料。例如，世界旅游组织（WTO）的资料——马德里；太平洋地区旅游协会（PATA）的资料——旧金山；美洲旅行代理人协会（ASTA）的资料——华盛顿；欧洲旅游委员会（ETC）的资料；国际会议协会（ICCA）的资料——巴黎；国际酒店协会（IHA）的资料——巴黎；美国数据中心（U. S. Dtat Center）的统计数据资料——华盛顿。

③酒店同行组织，包括全国性酒店协会、餐饮管理协会等。

④旅游教育机构和研究机构，如世界著名的旅游院校、全国各大旅游院校及研究所发表的文章和研究报告等；一些世界著名酒店集团的年报。

⑤社会上各种旅游新闻出版机构，如旅游报社、旅游杂志社和旅游出版社等。

⑥其他社会组织。

第二手资料，无论是从酒店内部还是外部搜集来的，都能为酒店营销人员提供有用的信息。当营销人员觉得第二手资料不能满足要求时，还可以进行第一手资料的搜集，即通过观察或与客人直接接触来搜集信息。

2. 第一手资料的获取方法

收集第一手资料的方法大致有三种：观察法、调查法和实验法。

（1）观察法。收集最新资料的一种方法是观察有关的对象和事物。例如，美国航空公司的研究人员可以逗留在飞机场、航空办事处和旅行社内，听取旅行者谈论不同航空公司和代理机构处理飞行安排的方法。研究人员也可以乘坐美国航空公司和竞争者的飞机，观察航班服务质量和听取乘客反映。这些观察都可能产生关于旅行者如何选择航空公司的一些有用设想。

调研人员可以通过观察、记录每个人或团体的活动类型，以及各种行为在何时、何地发生，发生的频率和持续的时间。常见的观察方法有以下两个：

1）人员观察：观察人员从侧面观察人们的行为，系统地记载某种行为的频率、地点和持续时间。例如，调研人员可以观察、记录每位宾客在前台需等待多久才能办理登记手续。

2）器械观察：调研人员可以使用录像机、录音机等仪器和设备记录观察对象的行为。

观察法简便易行，但只能获得描述性资料，如果只用观察法搜集资料，调研人员就无法分析因果关系。另外，观察人员的偏向或机械装置的局限性会影响调研结果的正确性。

（2）调查法。调查法介于观察法的偶然性和实验法的严谨性之间。一般说来，观察法最适用于探测性研究，调查法则最适用于描述性研究，而实验法最适用于因果研究。一些公司采取调查法，以了解人们的认知、信任、偏好、满意等并衡量其在人口中的数量比例。例如，美国航空公司的调研人员可能需要调查有多少人知道它，有多少人乘坐过它，有多少人偏爱它。

调查法包括电话询问、邮寄调查表、店内宾客问卷调查和面谈调查等形式。调研人员应根据问题的性质、检验假设所需的资料、调研经费和人员情况，决定采取哪一种形式。

1）邮寄调查表：调研人员将调查问卷寄给调查对象，由调查对象填写后寄回。适用于征询对象分布范围广泛、调查经费有限的情况，但该调查法的回收率低。

2）电话询问：采用电话询问法时，调查对象对调查问卷的答复是由调查人员记录的。该方法适用于解决简要的普遍性问题。

3）店内宾客问卷调查：指通过放置于酒店客房内宾客意见征询表、批评卡、酒店前台的问卷等对宾客进行调查。该方法是最现实的一种信息收集方法，它具有成本低、回收率高的优势，但要做好这项工作，设计好问卷至关重要。

4）面谈调查：面谈调查是指调查人员直接和调查对象交谈。有以下几种形式：

①深入面谈法：调查人员使用心理分析技巧，根据事先拟定的交谈要点与被调查人自由交谈，深入了解被调查对象的经验、态度、动机、意见等。深入面谈

一般要 1 小时以上，调查人只有一个。

②小组专题座谈会：调查人员从目标市场选择 6～10 名代表，深入了解他们对本酒店的看法。调查人员鼓励调查对象自由讨论，交换意见，从而了解市场消费者的态度。这类座谈会一般需几小时，调查人员可召集几个小组的专题座谈会，了解其对不同细分市场的看法。虽然调查结果缺乏抽样有效性，但该结果能为今后设计调查问卷提供依据。

③投射技术：这是一种间接探测被调查人态度的方法。调查人向调查对象提供模棱两可的问题，或出示含意不清的漫画、动画片、幻灯片等，让调查对象说明自己的看法。抽查人在被调查对象不知不觉的情况下，间接探测他的真实态度。

上述方法都是非正式调查方法，一般用于探测性调研。在同一次调查中，为了提高效率，调查人员可同时使用邮寄、电话、面谈等方法。

调查法分七个步骤进行，即确定问题、初步调查、假设命题、调查设计、资料分析、做出结论、提出建议。

（3）实验法。实验法是最正式的一种调研方法。实验法要求选择相匹配的目标小组，分别给予不同的处理，控制外来的变量和核查所观察到的差异是否具有统计上的意义。在剔除外来因素或对因素加以控制的情况下，观察结果是否与受影响的变量有关。实验法的目的是通过排除观察结果中带有竞争性的解释来捕捉因果关系。

美国航空公司从纽约到洛杉矶正常航班上的电话服务，可以作为一个实验研究的例子。在首次航行中，它宣布每次通话服务的收费为 25 美元。在第二次的同一班次上，它又宣布每次通话收费为 15 美元。假设每次航班上的载客人数相同，并且安排在一个星期的同一天里，那么，实验可以看到在通话次数上的变化都可能与收费价格有关。实验设计也可以通过下列方法进一步改善：试用其他价格，使用同一价格于多次航行中和把其他航运线路也包括在实验中。

实验法能提供关于是否运用了适当控制的最令人信服的信息。在实验法的设计和执行中，将会排除解释同一结果的不同假设，这使得调研和营销经理对所做的结论具有自信性。

3. 调研工具

市场营销调研人员在收集第一手资料时可以选择两种主要的工具：调查表和机械工具。

（1）调查表。调查表是迄今用于收集第一手资料的最普遍工具。一般说来，一份调查表是由向被调查者提问并征求他或她回答的一组问题所组成的。调查表是非常灵活的，它有着许多提问的方法。调查表需要认真仔细地设计、测试和调整，然后才可以大规模地使用。

在设计调查问卷时，市场营销研究人员必须精心挑选要问的问题、问题的形式、问题的用词和问题的次序。

一个常见的错误发生在所提的问题上，那就是提问包含了被调查者不能回答或不愿回答的问题，而同时却遗漏了应该回答的问题。仅仅是趣味性的问题应该剔除，因为它会拖长所需的时间并使被调查人不耐烦。

问题的形式会影响到反应。市场营销研究人员应把问题区分为封闭式和开放式两种。封闭式问题要预设出所有可能的回答，让被调查人从中选择一个答案。表4-6列出了最常用的封闭式问题形式。开放式问题允许被调查人用自己的话来回答问题，他们可以采取各种形式（见表4-7）。一般说来，因为被调查人的回答不受限制，所以开放式问题常常能揭露出更多的信息。开放式问题在探测研究阶段特别有用，这个阶段的调查渴望的是洞察人们内心是怎样想的而不是去衡量以某种方式在想的有多少人。同时，封闭式问题规定了回答方式，使阐释和制表变得比较容易。

表4-6 封闭式问题实例

名称	说明	例子
两分法	一个问题提出两个回答供选择	"在安排这次旅行中，你打算使用美国航空公司的电话服务吗？" 是□　　　否□
多项选择	一个问题提出三个或更多的回答供选择	"在本次飞行中，您和谁一起旅行？" 没有□　只有孩子□　配偶□　同事/朋友/亲属□ 配偶和孩子□　一个旅行组□
李克特量表	被调查人可以在同意和不同意的量度之间选择	"小的航空公司一般比大公司服务得好。" 坚决不同意□　不同意□　不同意也不反对□　很同意□　坚决同意□
语义差别	在两个意义相反的词之间列上一些标度，由被调查人选择代表他或她意愿方向和程度的某一点	美国航空公司 大□　　　　小□ 有经验□　　　无□ 现代化□　　　老式□
重要性量表	对某些属性从"根本不重要"到"极重要"进行重要性分等	航空食品服务对我是 极重要□　很重要□　有点重要□　很不重要□ 根本不重要□
分等量表	对某些属性从"质劣"到"极好"进行分等	美国航空公司的食品服务是 极好□　很好□　好□　尚可□　质劣□

表4-7　开放式问题实例

名称	说明	例子
完全无结构	一个被调查者可以用几乎不受任何限制的方法回答问题	"你对美国航空公司有什么意见?"
词汇联想	列出一些词汇，每次一个，由被调查者提出他头脑中涌现的第一个词	"当您听到下列文字时，你脑海中涌现的第一个词是什么?" 航空公司＿＿＿＿＿＿＿ 美国＿＿＿＿＿＿＿ 旅行＿＿＿＿＿＿＿
语句完成法	提出一些不完整的语句，每次一个，由被调查者完成语句	"当我选择一个航空公司时，在我的决定中最重要的考虑点是什么?" ＿＿＿＿＿＿＿＿＿＿ ＿＿＿＿＿＿＿＿＿＿
故事完成法	提出一个未完成的故事，由被调查人来完成它	"我在几天前乘坐了美航班机。我注意到该飞机的内外都展现了明亮的颜色，这使我产生下列联想和感慨。"现在该完成这一故事了
图画完成法	提出一幅有两个人的图画，一个人正在发表一个意见，要求被调查人发表另一个意见，并写入图中的空框中	 请在空框内填上回答的内容
主题统觉测验	提出一幅图画要求被调查者构想出一个图中正在发生或可能发生的故事	 请根据上图编出一个故事

　　对问题的用词必须十分谨慎。研究人员应该使用简单、直接、无偏见的词汇。所提的问题应对被调查人进行预先尝试，然后再广泛应用。

　　问题次序的排列也很值得研究。如果可能的话，引导性的问题应该是能使人引起兴趣的问题。难以回答的或涉及私人的问题应处于守势的地位。所提出的问题应该合乎逻辑次序。有关被调查人的分类数据要放在最后，因为这个问题更具个人色彩，而且被调查人对此也不大感兴趣。

　　（2）机械工具。虽然调查表是最普遍的一种调研工具，但在营销调研中还常使用一些机械装置。电流计可用于测量一个对象在看到一个特定广告或图像后所表现出的兴趣或感情的强度。电流计能测出当感情被激起而产生的细微流汗程度。速示器也是一种能在少于百分之一秒到几秒的闪现中将一个广告展示在一个对象面前的设备。在每次展示后，由被调查者说明他或她所回忆起来的每件事。眼相机是用于研究被调查人眼睛活动情况的，它观察他们的眼光最先落在什么创意上，在每一给定的项目中逗留多长时间等。听度器是一种安装在接受调查的家庭电视机上的电子设备，它用于记录电视机收看的时间和频道。

4. 设计抽样计划

抽样计划营销研究者必须设计一个抽样计划，它要求做出以下三个决定：

（1）抽样单位——这是回答应向什么人调查的问题。一个适当的抽样单位并不总是很明显。例如，在美国航空公司的调查中，抽样单位应该是从事商业的旅客，是享受旅游乐趣的旅客，还是两者兼有？应该是访问 21 岁以下的旅行者还是应该对丈夫和妻子都访问？

（2）样本大小——这是回答应向多少人进行调查的问题。大样本比小样本更能产生可靠的结果。但是，没有必要把全体目标或大部分目标作为样本，以取得可靠的结果。如果采取了可信的抽样程序的话，对一个总体只要抽出少于百分之一的样本，就常常能提供良好的可靠性。

（3）抽样程序——这是回答应该选择被调查者的问题。为了获得一个有代表性的样本，应该采用概率抽样的方法。概率抽样可以计算出抽样误差的置信限度。例如，在抽样调查后可以计算出这样一个结论："在美国西南部的航空旅行者中，每年有 95% 的人可能旅行 5 ~ 7 次。"

关于概率抽样的三种类型的描述可见表 4 - 8 的 A 部分。当概率抽样的成本太高或时间太长时，市场营销研究人员可采用非概率抽样。表 4 - 8 的 B 部分描述了非概率抽样的三种类型。有些市场营销研究者认为：虽然非概率抽样的抽样误差无法度量，但在许多场合是非常有用的。

5. 接触方法

接触方法是回答如何接触被调查对象的问题，有几种方法可供选择：电话访问、邮寄调查表或面谈访问。

表 4 - 8　概率和非概率抽样的类型

A. 概率抽样	
简单随机抽样	总体中的每一个成员都有一个被了解和被选中的均等机会
分层随机抽样	把总体分解为各个互斥的组（例如年龄组），然后对每个组进行简单随机抽样
分群（分地区）	抽样把总体分解为互斥的组别（例如分块），然后由调研人员对各个组进行抽样和面访

续表

B. 非概率抽样

任意抽样	调研人员选择人口中最容易接触的成员以获得信息
判断抽样	调研人员应用自己的判断来选择人口中能提供准确信息的理想成员
配额抽样	调研人员在几个类型中，对每一个类型按照所规定的人数去寻找和访问调查对象

（1）电话访问。这是迅速收集信息的最好方法，这种访问还能够在被调查人不明确问题时予以澄清。电话访问有两个主要缺点：只有电话拥有者才能被访问到；访问的时间急促且不能过多地涉及个人问题。

（2）邮寄调查表。这是在受访者不愿面谈或其他方法可能使受访者产生偏见的影响或曲解的情况下所能采用的一种最好方法。邮寄调查表提问的语句需要简洁明了。

（3）面谈访问。这是三种接触方法中最通用的方法。访问人能够提出较多的问题且可用个人观察来补充访问的不足。面谈访问是最昂贵的方法，并且它需要较多的行政计划和监督管理。

1）面谈访问有两种方式：个别访问和小组访问。个别访问包括到受访者家中、办公室或在路上请受访者停下来进行面谈。访问者必须得到受访者同意合作才能进行面谈，其时间从几分钟到几小时不等。有时，因为花费了受访问者的时间，还应该给予一些报酬或奖金。

2）小组访问包括邀请6~10人，用上几小时，由一名有经验的访问人组织，讨论某一产品、服务、组织或营销实体。访问人必须客观地了解讨论的主题和行业情况，并具有小组能动性和消费者行为的知识；否则，讨论会的结果将会误入歧途。在一般情况下，为了吸引参加者需要付给一些报酬。这种访问的特点是在愉快的环境下进行的（例如在家庭中），为了增加非正式的气氛，可以备有茶点。小组访问人在开始时先提出一个范围宽广的问题。例如，"当你乘坐飞机时有何感觉？"然后把问题转向人们对不同航空公司、不同服务的态度，最后提出空中电话服务的问题。访问人要鼓励受访者进行自由和轻松的讨论，以期小组的能动性能带来深刻的感知和思考。同时，访问人要把讨论"集中"，因而这种方法被称为集中小组访问。各种意见通过记录本或磁带记录下来，然后进行研究，以了解消费者的态度和行为。集中小组访问是设计大规模调查前的一个有用步骤。它用以洞察消费者的感知、态度和满意程度，而这些对更加正式地确定所要调查的问题是重要的。市场调研人员必须避免从集中小组成员的感知得出对整个市场的普遍性结论，因为这个样本的规模太小并且抽样是非随机的。

值得指出的是，必须对调查计划的成本做出估算，市场营销调研方案的目的是帮助公司减小风险和增加利润。假设公司未经市场调研，估计推出空中电话服务可获得 50000 美元的长期利润，但经理相信该项研究能帮助他改进促销计划，并获得 90000 美元的长期利润，在这种情况下，他就愿为这项研究花费 40000 美元。但是，如果这项研究成本已经超过 40000 美元，就不能批准这项研究。

表 4 - 9　市场研究方法的优缺点

方法	优点	缺点
观察法	· 不必得到被调查者的同意 · 不干扰宾客 · 现场观察费用低 · 迅速获得数据、现场信息	· 没有机会提问和解释 · 无法观察诸如住宿动机、客人未来计划、过去经历等
面谈访问	· 答复率高 · 可以解答问题，可以采用开放式问题，允许有各种答案 · 可以观察被采访者的反应 · 获得完整的信息 · 经验丰富的采访者可以预先估计可能的答案	· 采访者的偏见 · 被采访者时间难以约定 · 费用高 · 被采访者不愿回答私人问题 · 被采访者可能较紧张 · 对方可能按你所期望的去答而非其真实想法
小组讨论	· 与人员访谈相同 · 需要回答问题者花费时间和精力 · 有些人可能操纵整个讨论或使之跑题 · 比人员访谈的答案更真实	· 很难安排到合适的时间和地点 · 比人员访谈更随意和放松 · 可以更深入地分析和研究问题
邮寄调查表	· 在一定费用下可以覆盖较大范围 · 难以获得适宜的邮寄名录 · 可以轻松地回答问卷 · 回答比较真实，答复费用高 · 填写问卷者可能没有代表性 · 无法控制访问者的答复	· 低回收率、较高的市场区域覆盖 · 可以更直接到达被抽查者手中 · 不带采访者的偏见 · 没有采访者的帮助
电话访问	· 被询问者必须有电话 · 不需要专业人员 · 迅速获得信息 · 资料是最新的 · 高回收率 · 在市区费用低	· 无法见到被询问者 · 询问必须简单 · 难以与之建立长久的联系 · 在区域内进行则费用很高

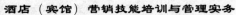

续表

方法	优点	缺点
店内调查 （包括面谈访问）	·在被调查者住店时调查他们的感受 ·被调查者的意见会被用于改进产品 ·可以容易地采访宾客且费用低	·问卷必须简洁 ·数据必须简单和直接 ·局限于住宿宾客

第五章 酒店品牌营销策划管理

在当前激烈的酒店业竞争市场，随着科学技术的不断进步和市场经济的不断成熟，同星级、同类型的酒店在硬件建设上趋向于同质化，甚至在产品品质、成本、售价、服务态度、服务技巧等软件方面也趋于同质化，导致酒店之间的差异性渐趋模糊。因此要以产品营销来领先市场的机会已越来越少，这使得许多酒店开始重视和树立品牌，品牌营销成为价值创新的强劲生命力。谁拥有更知名的酒店品牌，谁就能更快地抓住消费者的视线，抢占更大的国内外酒店市场。因此，树立知名的酒店品牌是当前众多酒店企业所竞相追逐的目标，酒店品牌营销的重要性更是不可忽视。

一、品牌与品牌营销的含义

（一）品牌的含义

品牌的英文单词 Brand，源出古挪威文 Brandr，意思是"烧灼"。人们用这种方式来标记家畜等需要与其他人相区别的私有财产。到了中世纪的欧洲，手工艺匠人用这种打烙印的方法在自己的手工艺品上烙下标记，以便顾客识别产品的产地和生产者。这就产生了最初的商标，并以此为消费者提供担保，同时向生产者提供法律保护。16 世纪早期，蒸馏威士忌酒的生产商将威士忌装入烙有生产者名字的木桶中，以防不法商人偷梁换柱。到了 1835 年，苏格兰的酿酒者使用了"Old Smuggler"这一品牌，以维护采用特殊蒸馏程序酿制的酒的质量声誉。按照菲利普·科特勒的观点，品牌（Brand）是一种名称、标记、符号、术语或设计以及它们的组合应用，其目的是借以辨认某个或某些销售者的产品或服务，并使之同竞争对手的产品和服务区分开来。除此之外，品牌还是由一系列整合营销活动创造的一种象征与联想、一种承诺与保证。良好的品牌会传递一组强有力的稳定的有关产品特色、利益和服务的质量保证与承诺。因此品牌也是一项重要的无形资产，可以转让盈利。我们可以从以下几个方面把握品牌的含义：

1. 品牌是产品或企业核心价值的体现

品牌——消费者或用户记忆商品的工具，企业不仅要将商品销售给目标消费者或用户，而且要使消费者或用户通过使用对商品产生好感，从而重复购买，不断宣传，形成品牌忠诚，使消费者或用户重复购买。消费者或用户通过对品牌产品的使用，形成满意度，也就会围绕品牌形成消费经验，存储在记忆中，为将来的消费决策形成依据。一些企业更为自己的品牌树立了良好的形象，赋予了美好的情感或代表了一定的文化，使品牌及品牌产品在消费者或用户心目中形成了美好的记忆。比如"麦当劳"，人们对于这个品牌会感受到一种美国文化、快餐文化，会联想到一种质量、标准和卫生，也能由"麦当劳"品牌激起儿童在麦当劳餐厅里尽情欢乐的回忆。

2. 品牌是识别产品的分辨器

品牌的建立是由于竞争的需要，用来识别某个销售者的产品或服务的。品牌设计应具有独特性和鲜明的个性特征，品牌的图案、文字等与竞争对手的相区别，能够代表该企业的特点。同时，互不相同的品牌各自代表着不同形式、不同质量、不同服务的产品，可为消费者或用户购买、使用提供借鉴。通过品牌人们可以认知产品，并依据品牌选择购买。每种品牌代表了不同的产品特性、不同的文化背景、不同的设计理念、不同的心理目标，消费者和用户便可根据自身的需要进行选择。

3. 品牌是质量和信誉的保证

企业设计品牌、创立品牌、培养品牌的目的是希望此品牌能变为知名品牌。知名品牌代表了一类产品的质量档次，代表了企业的信誉。企业从长远发展的角度必须从产品质量上下功夫，在售后服务上做出努力。树品牌、创名牌是企业在市场竞争的条件下逐渐形成的共识，企业希望人们通过品牌对产品、企业加以区别，通过品牌形成品牌追随，并通过品牌扩展市场。使品牌成为企业有力的竞争武器。品牌，特别是名牌的出现，使用户形成了一定程度的忠诚度、信任度、追随度，由此使企业在与对手竞争中拥有了后盾基础。品牌还可以利用其市场扩展的能力，带动企业进入新市场，带动新产品打入市场还可以利用品牌资本运营的能力，通过一定的形式如特许经营、合同管理等形式进行企业的扩张。

4. 品牌是企业的增值武器

品牌以质量取胜，并常附有文化、情感内涵，所以品牌给产品增加了附加值。同时，品牌有一定的信任度、追随度，企业可以为品牌制定相对较高的价格，获得较高的利润。品牌中的知名品牌在这一方面表现最为突出，比如，著名饮料企业可口可乐公司 2014 年净营收入 459.98 亿美元，由此可见，品牌特别是名牌给企业带来了较大的收益，而品牌作为无形资产，已为人们所认可。

（二）品牌营销简介

品牌营销（Brand Marketing）是通过市场营销使客户形成对企业品牌和产品

的认知过程，企业要想不断获得和保持竞争优势，必须构建高品位的营销理念。最高级的营销不是建立庞大的营销网络，而是利用品牌符号，把无形的营销网络铺设到社会公众心里，把产品输送到消费者心里。使消费者选择消费时认这个产品，投资商选择合作时认这个企业。

品牌营销的过程是企业通过利用消费者的产品需求，然后用质量、文化和独特性的宣传来创造一个品牌在用户心中的价值认可，最终形成品牌效益的系列营销策略和步骤；是通过市场营销运用各种营销策略使目标客户形成对企业品牌和产品、服务的认知—认识—认可的一个过程。品牌营销从高层次上就是把企业的形象、知名度、良好的信誉等展示给消费者，从而在消费者的心目中形成对企业产品或者服务的品牌形象。品牌营销的关键点在于为品牌找到一个具有差异化个性、能够深刻感染消费者内心的品牌核心价值，它让消费者明确、清晰地识别并记住品牌的利益点与个性，是驱动消费者认同、喜欢乃至爱上一个品牌的主要力量。

品牌营销的前提是产品要有质量上的保证，这样才能得到消费者的认可。品牌建立在有形产品和无形服务的基础上。有形是指产品的新颖包装、独特设计以及富有象征性和吸引力的名称等。而服务是在销售过程当中或售后服务中给顾客满意的感觉，让他们体验到做真正上帝的幸福感。让他们始终觉得选择买这种产品的决策是对的。买得开心，用得放心。综观行情，以现在的技术手段推广来看，目前市场上的产品质量其实已差不多，从消费者的立场看，他们看重的往往是商家所能提供的服务多寡和效果如何。从长期竞争来看，建立品牌营销是企业长期发展的必要途径。对企业而言，既要满足自己的利益，也要顾及顾客的满意度，注重双赢，赢得终身顾客。

二、酒店品牌和酒店品牌营销

（一）酒店品牌的内涵

酒店品牌是酒店产品与产品之外被顾客接收的一切总和。概括地讲，酒店品牌包括：酒店品牌名称、标志物、标识语，酒店品牌认知，酒店品牌体现的质量，酒店品牌联想，酒店品牌忠诚五个部分。从公众的角度出发，品牌就是社会公众通过组织及其产品的品质和价值的认知而确定的著名牌号。从企业的角度出发，品牌是一种以现代企业文化为基础的无形资产。成功的品牌是企业长期、持续地进行产品定位和塑造个性的成果，社会公众尤其是消费者对它有较高的认同。品牌营销能够加强顾客对购买产品的认知，增加产品的附加值，促进消费者对它的优先选择，从而扩大市场占有率。而酒店品牌营销是酒店在激烈的竞争环境中实现差异化的基础。

1. 酒店品牌的维度

品牌是酒店的象征，不仅代表着酒店产品和酒店本身，更体现着酒店顾客的利益。因此，在进行酒店品牌营销时，应关注酒店企业、酒店产品和顾客需求三大要点。

（1）酒店企业。酒店品牌是酒店企业的代名词，酒店的经营属性、类别和风格等都是酒店品牌制定的依据，酒店企业本身的发展历史、经营战略、企业文化、团队气氛、行为准则等都深深影响着广大顾客对酒店的整体形象的感知，更与酒店品牌价值息息相关。因此，在进行酒店品牌营销的时候，必须结合酒店本身的特点，从企业的角度出发，使酒店企业的形象、酒店未来的发展战略等都与酒店品牌的营销推广相吻合。

（2）酒店产品。酒店产品的特征是制定酒店品牌营销策略的重要依据，优秀的酒店产品和服务也是酒店品牌得以生存和发展的重要保障。当前世界著名的酒店集团纷纷在全球范围内实施多品牌经营策略，品牌创立的依据就是酒店集团所经营的不同产品特色，人们甚至通过品牌来识别酒店的产品和服务。

另外，酒店品牌的价值要通过酒店产品和服务体现，优质的酒店服务产品是提升顾客价值的重要途径，酒店品牌营销的最终目的是吸引新顾客、留住老顾客。因此，酒店产品是酒店品牌营销关注要点之一。

（3）顾客需求。酒店品牌的营销推广要加强与顾客的联络，应通过分析消费市场的特点，根据顾客的消费心理偏好和消费行为特征来制定酒店的品牌营销战略。市场需求和顾客偏好是进行酒店品牌营销的着力点，酒店企业在进行品牌营销时，必须时时关注市场动态，掌握顾客需求，并通过积极的品牌营销策略来引导市场需求，创造顾客需求，从而为酒店赢得更多顾客。

2. 酒店品牌的构成要素

（1）构成酒店品牌的有形要素。店名、店标、牌匾、门面、装修、装饰、客房、菜点、员工等要素都是酒店品牌的有形要素。这些要素给消费者以感官上的刺激，并留下好与坏的印象，这种印象影响着消费者的选择与对酒店品牌的"忠诚度"，是构成品牌的基础。

（2）构成酒店品牌的无形要素。商誉（美誉度）和服务是酒店品牌的无形要素，也是酒店品牌的核心。商誉是指一个企业的商业信誉，往往通过标识来体现。商誉是一个酒店的经营管理水平、人员素质、菜点质量、服务水平、知名度、可信度、声誉、在同行中所处的地位、影响力的综合体现。商誉是一种无形资产，具有经济性，能影响企业的收益率，可能带来超额利润，同时具有依附性，必须依附于特定的经营主体，通过企业整体的经营运作才能体现出其经济价值。服务是酒店的核心产品，酒店的主要收益都要通过服务来实现，而服务又是无形的，是酒店品牌的重要组成部分，酒店服务水平的高低直接影响着酒店品牌的建立。

3. 酒店品牌的定位

酒店品牌设计主要解决酒店的品牌定位，即树立一个什么样的酒店品牌形象，来满足消费者某个层面上的需求，使自己的品牌与其他企业的品牌区别开来。酒店的品牌定位不是针对某一产品的市场定位，而是针对目标市场（预期顾客）要做的事，是酒店针对要在预期顾客的头脑中对酒店和产品所形成的印象而进行的设计与传播，通过酒店品牌的定位，向消费者传递一个清晰、简洁的利益、价值和个性。酒店企业的品牌定位是立体的和全方位的，要从市场、顾客、竞争和酒店自身等方面来思考。

在品牌定位时，首先要研究竞争态势和酒店环境，还要确定顾客对呈现在他们面前的酒店产品的选择依据，明确什么样的产品利益对顾客来说是最重要的，这些利益对不同的顾客群具有何等的重要性。如果顾客需求在这一阶段发生重要差异，则这种基于利益的分化对形成细分市场十分重要。接下来，要确定与酒店构成竞争的其他品牌和酒店自身在重要属性上的表现，以发现在不同的指标下各品牌所处的市场地位。然后，用同样的指标来确认顾客的要求，找到顾客认为理想的品牌的各项指标的数值。顾客要求的差异将有助于形成基于不同消费偏好的细分市场。最后将上面所有因素组合起来，选择目标顾客和差异优势，实施品牌定位。

4. 酒店品牌的内涵建设

在品牌建设方面，营业中的酒店应注重品牌的内涵建设或品牌的重塑。主要体现在以下几个方面：

（1）设施设备与环境设计。酒店品牌的核心是产品与服务，设备设施是酒店产品的一部分，是最基本的产品。环境设计应体现酒店的格调、品位与目标市场的需求相适应。

（2）品牌文化建设。随着经济的发展和人们生活水平的提高，消费者的需求层次从单纯的基本生活需求转向注重产品内涵，即对其内在文化的认可，品牌形象中的民族文化、现代文明、时尚推崇等正是消费者现阶段所追求的一种商品品质。品牌价值创造技巧可以概括为：通过品牌的文化力去赢得市场。品牌文化力就是结晶在品牌中的经营观、价值观、审美观等观念形态以及经营行为的总和。可口可乐公司经过长期的研究得出结论：名牌的背后是文化。一位美国报纸编辑说：“可口可乐代表着美国所有的精华，喝一瓶可口可乐就等于把这些美国精神灌注体内，可乐瓶中装的是美国人的梦。”

（3）服务设计。首先是服务流程的设计，关键是员工队伍建设，目标是消费无障碍、快捷，核心是员工的素质。但是由于人的不同，以及同一个人在不同时间、不同地点水平发挥的不同，造成酒店服务的千差万别。为了使服务更加精确，我们通常用严格的标准化手段设计进行控制。但是，这种控制往往限制了员工的自主性，因此严格的标准化和员工的自由发挥应该进行有机的设计，使其合理结合，才可以得到最接近满意的服务。

（二）酒店品牌营销的含义

酒店品牌营销是指酒店利用消费者的品牌需求，围绕着创建高附加值品牌展开各项营销活动，使客户形成对企业品牌的认知，创造品牌价值，最终形成品牌效益的过程。酒店实施品牌营销的最终目的是要在消费者及公众心目中形成独一无二的、有别于其他竞争对手的品牌形象，凭借这种品牌形象，品牌拥有者可以获得产品溢价，培养忠诚顾客，巩固自己的市场地位，并且进行扩张，但归根结底，品牌营销最终是要形成自己的品牌价值，并且借助品牌价值以及品牌的特性来帮助酒店不断地获取利润。品牌营销不同于普通的产品营销，因为它具备如下的特点：

1. 在目标设定上更专注于品牌相关指标

在一般的营销状况下，酒店在设定营销目标时，往往只考虑经济类可简单量化的指标，如客房销售量、入住率、利润、市场占有率等。而在品牌营销状况下，酒店设定营销目标时，考虑的主要是一些与品牌相关的指标，如品牌价值认知水平、品牌个性、品牌忠诚度等，而不仅是酒店某项产品或服务能给酒店带来多少利润，能吸引多少客人。

2. 品牌检验更注重顾客的意见

通常情况下，酒店对营销状况的检验通常停留在产品检验的阶段，即这一营销方式是否使产品销售达到了预期的目标，产品质量是否达到了顾客的期待值。而从事品牌营销的酒店，必须定期通过专业手段对品牌状况进行测试和检验。检验的主体在酒店的外部而不是内部，也就是更多地关注消费者对品牌相关客体的反应，包括消费者对品牌价值或个性的认知状况，消费者对品牌联想的方式及速度，品牌的定位及档次，消费者对品牌的忠诚度等，采集他们的意见和建议，从而制定维护和提升品牌的策略和方案。

3. 相对稳定的品牌产品价格

"定价"而不是"订价"是品牌营销的重要标志。在普通营销状况下，产品价格很容易受市场供求和竞争者影响，出现频繁波动。而成功的大品牌价格则相对稳定。可口可乐从进入中国市场至今，消费者很少感到有何价格的变化，而且区域性或季节性等价格也几乎不见。麦当劳进入深圳市场至今，汉堡的价格恒定为每只10元。10元一只夹心面包对于中国老百姓来说不算便宜，而麦当劳能够在中国快餐业低价冲击市场抢夺市场占有率时，仍然能够以其高价在市场中站稳脚跟，这不能不说是其品牌形象所含有的强大威慑力。

4. 围绕品牌设计促销

普通产品营销注重的是采用各种方式将产品推进市场，如明示产品性能、产品价格、产品质量。无外乎向消费者展示其产品性能优良、价格经济、质量好等产品内在的要素。而品牌营销在促销时，设计者致力于将品牌这个价值主体设计得更具竞争性和优越性，向消费者传递的不是某个产品的功能，而是整个品牌的形象气息。

5. 品牌凝聚酒店价值

在品牌经营的状况下，品牌本身就是一个清晰的主体，而非传统的"附加体"。品牌价值不是单纯意义上将酒店各个产品或服务相加，而是用"价值是凝结在商品中的社会必要劳动时间"来计算的，是一家酒店所包含的各种信息诸如个性、气质、氛围及形象等，这些信息是酒店所特有的、与众不同的，它的价值就像一件年代久远的古董在世界上独一无二。

（三）酒店品牌营销的主要误区

1. 误区之一：做品牌就是做销量

在很多酒店的营销计划中，常常一味强调销售量的提升，把酒店销售业绩作为酒店追求的最大目标。这些酒店大都有一个"共识"：做销量就是做品牌，只要销量上来了，品牌自然会得到提升。这是非常错误的观点。片面追求销量的结果往往导致对品牌其他要素如品牌的知名度、美誉度、忠诚度、品牌联想等的建设视而不见，最终导致品牌的崩溃。为了达到扩大销量的目的而经常性地进行促销活动，我们认为是对酒店品牌的贬值。经常性的促销会给人价格不真实的感觉，消费者更愿意等到促销时才去购买，一些忠诚的消费者也会因为感到"受欺骗"而离去。综观一些成功的酒店品牌，不仅注重销量，更注重建立一个永续经营的品牌，甚至在某些时候，销量是次要的，品牌的建立才是最重要的。

2. 误区之二：做品牌就是做名牌

很多酒店认为名牌就是品牌，甚至将名牌作为酒店发展战略的最高目标，而对于品牌的正确认识，却一直处于"雾里看花，水中望月"的阶段。那么，名牌和品牌的区别究竟在哪里呢？首先，名牌仅仅是一个高知名度的品牌名，品牌包括更多的内容，知名度仅仅是品牌的一个方面。品牌是一个综合、复杂的概念，相对名牌具有更深层的内涵和价值。其次，从创建的过程上来讲，名牌可以通过高额广告费造就，只要不断叫卖就可以形成；而要建立一个品牌，则是一个复杂而又浩大的工程，包括品牌的整体战略规划、视觉形象设计、核心理念确定、品牌符号运用、品牌场景设计、广告调性设计等一系列的工作，并且，品牌的建设并不是一个短期的工程，它需要品牌管理者长年累月、战战兢兢地小心经营。每一次的产品推广、广告运作，无不凝聚着品牌管理者的心血和汗水。一个名牌或许一次广告运作就可以达到，而一个强势品牌的树立却是漫长岁月考验的结晶。最后，从它们各自发挥的作用来讲，品牌比名牌的力量更强大、时间更持久、效果更明显。单纯的知名度除了能在短期内促进销售外，并不能对酒店的长期利益做出更多的贡献。人们更换品牌越来越多地取决于精神感受，真正的品牌被赋予了一种象征意义，能够向消费者传递一种生活方式，强势品牌最终可以影响人们的生活态度和观点，从而为企业带来长久的效益。而国内许多所谓"名牌酒店"，一味地追求高知名度和曝光率，最终却未能获得品牌应该具有的附加价值。

（四）酒店品牌营销的作用

由于品牌能够在消费者身上产生上述种种功能，因而在酒店营销的过程中，品牌营销占有举足轻重的地位与作用。通过品牌营销，酒店可以达到如下目的：

1. 通过品牌效应，获得产品溢价

与非知名品牌相比，如果一家酒店品牌形象突出，则酒店可能通过品牌效应获得更高的售价，因为顾客对于品牌酒店提供的产品更加信任，且认为该品牌会向他们提供比一般酒店更超值的产品与服务，其在品牌酒店获得的价值与利益更丰厚，因此，他们愿意支付比一般酒店更高的价格来购买品牌酒店的产品与服务，从而使得酒店获得更高的利润率。

2. 通过品牌功能，培养忠诚顾客

品牌为消费者所接受，绝非一朝一夕的事情。这种接受是建立在诚信、情感、理智和癖好的基础上的，如果没有致命的或是经常性的挫败，如果没有其他强有力的品牌的诱惑，消费者是不会轻易地抛弃自己所喜爱的品牌的。通过品牌营销，酒店会令目标顾客产生"产品是为我而设计"的感觉，使顾客对于自己的品牌产生价值认同感，从而产生强烈的归属感，进而产生重复购买行为，最终成为酒店的忠实顾客。这些忠实顾客不仅会自己再次消费购买该品牌酒店的产品与服务，还会向他人推荐该品牌，最终为酒店带来丰厚的利润，并且降低酒店的营销成本。

3. 通过品牌的排他性，在市场竞争中巩固自己的市场地位

品牌具有排他性，品牌一经注册，其他企业就不得使用该品牌，竞争者可能会模仿酒店的产品或者服务，但却无法使用别家酒店的品牌，品牌一旦建立良好的信誉，在经营过程中就会形成消费者的品牌忠诚度，其他企业也就无法模仿跟进，更加难以逾越，这就对其他企业造成了一定的排斥效应。谁树立了强势品牌，谁就掌握了未来市场竞争的主动权。在产品同质化的今天，一个深入人心的

品牌常常是酒店最有力的竞争武器，品牌竞争力是形成并实现企业可持续增长的动力源泉。

4. 通过品牌扩张，实现酒店集团化经营及营销的规模经济效应

纵观世界著名酒店集团的发展历程，品牌是酒店集团扩张所仰仗的重要工具，是其迅速成长为国际酒店市场中不容忽视的力量的重要途径。借助品牌，酒店集团能够以较低的成本实现业务的扩张，因为酒店之间的生产经营模式、管理手段、设施设备等诸多方面具有相似性，酒店集团能够使旗下酒店在营销网络、信息、人才、品牌等方面达到资源共享，以实现资源的高效配置，降低生产成本。另外，设施设备、原材料的集中采购可以使酒店集团从供货商获得更多的优惠和折扣，从而节约了采购成本。品牌扩张带来的规模经济能够增强酒店集团的实力，提高其在产业中的市场地位，增强其与上下游企业讨价还价的能力，提高产出效益。因此，品牌扩张有利于酒店集团实现最大效益。

（五）酒店品牌营销的战略类型

酒店企业在决定品牌营销模式的战略选择时，主要有四种类型即多品牌营销战略、单一品牌营销战略、连锁品牌营销战略以及企业名称与个别品牌并用战略，它们分别具有自身的优缺点和不同的适用条件。

1. 多品牌营销战略

即酒店企业根据产品性质和选择目标市场的不同，对不同的产品或不同的目标市场采用不同的品牌。当企业的产品用途或功能差别非常大时，就可以使用多品牌推向不同的目标市场。采用多品牌名称战略，它没有将企业的声誉系在某一品牌名的成败之上。假如某一品牌的产品失败或出现了低质情况，不会损害其他企业或产品的声誉。多品牌营销战略可以使企业为每一个新产品或企业寻找最佳名称。一个新的品牌名可以造就新的刺激、建立新的信念。这种品牌策略可以较好地解决不同目标市场品牌形象的混淆问题，各个品牌互相独立、互不影响，但是加大了企业的广告宣传费用。例如，马里奥特国际公司向不同的细分市场推出了 10 个品牌，马里奥特庭院酒店、定居旅店、仙境旅馆、复兴酒店集团、利卡斯尔顿酒店公司、宙马达国际、费尔菲尔德旅馆及套房、新世界酒店集团、度假俱乐部国际、汤尼波宙斯套房。

我国的酒店由于在资金、品牌命名等方面较为薄弱，在实行多品牌营销战略上不是非常的成功。锦江集团作为中国最大的酒店集团，虽然进入世界 300 强，但它下属的中高档酒店，却难以从命名上辨出"锦江"品牌。实际上，北京的"昆仑"、山东的"中豪"、石南的"锦华"、唐山的"贵宾楼"，乃至锦江总部所在地上海的"和平"、"金门"、"国际"等诸多酒店都是锦江品牌。但在市场形象上，在一般顾客脑海中，有多少人能知其中的品牌纽带呢？大集团尚未做到，我国其他酒店集团就更谈不上采用这种品牌营销战略类型了。

2. 单一品牌营销战略（统一品牌）

即酒店企业（公司）使用一个统一的品牌，将它用在其他新建的企业或产品上面，这种品牌营销战略可以节省广告宣传费用。但是如果扩展的企业产品很多，功能、用途区别较大，在使用这种品牌决策时就不太合适。品牌延伸要比创立一个新品牌所花费用少得多，因为它不需要进行品牌名称的调查工作，或不需要为建立品牌名称认知和偏好做大量的广告，而被即刻地认知和较容易地接受。但是新延伸的酒店企业或产品可能使买者失望并损坏公司的信任度，品牌名称滥用会失去它在消费者心目中的特定定位。因此，酒店企业在采用单一品牌营销战略时要严格把握质量关。世界著名的凯悦集团、假日集团都是采用这种品牌营销战略决策的。由于我国目前国际名牌酒店较少，知名度不是很高，像上海锦江、广州白天鹅等酒店可采用这种战略，等到具有一定的知名度和美誉度后，再使用多品牌营销战略，才不会造成品牌形象的混乱和模糊。

3. 连锁品牌营销战略

通过特许、联营、合作经营等方式，在不同地区开设许多分支酒店企业，以统一品牌对外宣传，树立品牌形象。

"锦江之星"连锁店在我国是一个创举，该连锁店有四个统一，即建筑物规格统一、品牌统一、管理系统统一、形象标识统一。在经营管理上对服务标准、培训等方面实行一个模式。"锦江之星"旅馆分布在国内多个城市，如上海、宁波、苏州等。为了方便顾客，锦江之星旅馆实行连锁经营和异地订房，并备有飞机、火车、轮船票务代理等服务。

"锦江之星"今后发展的一个重要策略是有选择地吸收一部分加盟店，同时按照"锦江之星"旅馆统一格局进行改造，然后打造"锦江之星"的品牌，将其纳入统一的管理系统。这样，不仅大大缩短了建设周期，又通过收取牌誉费、管理费等迅速回笼资金，用于开发新的项目，同时也扩大了规模，发挥了品牌效应。国内一些经营不善的酒店，特别是三星级酒店，由于本身具备良好的条件，可以通过特许联营或合作的形式加入一些著名的国际或国内酒店，从而一方面扩大其知名度，另一方面提高其自身的经营管理水平和服务质量。

4. 企业名称与个别品牌并用战略

在酒店企业牌子与产品品牌相统一的过程中，品牌始终是酒店企业品牌营销战略的切入点和基础，即实施的是以品牌为中心的企业发展战略。目前，我国大多数酒店都采用"地名+酒店（酒店）"这个牌子，造成企业品牌命名的统一性或重复性；另外，一旦一些酒店企业具有一定的知名度后，会引来同行竞相效仿，造成品牌的混乱和企业品牌形象的模糊。而企业名称与个别品牌并用，不仅能使酒店品牌更确切地表达产品特征，更有助于品牌的知晓、品牌联想、质量感知乃至形成品牌忠诚度。例如，国际著名的万豪集团旗下有三个广为人知、名实相符的品牌，即万豪庭园、万豪旅店、万豪费尔菲德。

总之，与国际上先进的酒店管理经验相比，我国酒店管理的经验相对比较缺乏，尤其是在品牌的重视以及营销力度等方面。随着市场经济的深入发展以及在国外酒店纷纷进驻我国市场的背景下，我国酒店应该重视品牌营销的作用，从而实现跨越式发展。

三、酒店品牌营销的关键要素

每一个酒店都希望拥有一个知名的品牌或者是品牌系列，但是并不知道自己的品牌价值到底由哪些关键因素构成。借鉴成功酒店的品牌营销，可以得出酒店品牌营销的关键因素：

（一）个性要素——"独特简约，富有情趣"

具有个性化的产品和服务是酒店进行品牌营销的重要因素。由于酒店产品与人相关联，其品牌所包含的东西不像一般产品那么物质、生硬和呆板，酒店产品在个性化过程中既需要简约又鲜活，又需要更加有趣味。如希尔顿酒店的"快"，喜来登酒店的"值"，曼谷东方大酒店的"情"，假日酒店的"暖"，其品牌个性都十分简约。

又如在某酒店前厅服务产品中，有一项"信函"问候服务，当一位 1 年前入住该酒店的客人，1 年之后在异地接到该酒店的一封生日祝福函，并期盼他再次入住，你可以想象出客人是怀着怎样激动的心情向其朋友、同事描述酒店形象的情形。"一封信函"很简约，真情问候又很独特——这就是酒店的品牌特征。再如，某中国酒店住进一对来自英国的夫妇，员工通过交流知悉隔天是他们夫妇周年结婚纪念日，便精心布置了一个中国式的新婚"洞房"，当这对夫妇外出回来步入房间时，一阵喜气洋洋的鞭炮声和一曲悠扬的《婚礼进行曲》从录音机里传来，接着，满天的彩纸纷纷落下，一群笑容满面的员工从房间里蹦出。卧室里装饰着五彩缤纷的彩带和鲜红跳跃的大红"囍"字，床上铺着温馨浪漫的五彩鸳鸯戏水红锦缎床罩，西餐厅员工推出雕有三十朵玫瑰花的心形蛋糕，他们夫妇按中国传统喝下了甜蜜的交杯酒，这是一场多么浪漫而又出乎客人意料的场景。类似的服务产品不胜枚举，酒店产品的这些情趣是其他类别产品无法复制的。

（二）价值要素——"持续统一，提炼差异"

酒店产品的独树一帜是因为酒店产品富有情趣，而这些情趣来自于"人"——员工的人性化服务，在于服务理念的引导和坚守，而不是单纯凭借企业的资金投入。因"贵在坚持"，才能达到产品品位的持续统一，因此持续性成为酒店品牌特征的必要构件。酒店只有在实践操作中，对产品进行归纳总结，提炼产品的精华，保持"与众不同"的服务特色，才有品牌的独特形象。

例如，曼谷东方大酒店在客房服务中加进"想客人之所想"的服务理念，见到身形高大的客人入住时，主动更换大号拖鞋和特大浴巾；见到客人有较多访客时，就会主动询问客人是否需要加椅、加杯、加茶叶；见到客人是一位基督教徒时，就会主动询问客人是否需要一本《圣经》……这些"想客人之所想"的服务不一而足，让酒店品牌真正体现出"周到服务，物有所值"。又如在服务中加进"想客人之未想"的服务理念，就会在见到客人喝醉酒时，主动送上热毛巾和茶水，帮客人将枕头适当垫高，将垃圾桶置于其身旁，同时汇报主管，留意客情；见到客人的皮鞋被雨淋湿时，就会主动取至工作间，用电风筒吹干，再擦亮后送回房间；见到客人房间内放着几服中草药时，就会主动询问客人，是否需要代为煎药……这些"想客人之未想"在于酒店服务理念的"超常服务"，给客人以"物超所值"的感受。再如酒店把"想客人之专想"加入服务理念时，当观察到客人惯用左手时，每次该客入入住，都主动按照客人习惯将房间物品摆放向左移，如"夜床"开在床的左侧，遥控器搁在电视机的左侧，卫生间物品盘、皂碟等摆在云石台的左侧；当获悉某位客人得到荣誉或荣升到较高职位时，员工就主动送上一束鲜花、一篮水果、一张贺卡，或在客人归来之际，众员工向其祝贺并举办一个小小的"庆功宴"。这些是"想客人之专想"的服务，让客人惊喜、感动。这些酒店品牌内涵中的有差异性的服务产品，让其他同行竞争对手无法在短时间内仿制。即使是同一服务产品，虽服务内容和服务规范相同，而服务的人——员工和服务对象——顾客又是不可能完全相对称的，那么这种服务产品依然有很明显的差异性特征。

（三）美誉要素——"大做文章，延伸影响"

当酒店的品牌有了美誉度，就要借高星级酒店的势，扩大经营范围，创收更大收益。如大连瑞诗酒店手工月饼"和瑞"品牌和瑞诗酒店 LA CUVEE DU CHATEAU 红酒品牌都为酒店的总体营业额及酒店知名度做出了巨大贡献。不言而喻，如果这两个品牌不借助五星级酒店的形象和影响，不依靠酒店的优质服务和良好口碑作为营销平台去操作是不可能产生如此巨大经济效益的，这也是一般市场上其他企业的品牌无法借势之处。酒店有了品牌的美誉度，就可以乘势创造其他产品的竞争优势，你可以据此把会议产品做成品牌，塑造酒店在本地的"会议专业户"形象，在会议服务中推行"贴心会议助理"产品，占据当地会议市场的一大份额；也可以凭借酒店品牌的美誉度，打造"婚宴专业户"的综合餐饮产品，让办喜宴的客人在酒店客房布置一新的"洞房"里，在喝喜酒的欢歌笑语中，在高雅的厅堂上，在彬彬有礼的靓丽员工的服务下，既享用了美味佳肴，又感受到"选中一次，回味一生"的新婚喜宴的难忘气氛。在此，酒店品牌美誉度可以借势造势的市场价值彰显无遗。

（四）忠诚要素——"内外兼顾，价值提升"

卡尔顿的价值观信条是，"要照顾好客人，首先必须照顾好那些照顾客人的人"。所以，要让品牌有顾客忠诚度，就既要重视外部顾客的满意度，也要重视酒店员工的满意度。品牌的忠诚度是由顾客的满意度支撑的。顾客满意既有外部顾客的满意，也必须有内部顾客——员工的满意。从某种意义上说，内部顾客满意是品牌达到顾客满意的第一步，也是外部顾客满意之本，员工在经营中的参与度和他们的积极性很大程度上影响着顾客的满意度。一些跨国公司在他们对顾客服务的研究中，清楚发现员工满意度与企业利润之间是一个价值链关系：价值是由满意、忠诚和有效率的员工创造的。当员工的满意度达到85%时，企业的外部顾客满意度高达95%。员工是酒店的有形资产最有价值的组成部分，他们既是酒店产品的生产者和创造者，也是酒店产品的营销员，一支专业技能与职业精神双全的员工队伍，不仅一次又一次地让客人感到酒店的温馨、关怀和尊重，而且还一天又一天地延续着让客人"感动"和"回头"的真诚服务故事的传播，为酒店创造源源不断的收入。

客人的满意更是让酒店的经营和市场立足有一个坚实的基础。忠诚顾客也是酒店的无形资产最有价值的组成部分，忠诚顾客不比门前客，门前客仅仅给酒店带来一天的收入，而忠诚顾客会给酒店带来数十天、几百天甚至终身的房租收入，因此，忠诚顾客是酒店资产保值和增值的一笔宝贵的无形资产。这些忠诚顾客还是酒店最好的营销员，他们会将自己住店获得的良好感觉，主动向朋友、同事推荐，让酒店在市场形成良好的口碑；忠诚顾客又是酒店服务质量的义务监督员，他们让酒店时时刻刻保持在一种无形而实际存在的服务质量监控环境之中。这种无形的监控不管是批评还是表扬，都要比酒店内部设置的或酒店管理公司1年有限的几次服务质量监控、检查、评比要真实得多，有效得多。我们无法想象，假如酒店没有客人的监督，这个酒店要怎样做才能保持其应有的服务管理水平。因此，忠诚顾客包括忠诚客人和忠诚员工是酒店的无形和有形资产的重要构件，他们的满意度的提高，也让酒店无形资产和有形资产增值度提高。

（五）联想要素——"发起联想，制造故事"

酒店的品牌有了市场的美誉度和顾客的忠诚度之后，就要不断地"制造故事"，让顾客对酒店的产品产生联想度，把员工对顾客服务的优秀案例不断归纳、整理，就是一个又一个的故事，当这些故事在顾客中不断传播，就是最好的营销，也就是最好的口碑。

例如，北京某经济型酒店服务中有这样的事例："一对夫妇带着他们6个月大的女儿来北京旅行。当他们入住该酒店时，酒店给予了他们热烈的欢迎。由于这家人不习惯北京的干燥气候，酒店在他们的房间中特意安放了一个加湿器。然而，他们一抵达北京，婴儿的脖子和身上就出现了皮疹。客房服务员主动帮助他们找到附近的儿科医院。而且，客房服务员知道在没有排号通知书的情况下，在工作日中获得一份预约极为困难，因此，她在工作职责之外，深夜两点起床亲自前往医院排队逾 6 个小时，帮助顾客挂了一个号。孩子的父母眼含泪水，被客房服务员付出的努力感动了……这是他们第一次入住这个品牌的酒店，但可以肯定的是这绝不是他们的最后一次入住。"这样一个精彩的故事，让该酒店的名声在顾客心中拥有了它独有的神奇魅力。品牌的"联想性"让酒店客人产生了回味的空间。

（六）扩张要素——"可持续发展动力"

品牌的扩张度主要是品牌的延伸。品牌扩张和延伸已是大势所趋。越来越多的酒店发展到一定程度，在品牌有了市场的知名度、美誉度之后，要有可持续发展的动力，必定是打入新市场。这时，酒店开发利用已有的优势品牌，而不是开创新品牌，就成为酒店管理者一种明智的选择。国际上知名酒店管理公司进入中国的战略莫不如此。所以很多有识之士会说出"一流企业卖品牌，二流企业卖技术，三流企业卖产品"的戏说之言。品牌成为企业扩张的最有市场价值的商品。

品牌的延伸，一是为了扩大市场覆盖面，占领更多的细分市场。一个知名酒店随着竞争对手的加入和竞争加剧，在当地市场份额一般会缩小，要保持市场份额并有所增长，对市场进行细分是必不可少的。你可以从餐饮中细分出"散客餐"、"婚宴餐"、"会议餐"、"团队餐"和"特色餐饮"，也可以从一般的客房服务，细分到"散客房"、"团队房"、"会议住房"和"公寓住房"，一般而言，正如企业只有做强才能做大一样，产品只有做细才能做精，只有做专才能做透，产品和市场一旦细分，就有可能从细分中提炼出更有特色、更有规则、更能打动顾客的元素，这样才能扩大市场覆盖面，占领更多的细分市场。

品牌的延伸，二是为了防止顾客的流失。不同时期和不同心境的顾客对品牌内涵的需求也不尽相同。"喜新厌旧"是一般顾客的心态。如果酒店品牌的内涵不随着环境变化而丰富创新，则原有顾客就会流失，而酒店通过品牌延伸后能提供更丰富内容的产品，一个本想转移的顾客发现品牌的延伸产品能满足需要，可能就不再流失。

品牌的延伸，三是业务发展战略的重组、调整或扩张的需要。一个知名酒店通过品牌的扩张，会接管其他的酒店，通过品牌去复制更多的接管酒店，逐步构建以知名品牌为管理模式的酒店管理公司，这在国内外酒店市场的发展史上莫不如此，通过品牌的战略扩张，不单为知名品牌创造更多的价值，开拓更大的发展空间，寻觅到知名品牌的价值实现的领地，而且大大地改善和调整了品牌酒店内部的人力资源结构，激活了店内人力资源的活力，为主事人和其带领的管理团队注入无可替代的发展动力，为知名品牌酒店内部的人才资源打造出一个"实现自我"的宏大平台。这也可以说是品牌战略的终极目标，是每一知名品牌拥有者梦寐以求的愿景。

四、我国酒店品牌营销现状

（一）酒店品牌文化内涵尚待丰富

国外知名酒店品牌都有其深刻的品牌文化内涵，这是酒店品牌树立能为顾客有效感知的独特品牌形象的根基。而国内酒店还存在着"有品牌，无文化"的现象，即有些酒店只是创建了品牌的名称、标识等，没有确定品牌的文化基础，品牌缺乏文化来统一，由此带来的问题还有品牌理念的缺失，使得品牌无法将自己的精神诉求传递到顾客的认知中去。

1. 酒店品牌缺乏顾客能够深层感知的文化内涵

文化内涵是品牌的灵魂，而国内酒店经营者的品牌意识淡薄，只注重品牌硬件建设，而忽视软件改造，不关注品牌建设，忽视品牌形象在顾客感知中的作用机制，品牌定位不准，盲目模仿，缺乏品牌个性和品牌活力，这样就不能展现酒店的个性和文化内涵。

2. 品牌定位不明确导致品牌形象混乱和失去顾客忠诚

目前，国内单体酒店将酒店形象等同于酒店品牌形象，在目标市场上造成形象混乱的局面，酒店形象甚至和品牌形象不一致，造成顾客认知混乱，不利于酒店统一的品牌形象的树立。酒店品牌定位不明确会导致目标市场上品牌形象的混乱。一家五星级酒店为了弥补淡季的损失，决定降价到三星级酒店的水平以招揽顾客，其结果就是原有的高端市场会远离这个定位不够明晰的品牌。酒店失去自己原有的忠实顾客群，获得的是短期的利润和极不稳定的顾客。这样一来，酒店品牌就面临着消亡的风险。

（二）酒店企业品牌系统规划有待加强

品牌形象缺乏系统的发展规划，根源是酒店品牌的核心价值不清晰，趋于雷同，面对细分不同的目标市场，酒店不能通过品牌形象的分层次塑造突出自身吸引顾客的根本所在。

1. 酒店品牌层次单一

随着规模的扩张，酒店不是进行合理的品牌延伸，而是一直运用单个的酒店品牌，甚至酒店企业形象和品牌形象混为一谈，酒店企业形象是由品牌形象、领导形象、员工形象构成的整体，品牌形象是顾客心中对酒店品牌的感知，是酒店与顾客间的心理对话，目前许多酒店品牌用企业形象代替品牌形象，错误地认为酒店本身形象就是品牌形象，品牌层次单一导致的品牌延伸失败、品牌失去个性、品牌无法留住顾客的现象较为严重。这种情况在多元化的集团酒店中较为严重。用集团的名称直接输入到下属酒店的名称中，没有明确的酒店品牌意识，就会忽略品牌形象发展的方向性。

2. 品牌形象发展方向不明确

品牌形象应该有合理规划的发展方向，向新的领域扩展时，形象担任着博得顾客首次感知，塑造鲜明品牌个性的重任。而现有的酒店品牌形象发展方向不明晰，向高端市场输出的是原有的低端形象，严重影响了酒店的扩张速度。酒店品牌形象缺乏系统的发展规划。酒店品牌概念不清晰，在酒店业市场竞争中，品牌形象发展方向不明会导致酒店失去潜在的顾客市场，顾客感知到品牌形象与期望的自身形象不符，顾客对品牌走向何方不明确，这增大了顾客对未来的感知风险，为消除这种不确定性，减少心理上的感知成本，顾客会放弃形象不明确的酒店品牌，转而投向酒店的竞争对手那里，酒店的顾客保持度下降，市场占有率降低。

（三）酒店品牌形象传递还需更加明朗化

酒店不重视发展品牌形象成为简化顾客比较选择竞争性服务产品的工具，品牌核心价值没有成为统率酒店营销活动的主体。在众多品牌模式类型中，如一品多牌、一牌多品、一牌一品、主副品牌、联合品牌、背书品牌与独立品牌、酒店总品牌与独立品牌等，酒店没有针对目标市场的情况来遴选出适合自己的品牌模式，酒店在做品牌形象传递时没有考虑到相应的品牌模式和自身品牌核心价值定位的统一与坚持。

1. 不同品牌模式下品牌形象传递模式不一致

酒店的品牌模式分为三种："原创"模式、"贴牌"模式和"并购"模式。不同的品牌模式要求不同的品牌形象传递模式。但目前酒店没有按照自身品牌的模式来选择相对应的品牌形象传递模式，在"原创"模式下引进外来品牌，希望吸引到外来品牌的目标市场感知，原创品牌甚至与外来品牌相冲突，不但丧失了原创品牌的独特性，也无法将原创品牌形象加以有效地推广；在"贴牌"模式下失去了创造自身特色品牌的定位，品牌形象的传递始终为大的酒店品牌服务，不断拓展的是竞争对手的市场，无法培育起属于自身品牌的忠诚顾客；在"并购"模式下，酒店品牌热衷于兼并别的品牌，直接拿来所用，在不了解品牌内涵的情况下，品牌容易失去可持续发展的动力，可能导致品牌形象的最终发展方向不明确。

2. 品牌形象传递过程失误

洲际集团在面对高端商务市场时，推出的酒店品牌有 Crown Plaza、Holiday

Inn, 同一类市场两种品牌形象, Crown Plaza 的品牌形象是"商务是在度假中完成的", Holiday Inn 的品牌形象则是"完全的度假天堂", 品牌形象传递极其明朗, 实现了核心价值定位与品牌形象的完美结合。但国内有些一品多牌的酒店则没有如此明晰的品牌形象, 不同的品牌甚至互相争抢客源, 向不同的客源市场传递相同的品牌理念, 顾客感知的品牌形象雷同, 根本原因还是忽略了顾客与酒店品牌形象的心理作用机制。我国酒店普遍缺乏母品牌形象塑造的经验, 存在的问题是品牌形象单一无法延伸, 品牌内涵单调, 无法有效传递给多个顾客市场, 子品牌没有把母品牌形象统一到品牌的传递过程中去。

（四）酒店品牌形象服务承诺过度

由于酒店业的竞争加剧, 各大品牌尤其是品牌定位类似的酒店品牌之间的扩大新业务、争取新客源和赢得竞争方面压力重重, 因此酒店在其销售、广告和其他营销沟通中经常过度承诺。整个酒店行业中普遍存在这种情况时, 酒店品牌选择过度承诺的倾向力就大。顾客期望分为现实期望和非现实期望, 现实期望是酒店应该并有能力满足的期望, 非现实期望除了顾客本身的过分想象外, 就是由酒店不切实际的宣传和过度的承诺造成的。酒店承诺过度导致顾客产生过高期望甚至非现实期望, 无论服务质量如何提高, 顾客期望与实际感知之间的缺口反而扩大, 酒店就会陷入被动境地。目前酒店为争取新客源拓展新品牌, 滥用企业可控制因素, 像价格、广告促销、形象等进行虚高承诺, 透支实际的服务能力, 造成顾客期望感知和实际感知之间严重不符, 感知质量下降, 招致顾客不满甚至投诉, 导致品牌在顾客心中的形象受到颠覆和破坏。

五、酒店品牌营销实施策略

（一）酒店品牌的建设途径

美国学者凯文·莱恩·凯勒（Kevin Lane Keller）曾经提出 CBBE 模型（Customer – Based Brand Equity）, 即基于消费者的品牌价值模型为自主品牌建设提供了关键途径。这是目前国际上较为流行的品牌管理模型。在这个模型中要求各个要素的设计力求全面、相互关联和具有可行性。CBBE 模型的前提是品牌力存在于消费者对于品牌的知识、感觉和体验, 也就是说品牌力是一个品牌随着时间的推移存在于消费者心目中的所有体验的总和（见图 5 –1）。

根据 CBBE 模型, 构建一个强势的酒店品牌需要进行四个步骤的工作:

1. 构建清晰的自主品牌标识, 提高酒店品牌显著性

在这个步骤中, 自主品牌酒店可以根据其民族特性进行有效宣传, 提高其品牌知晓度; 设计体现自身特征、有别于外国品牌的标识体系, 并将之贯穿于企业的一切酒店营销活动中。

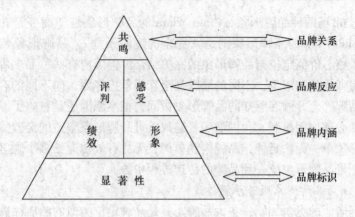

图 5 - 1   CBBE 模型金字塔

2. 创造独特的酒店品牌内涵

开发强势的受消费者喜爱的品牌：品牌酒店可以充分挖掘其产品和服务的特征，并将之联系于自主开发、拥有自主知识产权等一切让消费者引以为豪的品牌内涵；同时，将酒店品牌展示于消费者时，激发潜在消费者购买和喜爱酒店品牌产品。

3. 引导正面的酒店品牌反应，促进消费者正面评判和品牌感知

在这个过程中，酒店品牌应针对品质、可信度等关键评判要素和热情、社会认同、自尊等关键的感觉要素，让消费者对于酒店品牌以发展的眼光进行评价，全面展示酒店品牌在与其他品牌竞争中不断提升壮大的事实，并辅以国际化经营等重大事件进行宣传。营造正面评价的氛围，促进消费者对于酒店品牌的正面感知。

4. 建立消费者—酒店品牌共鸣关系

这个步骤意味着要培育较高的品牌忠诚度。酒店品牌在其构成要素中有一个独特的优势，即品牌能够较好地激发消费者的情感，因此酒店在建立基于消费者的品牌关系时，应着重于将品牌的发展壮大与消费者情感联系起来，加强企业与消费者之间的沟通，从而培育酒店品牌忠诚度。

通过上述工作，酒店品牌将最终赢得消费者共鸣，培养壮大酒店品牌的消费群体，提高顾客忠诚度，提升自身的品牌形象，构建成强势品牌，上述步骤可以用图 5 - 2 表示。

酒店进行各项品牌营销工作的目的就是设法保证消费者对于品牌具有与其产品和服务特质相适应的体验，对于营销行为持正面和积极的态度，以及对品牌形象具有正面的评价。

图5-2 酒店品牌构建的过程

（二）酒店品牌营销的手段

1. 形象制胜策略

形象制胜策略指通过企业形象设计来提高酒店品牌的认知度和美誉度，树立酒店鲜明、独特和持久的品牌形象。在品牌设计上，酒店的名称标记等都应精心设计、易读易记，并注重品牌的文化内涵的建设。酒店还应着力于企业文化建设，要努力落实以人为本的管理理念，真正做到员工第一、顾客至上，努力缩短顾客与酒店之间的心理距离，将酒店品牌所蕴含的文化内涵与实际结合起来。

2. 产品创新策略

产品创新策略指根据市场需求和消费者的喜好来进行产品和服务的创新改造。产品创新策略应结合酒店产品具有的服务无形性的特点，着力从产品的内容、产品的表现形式、产品的功能等方面进行创新，要根据市场需求进行新产品的策划，并通过对酒店员工进行培训，提高员工的服务技能，从而增加酒店产品的价值。

服务质量是酒店品牌的基础。要提高服务质量，就必须实施服务创新。随着经济的发展和消费行为的成熟，酒店不能再将理想的服务模式定位在规范化服务这一起点上。应在此基础上通过"量体裁衣"的方式，为每一位消费者提供最能满足其个性需求的产品或服务，即定制化服务。

3. 强强联合策略

强强联合策略指酒店应通过资源共享、市场共推和企业联盟等方式来共同进行酒店的品牌营销。同时，可以通过联合组建酒店集团或者通过各种合作使自己迅速强大起来，从而增加酒店品牌的知名度，扩大酒店的市场份额。由于酒店品牌必须由酒店的服务和产品作支撑，因此，酒店在打造品牌、进行品牌营销的同时，也应不忘提升酒店自身的产品和服务质量，使酒店品牌名副其实。

4. 渠道拓展策略

酒店品牌营销的一般途径是通过电视广播、报纸杂志以及网络媒体等进行品牌的宣传和推广。渠道拓展策略则指酒店在利用原有营销手段的基础上，积极地拓展营销途径和创新营销手段，如采用事件营销、借力营销、话题营销、危机营销等，通过创新营销方式来进行造势和宣传，引起广大公众的注意力，从而达到酒店品牌营销的目的。需要注意的一点是，无论运用何种渠道来进行酒店品牌的营销，都应立足于酒店自身的特点和产品特色，不能与之发生背离。

5. 科技领先策略

科技领先策略即指通过使用各种经济手段和技术手段，构建强大的酒店品牌营销网络，进行酒店品牌的营销。与国外先进的科技相比，我国的酒店品牌营销则略显逊色，大多数的本土酒店至今仍然采用简单的市场营销方式。这也是我国酒店企业与国际酒店集团产生较大差距的重要原因之一。因此，掌握先进的品牌营销技术与实施科技领先策略是酒店品牌营销的一项重要策略。

6. 文化借力策略

文化借力策略指中国酒店要创建品牌，必须研究富有中国特色的文化，并将其作为主要的文化卖点之一来进行开发。酒店在经营过程中，应追求服务上的文化突破。美国的酒店以制度见长，欧洲的酒店以历史见长，而我国的酒店应利用中国文化中的情感取向，作为发展的突破口和品牌文化的主要卖点，并通过具体的服务体现出来，形成服务管理文化。管理上的中国情结也应构成品牌文化的主要内容。在管理中向传统文化"借力"，如"以仁治店"，在管理过程中注入更多的情感要素。

第六章　酒店文化营销策划管理

经济发展的深层次是文化，文化是根，经济是叶，根深才能叶茂。酒店市场未来的竞争就是文化的竞争，文化主题是决定酒店经营能否取得成功的有力保证。现代酒店竞争已逐步从产品价格竞争以及服务质量竞争过渡到文化竞争，越来越多的酒店将酒店文化的建设视为企业的生命线。21 世纪是文化营销的黄金时代，市场竞争的加剧和消费者需求的变化使得文化营销具有广阔的发展前景。对消费心理的研究表明，顾客作为社会个体，扮演着不同的社会角色，在一定文化影响下，他们会寻求特定的生活方式，确认对自身形象的认同。因此，消费的需求将向文化型消费转变。每一个个体的消费心理都体现了对文化的需求，这种消费心理决定了 21 世纪的营销重点是如何满足人们文化心理的需求，即酒店应该以何种文化作为营销手段去开拓市场。

一、企业文化与文化营销

（一）企业文化及其功能

1. 企业文化概念的提出

企业文化（Corporate Culture）是指一个组织由其价值观、信念、仪式、符号、处事方式等组成的其特有的文化形象。企业文化是企业个性意识及内涵的总称，其能以企业组织行为所体现。具体指企业全体员工在企业运行过程中所培育形成的、与企业组织行为相关联的、事实上成为全体员工主流意识而被共同遵守的最高目标、价值体系、基本信念及企业组织行为规范的总和。

事实上，企业文化的概念只是在近几十年才产生的，从企业文化的本质上来看，我们可以这样理解企业文化的含义：企业文化的实质就是企业的价值观，企业文化作为企业的上层建筑，是企业经营管理的灵魂，是一种无形的管理方式，同时，它又以观念的形式，从非计划、非理性的因素出发来调控企业或员工行为，使企业成员为实现企业目标自觉地组成团结互助的整体。根据企业文化的定义，我们可以知道企业文化的内容是十分广泛的，但其中最主要的内容包括经营哲学、价值观念、企业精神、企业道德、团体意识、企业形象、企业制度、企业文化的结构、企业使命等。

2. 企业文化的作用

（1）企业文化具有导向和约束功能。所谓导向功能就是通过企业文化对企业的领导者和职工起引导作用。企业文化的导向功能主要体现在经营哲学和价值观念的指导与企业目标的指引两个方面。企业文化的约束功能主要是通过完善管理制度和道德规范来实现。

（2）企业文化具有凝聚功能。企业文化以人为本，尊重人的感情，从而在企业中形成了一种团结友爱、相互信任的和睦气氛，强化了团体意识，使企业职工之间形成强大的凝聚力和向心力。共同的价值观念形成了共同的目标和理想，职工把企业看成是一个命运共同体，把本职工作看成是实现共同目标的重要组成部分，整个企业步调一致并形成统一的整体。

（3）企业文化具有激励功能。共同的价值观念使每个职工都感到自己的存在和行动的价值，自我价值的实现是人的最高精神需求的一种满足，这种满足必将形成强大的激励。在以人为本的企业文化氛围中，领导与职工、职工与职工之间互相关心、互相支持。特别是领导对职工的关心，职工会感到受人尊重，自然会振奋精神，努力工作。另外，企业精神和企业形象对企业职工有着极大的鼓舞作用，特别是企业文化建设取得成功，在社会上产生影响时，企业职工会产生强烈的荣誉感和自豪感，他们会加倍努力，用自己的实际行动去维护企业的荣誉和形象。

（4）企业文化具有调适功能。调适就是调整和适应。企业各部门之间、职工之间，由于各种原因难免会产生一些矛盾，解决这些矛盾需要各自进行自我调节；企业与环境、顾客、企业、国家、社会之间都会存在不协调、不适应之处，这也需要进行调整和适应。企业哲学和企业道德规范使经营者和普通员工能科学地处理这些矛盾，自觉地约束自己。完美的企业形象就是进行这些调节的结果。

（5）企业文化具有辐射功能。企业文化一旦形成较为固定的模式，它不仅会在企业内部发挥作用，对本企业员工产生影响，而且也会通过各种渠道（宣传、交往等）对社会产生影响。企业文化的传播对树立企业在公众中的形象很有帮助，优秀的企业文化对社会文化的发展也有很大的影响。

（二）文化营销的含义

1. 文化营销的概念

文化营销产生于文化经济学的研究背景下，诞生于营销理论的发展历史中，文化所涉及的价值观念、社会、思想、社会关系等因素在营销中的作用越来越大，分量越来越重。简单地说，文化营销就是利用文化力进行营销，是指企业营销人员及相关人员在企业核心价值观念的影响下所形成的营销理念，以及所塑造出的营销形象，两者在具体的市场运作过程中所形成的一种营销模式。文化营销把商品作为文化的载体，通过市场交换进入消费者的意识，它在一定程度上反映了消费者对物质和精神追求的各种文化要素。文化营销既包括浅层次的构思、设计、造型、装潢、包装、商标、广告、款式，又包含对营销活动的价值评判、审美评价和道德评价。

2. 文化营销与传统营销的区别

传统营销是以有形产品为直接营销对象的，主要是通过过硬的质量、外形、合理的价格、有力的渠道和无孔不入的促销手段来达成营销主体的销售目的，其中产品的质量是整个营销的基础，所以有人也称传统营销为物化营销。而文化营销则是以文化观念为基础的，它的实现方式主要是通过凝聚在有形产品中的文化信念来达到的。二者的区别主要体现在：

（1）侧重点不同。传统营销理论发展体系基本上是以有形产品为中心的，侧重于顾客对产品本身某些属性的认同，如方便性、经济实惠等；而文化营销则是有意识地通过发现、甄别、培养或创造受众的某种积极的文化心态来实现企业的经营目标（经济的目标、社会的目标、环境的目标），在这一过程中，强调的是顺应和创造某种积极的价值观或价值观的集合来满足受众的某种文化心态（见图6－1）。

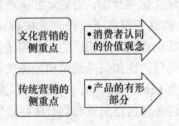

图6－1　文化营销与传统营销的侧重点

（2）关注的对象不同。传统营销关注客户对产品、服务等方面的满意度，实质是关注交易的盈利；文化营销关注的是与客户产生共同的期望与互动，并始终保持这种共同期望，以顺应和创造客户的某种文化需求。

（3）对沟通的重视不同。传统营销较少提出与客户的相互沟通；文化营销则高度重视与客户的相互沟通，并借此形成与客户价值观的共鸣。

（4）对文化的运用不同。传统营销只提出了文化适应的概念；文化营销则认为文化是客户的一种需求，是需要不断总结、满足和发掘的，文化营销是主动地使用文化策略。

（5）涉及的范围。传统营销的范围主要针对特定的细分市场，有非常明确的市场定位；文化营销不但将注意力集中在与自身有相当联系的利益群体中，而且扩大了营销的视野，将所有与企业产生互动关系的相关利益群体囊括在内。

3. 文化营销的特征

（1）时代性。文化营销作为一种价值性活动总是反映和渗透着时代精神，体现出时代的新思想与新观念。比如，"美国酒店业标准化之父"斯塔特勒提出"客人永远是对的"、塞萨·里兹提出"（员工）是为女士和绅士提供服务的女士和绅士"、凯蒙斯·威尔逊提出"把顾客当成朋友"而不是"顾客是上帝"等，每一个时代都有自己各时代的精神文化特征。文化营销只有不断适应时代的变化，汲取时代精神的精华，才能把握住社会需求的市场机会，也才能赢得消费者，否则就会被时代所淘汰。

（2）区域性。文化营销的区域性指在不同的地区国度因文化差异造成的营销对象、营销方式等的差别。它与民族、宗教、习俗、语言文字等因素有着深刻的关系。比如，东方人把红色作为喜庆色，结婚生子都要穿红衣服，用红被子，吃红鸡蛋，送红礼包；而在德国、瑞典，红色则被人们所讨厌。营销活动的这种区域性表明在营销活动中一定要考虑到区域文化特点，做好不同文化之间的沟通交流，消除障碍，才能实现文化的营销，否则就寸步难行。

（3）综合性。文化营销由于侧重于一种理念的构建，因而具有极大的综合性。一方面，文化营销对其他营销方式能产生强大的文化辐射力，从理念价值的角度提升其他营销方式的品位。比如关系营销中亲缘关系、地缘关系、文化习俗关系、业缘关系等的建立都跟"文化"有着深刻的联系，文化营销中的文化理念、文化资源等对处理上述多种营销关系都具有实际指导意义，有助于在文化这个深层次上建立起更稳固的关系。另一方面，文化营销又不断吸收、综合其他营销活动的思想精华保持其创新的活力。

（4）导向性。文化营销的导向表现为两个方面：一是用文化理念规范引导营销活动过程。从深层次上同社会以及消费者进行价值沟通。二是对某种消费观念和消费行为的引导，从而影响消费者改变其观念行为以及生活方式或生活习惯。

（5）个性化。文化营销的个性化指在开展文化营销活动中产品服务所形成的有助于品牌识别的文化个性。同样是香烟，万宝路表现出的是西部牛仔的豪放、粗悍；而沙龙透出的则是大自然中青山绿水的轻松闲适，主角也变成一群年轻漂亮的男男女女；三五牌则是与汽车拉力赛运动相联系，刻画的是体育运动的形象。

二、酒店文化营销的含义

（一）酒店文化营销的含义

文化营销的理论体系运用到酒店的实际经营中，成为酒店的核心理念，由此形成了酒店文化营销。所谓酒店文化营销是指酒店根据自身情况，发现、甄别、培养或创造某种积极的文化心态，在一定的文化理念基础上，有意识地把象征人们某种价值观念、审美情趣、行为取向的文化资源融入酒店的经营与销售中，以此契合受众的某种文化心态，甚至创造某种积极的文化，满足受众的某种心理体验、价值认同与社会识别等人文需要，从而在精神上打动受众，触发消费行为。酒店文化营销的实质是挖掘、顺应，甚至创造某种能够得到受众认可的积极的文化心态，通过一系列的经营与销售将这种积极的文化心态，传递给受众，得到受众群体的认可并产生共鸣，实现受众更高层次的满足感。

（二）酒店文化营销的构成

1. 酒店物质实体文化

从外观上来说，酒店建筑是酒店给人最直观的印象，是酒店企业文化的一部分。一个酒店往往是一个国家、地区或城市建筑的代表，这在一定程度上体现了当地旅游发展的水准。酒店通过建筑形式能够让客人感知酒店的文化背景、历史传统、民族思想感情和人文风貌。酒店在选择主题文化时必须吃透本民族、本地方历史文化的精髓，理解时代精神，挖掘自身市场定位和地理优势，从而进行富于个性的建筑设计装修，营造独特的文化氛围。让客人强烈感受到一种民族文化和地方色彩。在内部设计方面，强调意境、格调和气氛的渲染，通过艺术形式把文化意蕴和审美情趣融入其中，寄托感情志向，加深意境、烘托气氛。从酒店的大堂到客房、餐厅；从地板到墙壁、天花板……每一处细节都作精心的设计布局，让客人在酒店任何地方都能体验到酒店文化内涵。酒店还应当有一个鲜明的主题色彩，并体现在文化符号、建筑装饰等各方面。主题色彩与其他色彩的搭配也应自然、和谐。

2. 酒店制度文化

酒店制度和酒店的领导体制、组织机构共同构成酒店制度文化。酒店制度文化是酒店为实现目标给予员工行为一定方向、方式的具有适应性的文化，是酒店文化的重要组成部分，也是酒店精神文化的基础和载体。酒店的经营与管理需要用制度来维护与约束，员工行为也需要用制度来监督，将管理制度融入酒店文化中，并去传播和实践这种文化。酒店一旦选择了某种文化类型，那么它会在经营理念与经营思想上体现出来，也会间接地在制度上得以体现。

3. 酒店形象文化

主要包括视觉形象和行为形象。首先视觉形象主要包括店标与店徽、酒店建筑体、宣传用品、制服和广告等。在酒店视觉形象的营造中，不同档次、不同规模、不同星级的酒店要能体现自己酒店的特点，要简洁、温馨，有地方特色、民族特色以及文化气息。例如，在临川大酒店的客房中，在洗漱用品、生活用品、办公用品等很多物品上都标有酒店标志，这就在视觉上有了统一性，无形中又为酒店做了广告，使新老顾客都对酒店印象深刻。其次是行为形象。行为形象的表现：一是行为识别的统一性，即酒店的全体员工和各个部门所进行的各种活动都只有一个目的，就是塑造酒店良好的形象；二是指酒店行为识别的独立性，行为识别应体现出与其他酒店所不同的个性，这种独立于其他酒店的个性，恰恰是社会公众进行"识别"的基础。

（三）酒店文化营销的层次

尽管酒店文化营销具有很多方面的内容，但不同内容在具体实施过程中都具有以下三个层次：产品文化营销、品牌文化营销和企业文化营销。其中，产品文化营销是一种富含文化价值的物化营销；企业文化营销是一种文化价值观的营销；品牌营销则含有双重因素。三者在不同的文化营销模式中相辅相成，且都围绕着同一个文化主题，因此三者的有力结合将对酒店营销的整体形成有益影响（见图6-2）。

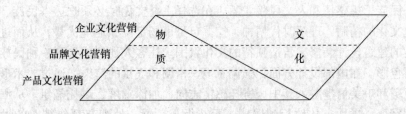

图6-2　酒店文化营销的层次

1. 酒店产品层次文化营销

产品文化是提供给市场的，在人们选取、使用或消费中满足人们某种欲望或需要的一切实体和价值观念的综合体现。产品文化营销是指在营销过程中更加注重产品文化的意义和作用，把人们的价值观、审美情趣、行为取向等文化内涵融入产品中，使产品成为文化的载体，以文化突出产品，以文化带动营销，它包括产品的设计、造型、生产、包装、使用等各个方面，是酒店文化营销的第一个层次。例如，餐厅中的各种食物本来是满足人们食欲和口感的东西，但是根据目标顾客的文化背景和企业的营销策略，将文化寓于食物的设计、生产、包装环节之中，从命名、选料、加工、切配造型、烹调到器皿的选择、装盘等都充分考虑文化的因素，以文化点缀和装饰产品，创造全方位、高品位的文化氛围，以增强产品的亲和力，提高顾客的满意程度。根据市场营销的"4Ps"理论，酒店产品文化营销又分为产品文化策略、促销文化策略、渠道文化策略和价格文化策略。

（1）产品文化策略。酒店的产品包括有形产品和无形产品。前者是酒店提供的建筑环境、功能设施、物品配件、餐饮食品等有形的物质产品，后者则是以有形产品为载体的服务。因此，在酒店的筹建之初就涉及了酒店的产品文化策略。酒店通过市场调查，发现、甄别或培养了某种符合受众需求的文化观念，并将这种文化观念融入酒店的筹建中去，在酒店的建筑、装修设计、功能设施的选择与布局中体现这种文化观念。而在之后的酒店产品设计与服务中更是融合了这种观念，以取得与顾客的"心灵共鸣"。

（2）促销文化策略。酒店产品的文化营销，除了产品的文化设计以外，更离不开产品的文化促销，而人们对促销方式偏爱的不同取决于不同的"文化情趣"。因此，酒店要在人员推销、广告宣传和营业推广等途径中渗透文化的内涵，以受众的"文化情趣"为背景，选择为受众所接受，并能诱导、吸引受众消费的促销方式和手段，将酒店的文化价值观念传递给受众。

（3）渠道文化策略。随着旅游市场国际化进程的加快，许多酒店都在借助批发商、零售商、代理商等营销机构和个人在营销信息上的优势，开展营销活动。然而国内、世界各地的分销商有着很大的区别，并且渠道之间的关系也反映着所属的不同文化价值观。酒店要以自身的文化内涵为主体，选择相符的营销机构，建立统一的文化价值观渗透体系，用共同的价值观约束和指导营销渠道内的各种关系。

（4）价格文化策略。酒店所提供的产品中既包括了使用价值，又包括了文化价值。酒店顾客购买的是整体消费利益。酒店的定价并不是简单意义上的成本、收益合算，而应以顾客的认知为基准，使定价与产品所满足的文化需求相一致。

2. 酒店品牌层次文化营销

酒店品牌是酒店产品文化的进一步发展，它体现了酒店文化的定位，是酒店文化特质在其中的沉积与概括，其本身也是一种文化。酒店的品牌文化包括了整个社会对品牌的信任和保护，包括了消费者的品牌消费行为，反映了消费者的价值选择，也包括了酒店创建品牌、经营品牌的行为。这种创建品牌的过程实质就是不断去积累品牌文化个性的过程。当品牌竞争在质量、价格、服务等物质要素上难以有突破之时，给品牌注入文化内涵，其身价就不仅是物质因素的总和，也不是原来意义上的竞争，而是一种更高层次的较量。

酒店的品牌文化营销是把酒店所定位的文化内涵融入品牌中去，并透过其文化力去赢得消费者和社会公众对其产品的认同感、亲和力，进而提升品牌形象，促进产品的销售。例如，世界最豪华酒店品牌——丽思·卡尔顿酒店将"美国特有的现代豪华环境和欧洲式的服务与饮食完美结合"的文化理念，蕴含在"丽思·卡尔顿"这一品牌中，表现了该品牌的文化含量，迎合了王公贵族、上流资产阶级、社会精英等豪华客人的文化心态。

酒店的品牌文化营销主要包含两个层面的内容：一是感观层面的品牌文化营销，是展现于顾客面前，看得见、摸得着的一些表层要素，如品牌的名称、品牌标志等；二是文化心理层面的品牌文化营销，是品牌表层要素中蕴含的该品牌独特的内层要素，如品牌的利益认知、情感属性、文化传统和个性形象等（见图6-3）。

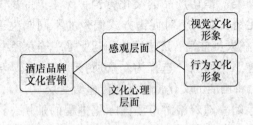

图6-3　酒店品牌文化营销

（1）感观层面的品牌文化营销。是指在酒店受众的文化审美情趣基础上，根据自己的文化特色，选择、设计并建立被顾客所接受，在视觉、行为等感观上与之能够产生文化共鸣的品牌形象。感观层面的品牌文化是视觉文化形象与行为文化形象的双重结合。

1）视觉文化形象。人们85%的信息是从视觉中获得的，因此在店徽、店标、酒店设计、装饰、主题色彩、员工服饰等方面，酒店都要营造出极具文化冲击力的品牌视觉效果。

2）行为文化形象。在行为上，任何一位员工的笑容、行为举止、问候语、主动积极的态度以及促销的行为方式，都应与酒店的文化风格相结合，并形成鲜明的品牌行为文化。

比如在古色古香的仿古客栈中，服务人员身着某个朝代的服饰，称呼客人不再是机械式的"先生/小姐您好"，而是自称"小二"，并且鞠躬作揖，叫客人为"客官"。这样的视觉文化与行为文化的完美结合，会使顾客在感观上对酒店形成强烈的品牌文化识别。

（2）文化心理层面的品牌文化营销。是指将一个富含文化的酒店品牌传递给顾客，给顾客一种精神感受，以唤起顾客心理上的认同，甚至成为一种象征，深入到顾客的心中。从香格里拉酒店集团的成功经验来看，就可以看出品牌文化营销在文化心理层面上的作用。毫不过誉，全世界所有酒店的名字中，香格里拉的取名是最具匠心、最有魅力的。"香格里拉"一词源于英国作家詹姆斯·希尔顿撰写的《消失的地平线》一书。传说它是喜马拉雅山脉中的一个人间天堂，在那块乐土上，到处都充满着和平、幸福、欢乐和永生的气氛，人们永葆青春，是一个人间的世外桃源。它曾在西方广为流传，几乎成为神秘东方的代名词。香格里拉国际酒店集团把"由体贴入微的员工提供的亚洲式接待"这一经营理念浓缩到"香格里拉"的品牌中，将这种品牌文化与酒店的服务相结合，推出"殷勤好客亚洲情"的行动计划，赋予了酒店新的文化含义，使酒店富含典雅、宁静、舒适和殷勤好客的亚洲文化韵味。香格里拉所演绎的品牌文化契合了每一个出门在外游客的心理需要，适应了人们在现实中对世外桃源的心理向往，也符合了西方客人对神秘东方文化的心理诉求，因而得到了客人的认可，进而也实现了今日的辉煌。

3. 酒店企业层面的文化营销

企业层面的文化营销是更深层次的酒店文化营销，是酒店依据自身特点，选择顾客所接受的核心价值观作为酒店立业之本，构建酒店的企业文化体系，通过恰当的营销方式与顾客进行价值沟通，以达到顾客对整个酒店包括其产品的价值认同，实现良好的社会和经济效益。

企业文化营销主要包括两个方面的内容：

（1）企业文化的构建。企业文化是企业文化营销的根本，是企业文化营销得以强化和推广的基础。酒店应根据自身特点，选择顾客所接受的核心价值观，并把这种核心价值观贯穿于酒店的经营理念、规章制度、员工守则等各个内部环节，进而形成酒店的文化体系。

（2）企业文化的营销。企业文化的观念或要素必须融入员工的思想中，并通过介绍、宣传、与顾客的价值沟通和反馈等各种外部环节，准确地传播给社会公众，以此获得顾客的价值认同和共振，实现酒店的经济和社会效益。

例如，以"三国文化"为主题的成都京川宾馆，酒店外形按中国传统建筑风格设计，室内装饰是以三国文化为背景的绢画、浮雕和文物，客房摆放着供客人阅读的《三国演义》口袋丛书，餐饮推出"三国乐宴"，迎宾身着武士服，等等，细微之处无不体现出"三国文化"的主题内涵。同时，京川宾馆没有仅仅停留在浅层次塑造"三国文化主题"上，而是进一步在企业文化的建设中体现"三国文化"的内涵，宾馆将三国文化中的"忠义"、"诚信"等价值观念引入企业的文化建设之中，形成企业文化新的内涵，以"忠义"、"诚信"的道德观约束和激励员工，不仅形成了酒店的核心竞争力，也由此获得了顾客的信赖。

综上所述，酒店文化营销模式的建立与实行应该结合酒店所在地域的文化背景、顾客群体的文化心理需求，选择适合自身发展的文化营销模式，并在产品、品牌、企业文化营销的各个层次中进行具体的文化营销设计，将所挖掘的核心文化价值贯穿于每个层次之中，从而与顾客的核心价值观达成共识，促使顾客的文化消费推动酒店的成长。

（四）酒店文化营销的必要性

纵观目前中国酒店业的现状和酒店业未来的发展趋势，文化营销运用到酒店业中，与酒店本身的特质相结合，是非常必要和有效的酒店经营与销售方式，它甚至能够使酒店比其他行业获得更大的效益。

1. 文化营销是酒店业未来消费发展趋势的必然结果

当今社会是一个物质文明高度发达的社会，消费者的需求多种多样，在没有商品短缺的背景下，文化精神层面上的需求更加凸显出来。在酒店业中，顾客的经济背景和知识结构使他们普遍比其他一些行业的顾客更体现出对文化的心理诉求。正如美国《酒店杂志》主编杰夫·威斯廷所说："现在的人们不是只需要一个房间而已，他们希望能够有一些新奇的享受和经历。"酒店业新的消费趋势决定了酒店未来经营的重点，从单纯讲究硬件设施的豪华与完善，逐渐转变为注重满足人们文化心理层面的需要。从根本上讲，酒店未来的经营是着眼于销售文化、推崇新的生活方式，进行酒店文化营销是酒店业未来消费发展趋势的必然结果。

2. 文化营销是解决酒店业"同质化"现象的根本途径

目前，中国酒店业呈现出大规模、大市场、大投资、大竞争的基本格局，但是却缺乏有效的竞争手段，同一个地区常常同时兴建过多同档次、同类型的酒店，细分市场不明确，设施、产品普遍趋同。酒店业的"同质化"，使得中国酒店集中于狭小的细分市场，千军万马过独木桥，从而导致普遍存在的降价恶性竞争。要从根本上解决这一问题，中国酒店行业内的许多酒店已经做了多种尝试，试图探索出多条差异化发展的道路。然而，差异化的酒店经营尽管能够解决酒店行业内"同质化"的现象，但是也存在着诸多的问题，它们能够长期经营并且获得良好收益的原因并不是简单地依赖于主题性、差异化的产品，而是酒店内在的文化要素契合了客源群的文化心理。这些酒店的内在文化同客源群的文化心理产生了强烈的文化共振，从而吸引了同种文化心态的客源长期进行消费——这才是此类酒店经久不衰、长期经营良好的根源。因此，提高酒店的文化性，进行文化营销才是中国酒店业解决"同质化"问题，使得酒店经营走向成功的根本途径。无论是特色酒店、主题酒店、生态酒店，还是各种市场定位的豪华酒店、经济型酒店，只有赋予了酒店"文化"内涵，才能真正区别于其他的酒店并使酒店经久不衰。

3. 酒店业本身的特性决定以文化营销树立酒店品牌的重要性

酒店业有别于其他行业的特质决定了实施文化营销的必要性。酒店产品的无形性、产品生产的可变性、不可储存性、非专利性、生产与消费的同步性和消费更为感性等使得酒店较之其他行业，在顾客心目中更需要一个鲜明、卓越的企业形象，品牌因此成为了酒店最重要的无形资产。丽思·卡尔顿总裁霍斯特·舒尔茨十分注重酒店的品牌，他曾说："我们的品牌就像是我们的心脏。不管我们在哪里，我们千方百计保证它能够代表最佳服务质量。如果在每个地方都能提供质量最佳的产品，那么顾客就会真正信任你，而这正是酒店最可宝贵的财富。在任何一个新的城市开办一家新的酒店都算得上是一种冒险，因为不能犯任何错误。实际上，我们放弃过四家酒店，因为那里的服务达不到我们的标准，威胁到我们品牌的声誉。"

品牌是市场竞争的强有力的手段，同时也是一种文化现象，含有丰富的文化内涵。创建品牌的过程就是一个将文化精致而充分展示的过程。文化渗透和充盈其中，起着催化剂的作用，使品牌更加具有意蕴与韵味，让消费者回味无穷。因此，文化是提升品牌附加值、产品竞争力的源泉。从来就没有不具备文化属性的品牌，优秀的品牌都有一个良好的文化底蕴，它能给人一种心灵的慰藉和精神的享受。比如一位客人下榻圣·瑞吉斯酒店就不仅是选择了圣·瑞吉斯酒店的一间豪华套房或酒店独有的贴身侍从服务，而是选择了酒店品牌中蕴含的文化品位："圣·瑞吉斯"是"富贵"的代名词，也是世界上最高档酒店的标志，代表着绝对私人的高水准服务。同时，市场营销和品牌竞争的实践证明，品牌知名度高并不代表品牌的价值高，品牌的文化内涵才是品牌价值的核心资源。品牌的背后是文化，产品是暂时的，文化是永恒的，只有有文化的，才是经典的。

4. 酒店文化营销是酒店业竞争的必然选择

文化强大的渗透能力是绝对不容忽视的，对于不同消费心理的顾客都有着激发消费欲望的影响力，它甚至能够创造需求、引导潮流，这是其他传统营销手段所无法达到的。文化营销是营销发展到社会营销阶段后的产物，是高层次市场竞争的表现。任何酒店的任何产品都有着一定的生命周期，酒店文化营销能够使酒店在瞬息万变的市场需求中，运用文化的强大影响力，延长酒店产品的生命周期。酒店依据自身的情况，利用文化资源，主动积极地进行文化营销，还能够引导消费潮流，创造新的消费需求，而不被发展的市场所淘汰。

三、酒店文化营销的实施

根据酒店文化营销的三个层次，我们将酒店文化营销的实施过程划分为以下三个阶段（见图6-4）。

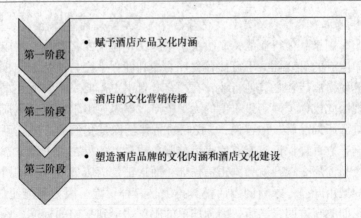

图6-4　酒店文化营销的实施过程

（一）赋予酒店产品文化内涵

1. 酒店产品的文化定位

所谓酒店产品的文化定位，是指酒店根据自身情况，将酒店产品同目标消费群的文化观念完美地相融合，赋予酒店产品以富有魅力的文化生命，满足消费者的情感体验、价值认同、社会识别等文化需求，从而使其在目标消费者的心目中确立一个独特的、有价值的位置。酒店产品的文化定位一旦契合了消费者的文化心态，往往能够形成独立的、持久的产品优势。酒店产品的文化定位是酒店和消费者通过多种渠道进行互动沟通的结果，不仅仅是对产品本身做些什么，而是在受众心中建立起对酒店产品的一种独特的、有价值的联想。其要点在于明确自己的产品并怎样满足消费者的文化需求，在满足这种需求上与竞争对手有什么文化层面上的不同，并在竞争中脱颖而出，独树一帜。同时，酒店产品的文化定位，必须建立在酒店顾客文化需求分析的基础上，要以顾客的文化需求为中心，结合酒店自身情况和可利用的文化资源，对酒店产品进行文化定位。顾客的文化需求基本体现在两大方面：一是不同的个体表现出越来越多样的文化需求；二是同一个体在不同的生活领域或不同的生活场景中，文化需求会具有较大的差异。总体上可以概括为广泛性、个体性、情感性、多样性、差异性和易变性。而顾客的文化需求必须形成动态的"生态体系"。

整个酒店产品的文化定位的过程如图6-5所示，即酒店首先要对细分市场的顾客文化需求进行分析，以此掌握酒店受众的文化心态和文化需求。在酒店自身情况的基础上（综合分析酒店的经济实力、客源市场定位、投资收益目标、市场竞争地位等诸多因素），在众多的文化资源中进行甄别、筛选，甚至培养某种文化，并以此作为酒店产品的文化内涵，这就是酒店产品的文化定位过程。除此之外，酒店产品的文化定位还受到酒店品牌文化、企业文化、内部实力和经营战略等因素的影响，需要结合酒店品牌文化、企业文化等其他因素进行综合的考虑，最后确立酒店全部产品或某类产品的文化定位，即酒店产品的文化定位必须与酒店的品牌文化、企业文化等因素相匹配。

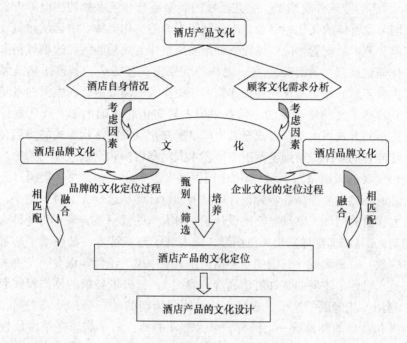

图 6-5　酒店产品的文化定位过程

2. 酒店产品的文化设计

文化的需求是无形的，但这种无形的需求也要通过有形的产品或现实的服务来实现。即特定产品与特定文化需求之间形成了一种联系："产品—文化需求"的联系。酒店产品的文化设计是指在酒店产品的开发设计中注重文化的品位和文化的含量，把酒店产品与某种价值观念、审美情趣、社会文化行为等联系起来，突出酒店产品的"附加值"，赋予酒店产品相匹配的文化气息和情感氛围，以契合受众的某种文化心态，进而满足他们的文化需求。酒店产品既包括酒店的建筑造型、景观布局、装饰装修、各种功能设施等，也包括这些功能设施所提供的各类有形产品与无形服务。因此，酒店产品的文化设计实际上就是酒店整体环境的文化设计（包括酒店的建筑、景观、装饰设计等）和客房、餐饮、会议、康乐等功能设施及提供的有形产品与无形服务的文化设计。

（1）店景的文化设计。酒店的店景文化设计是在酒店产品文化定位的基础上，结合酒店的地域特征和人文背景，通过全新的理念、创造性的思维，采集和整合各种文化资源并加入创意策划，通过空间、色彩、材质、灯光、音响效果的艺术加工把其中的隐喻性、暗示性、叙述性，艺术化地展示在客人面前，使客人达到审美的愉悦，创造出酒店的文化艺术的氛围。其主要体现在：

1）酒店的建筑外观造型、公共区域的装修装饰、艺术品的摆设等方面。酒店应该同客源群体的文化相结合，充分利用当地的文化资源，酒店从建筑设计到室内装修和艺术品配置，应该体现一种与酒店整体文化相匹配的造型风格和艺术品位。比如，素有"昔日帝王宫"之称的北京贵宾楼酒店，其整体建筑风格就是中国古典艺术的朴实凝重与现代建筑的华丽流畅的巧妙融合。大堂的重新装修采用了新古典主义的装饰手法，即在中国古典文化的基础上加上现代设计的手段，以集萃的方式将大堂布置成充满中国皇家文化氛围的博物馆式的酒店公共场所。而江苏省的泰州宾馆则坐落于书画艺术大师郑板桥和京剧艺术大师梅兰芳的故乡泰州（又称凤凰城），是一家由中国著名大型企业——春兰（集团）公司投资和管理的五星级酒店。在装饰设计思路上，设计师从这一人文背景着手，在泰州宾馆大楼前的门厅，别具匠心地设计了一对大型的青铜迎宾爵（为一种古代的酒具造型），其细部纹样采用凤凰图形，既表现了地域特点，又突破了通常在酒店门口摆放一对雄狮或一只铜鼎的俗例。在大堂中央，设计师以春兰花卉为创作对象，重点设计了主要的装饰雕塑《金色春兰》，打破了传统的创作模式和艺术语言，利用兰花舒展的造型，表现出一种线条流畅的动态美，形成空间、意境与酒店文化背景的和谐统一。同样，名人荟萃的浙江西子宾馆在茶楼放置了一件巴金手模，也是一种文化装饰的创意。巴金先生晚年十分喜爱杭州，早些年每年都到西子会馆住上一段时间，这件巴金手模蕴含着酒店与文化名人之间的感情。

2）酒店的景观设计。如庭院的树木花草、室内绿色植物和盆景、饲养的观赏鱼和鸟类，加入文化理念进行设计，就能营造出酒店产品的文化氛围。绍兴酒店庭院的青石板地就运用得非常到位。一方面与精致的店内装修形成强烈的反差；另一方面青石板还有类似于现代汉语中的"借代"手法的作用，古朴天真的青石板，朴实而执着，体现了古越文化的精髓。此外，绍兴另一家酒店——绍兴咸亨大酒店的茂林、修竹与《兰亭序》，也使人联想起泛舟赋诗的魏晋风流与书圣王羲之游目骋怀的心绪，甚至还能够引导酒店客人到兰亭旅游体会"茂林修竹"的神韵。同样，湖南长沙市的第一家五星级酒店——华天大酒店将数棵翠绿欲滴、生机盎然的古樟树纳入富丽堂皇、气势恢宏的大堂内。客人坐在大堂内也能享受绿荫下品茗、交谈的悠闲，独特而又有新意，体现了华天人的环境保护意识，受到顾客的赞赏。

3）酒店的辅助景观。酒店的背景音乐、闭路电视、大堂的钢琴、中西餐厅的乐器演奏、服务员的服饰、形体动作、语言等，运用得当，会同酒店的整体建筑、装饰和景观设计相协调，也能使住店客人在视觉、听觉等多个感观层面上体验文化的内涵。

需要注意的是，酒店店景的文化设计必须遵循宁缺毋滥的原则。在紧要的位置精心布置，在建筑、景观设计、装修、艺术品摆放等方面都需要完整性，同时风格形式、大小体量、色彩搭配等都要相匹配。成功的店景文化设计能够渲染酒店的文化，起到画龙点睛、锦上添花的效果。但是如果选用不当则画蛇添足，既是对资源的浪费，也会影响酒店的整体文化氛围。如有些酒店在很现代的大厅里不伦不类地摆放了一堆假古董；有的在一堵墙上密密麻麻地挂了十几幅画，把美术作品当作墙纸使用；有些酒店在走廊中设置开放式佛堂，供奉两米高的佛像……这些都会破坏酒店店景的文化氛围。以某大酒店为例，该酒店大堂的地面装修，一半选用浅色大理石，另一半选用深色木地板，两者虽然都是好材料，但却在同一个大堂中共存并各占一半，给人强烈的视觉反差。更甚者，这家酒店走道两边的墙壁，另一边是高档墙纸，一边是毛坯水泥，却被称作是借鉴了拉斯维加斯的酒店设计。作为赌场酒店为了吸引顾客，刻意设计一些不伦不类的场景来迎合他们追求刺激、猎奇的心态；而地处上海商务区，定位于"高星级商务型"的酒店，需要的是都市商务的文化氛围，拉斯维加斯的嬉皮风格在这里显然是不协调的。

（2）酒店功能设施中有形产品和无形服务的文化设计。不同酒店针对不同的客源群，通常有着不同的功能设施。但是无论是最基本的客房、餐厅、会议室，还是各种配套的健身中心、歌舞厅、影院等其他功能设施，酒店在这些功能设施的装修、配套产品的开发和服务中都应该考虑赋予其文化的元素，因为其中的有形产品和无形服务才真正是酒店提供给顾客核心产品的重要载体，只有这些载体契合了顾客的文化心态，才能形成持久的吸引力，实现顾客消费。否则，任何具有文化氛围的店景也只能成为华而不实的空壳。

利用文化进行酒店有形产品包装和推出文化服务产品的成功案例有很多，例如北京咸亨酒店就是其中的典型。作为始创于光绪甲午年间的百年老店，酒店的餐厅设计古色古香，充满浓郁的晚清乡土气息，厅内依旧是清一色的长条桌、长板凳，桌面上是一席的白竹筷、兰花碗，墙上满是楹联、酒诗和壁画，朴素优雅，意蕴悠长。餐厅提供的菜点酒水是纯粹的正宗绍兴风味，在充分挖掘鲁迅先生文化作品的基础上，专门配置了传统口味的茴香豆、卤煮花生、豆腐等下酒特品和陈年的绍兴黄酒，再现了鲁迅先生笔下的酒楼风情。顾客在咸亨酒店就餐的同时，体验的是"土碗甯筒热老酒，花雕开坛香满楼"的传统绍兴文化。

（二）酒店的文化营销传播

1. 酒店的文化公关

酒店文化公共关系，是指酒店通过某种特定的文化运作方式，向社会公众传递酒店的价值观念及其他文化信息，借以宣传酒店形象，沟通酒店和公众之间关系的实践活动。文化公共关系作为文化与公关的某种契合，既是公共关系活动对文化资源的自觉运用，又是文化价值在公共关系层面上的展示和体现。所以酒店文化公共关系的运转过程虽然从表现上看是一个通过一系列明显的活动来实现组织和公众沟通的过程，然而实际上在内层方面，则是酒店文化价值的传递和酒店文化观念与公众文化接受机制耦合的过程。酒店在公关活动中，通过驾驭文化手段，运用文化策略，构建文化氛围，在向目标公众传递文化特质的同时，突出酒店形象、产品和服务的文化个性，以文化推动公众对酒店的认识和赞誉，这就是酒店文化公共关系的本质。

利用文化公关对酒店进行宣传主要有以下三种方式：一是制造新闻，这是酒店文化公关传播中最常用的宣传手段，它主要是指在已有的事实基础上，利用媒体创造文化亮点，突出对酒店有利的新闻，以达到传播酒店的目的；二是通过公益性的社会文化活动来提高酒店在公众心目中的影响力，例如麦当劳在深圳第一家分店开业时，将它第一天所得收入全部捐献给了深圳儿童福利基金会，从而达到宣传其"开心无价"的文化宗旨；三是通过文化宣传品的方式宣传酒店，文化宣传品包括酒店的杂志、书籍、电影、录像等视听材料，以此作为文化公关的传播工具，以增大酒店的影响力。

酒店文化公共关系的运作除了要明确目标，把握运作方式和程序之外，还应注重运作策略的使用。酒店文化公共关系策略分为以下几种：

（1）文化包装策略。即以开发现有文化为切入点，将某种文化含义和文化形式引入到某特定的活动中来，以活动的文化色彩与内在文化魅力吸引公众，影响公众，塑造酒店的良好形象。例如，借文化名人、历史传说、审美艺术、民族风土人情等所包含的文化因素开展形式多样的体育、文艺、旅游等文化活动。这种包装策略的运作实质上就是借文化之名，行公关之实，在文化传播的同时，扩大组织的知名度和美誉度。

（2）文化适应策略。通过对目标中公众所处的文化环境与所具有的文化心理需求进行充分的了解和分析，在实施文化公共关系决策过程中充分考虑并且适应这些文化特点因素，避免公共关系传播和公众的文化观念产生冲突和摩擦。这里的适应从宏观的文化传播角度看，涉及语言、宗教、风俗、价值观、审美标准和道德规范等方面；从微观的公共关系运作层面来看，可能包括主题内容、人物形象、宣传用语、标识图形和色彩、禁忌等方面。运用文化适应策略，关键在于了解公众的文化特点，找出它与酒店文化的差别，有的放矢地采取策略、制定有效的公共关系方案，以此减少文化差异造成的排斥。

（3）文化互动策略。它强调企业在进行文化公共关系实践中不要仅仅是被动地适应当地文化特色，而应该积极主动地采用文化传播的手段与技巧，在吸纳当地文化的同时，也向当地公众传递酒店自身的价值观和经营思想。文化互动的存在是基于各个地区或国家中，人们的文化观念处于一个动态的变化过程之中。酒店能够凭借各种传媒和自身的组织行为，向目标地公众传播企业的文化信息，树立酒店的文化形象。

（4）新文化倡导策略。酒店文化公共关系既要借助于已有的文化形式进行酒店的文化包装，也要开拓创新文化形式去影响、改造和超越文化现状，显示酒店文化的导向型形象。这种倡导性的文化公共关系策略主要借助两条途径来实现：一是酒店根据社会发展和时代特征的要求，积极开展服务性、公益性和社会性的宣传活动，例如，配合社会有关部门开展交通安全、计划生育、绿化环保、文物保护、未成年人教育等方面的宣传，体现酒店的文化倾向和社会责任感；二是适应社会进步要求和现代社会文明的需要，积极提倡科学、健康、文明、向上的新文化观和生活方式，引导公众的价值取向和价值观念的变化。文化倡导策略的运用应该遵循一定的规范，不管是宣传新文化，还是引导文明新潮流，都应该注意做到主题新颖、形式多样，并且同时应考虑公众的接受心理、现有的文化水平和社会文化氛围等诸多影响因素，切忌超越现实，哗众取宠。

2. 酒店的文化广告

酒店的文化广告是指在酒店的广告创作中把文化当作一种工具和表现手法，以文化达到与目标受众沟通的目的，说服顾客进行消费。它把象征人们某种情感的文化内涵作为广告诉求的重点，并借此来感化消费者，触动其购买欲望。美国广告大师罗宾斯基说："我坚信一流的情感，才能做成一流的广告，所以我们每次都在广告中注入强烈的感情，让消费者看后忘不了、丢不开。"

现代广告观念认为，广告不仅是一种纯经济现象或商业行为，而是与人们的生活紧密联系在一起的社会文化现象，它是一种文化传播的形式。从文化学的角度讲，任何社会群体都依靠不同的群体角色、文化规范以及同类价值意识而存在。广告的传播是一个人们共享文化的过程，也是社会价值观念不断被传送、强化和公众接受社会文化教化的过程。评价某种广告的好坏，是看这种广告是否能够被受众所认同和接纳，关键是看这种广告本身能否表现或体现该群体或文化圈的共同经验、价值取向、思想与意识；能否折射与渗透一种社会文化特质和群体共同的价值目标。因此，只有构思巧妙、含义丰富、风格隽永的文化型广告才能吸引人们的注意，即使时间很短暂也能在人们心中留下深刻的印象。

酒店的文化广告要打动受众的心灵，吸引他们的注意，并最终引导他们采取营销人员期望的行为反应，关键问题在于广告创意和广告设计。好的广告创意必须要有好的广告设计将它表现出来。因此，酒店文化广告设计是文化广告活动的核心和基础，包括主题设计、标题设计、正文设计、语言风格设计、图案与色彩设计以及版面布局。

（1）主题设计。酒店文化广告的主题设计要更加突出广告的文化诉求，寻找一种价值的依托，向顾客传递产品利益的同时，也传递产品形象等广告中应突出的文化价值。譬如，北京贵宾楼的经典广告词："到东方寻觅帝王之梦，贵宾楼是唯一的下榻之处。"一语道破贵宾楼的文化特色。

（2）标题设计。标题作为一则广告的题目，必须简练、明了、通俗地表达广告的主题。酒店文化广告的标题尤其要精练地将广告中的文化价值表达出来。

（3）正文设计。广告正文是对标题所含意义的演绎和发展。消费者对标题文化价值的理解和深入必须通过正文的介绍才得以完成。

（4）语言风格设计。语言风格对广告表现的主题有重要的影响，内容幽默的广告如果运用的是华丽、严肃的词语，将使广告表现大失色彩，而一则思想深邃的广告标题，配上滑稽、幽默的文字说明也会使人不知所云。因此，语言风格应和广告的主题、标题等有机地整合为一体。

（5）图案与色彩设计。广告图案与色彩有助于将广告的主题形象生动地表现出来，并且由于其重视视觉效果，因而更能抓住消费者的注意力。文化广告的图案与色彩设计不仅重视视觉上的效果，还需有利于主题和标题文化的传送，同时符合酒店受众的文化审美标准。

（6）版面布局。广告的各个要素如果不讲究布局，简单地罗列，就将大大削弱广告主题的诉求效果。特别当广告强调某种心理暗示时，版面布局尤为重要。一项关于版面、标题和广告文稿重要性次序的调查表明，最容易吸引读者注意的是版面。

3. 酒店的文化促销

文化促销越来越成为促销的利器。人类文明璀璨瑰丽、源远流长，在酒店的促销活动中渗透文化内涵，能够拓展促销的空间，在酒店与顾客间建立相互信任与忠诚的情感模式，打动顾客心扉。所谓酒店的文化促销，就是针对酒店的产品（有形产品和无形服务），利用受众的文化心态，把文化融入促销中，利用文化的号召力、影响力、亲和力塑造一个特定的文化氛围，向顾客传递酒店的文化特质，突出酒店产品的文化性能、文化理念，从而影响顾客的消费抉择，促进消费行为的发生，甚至以此培养一种消费习惯和消费传统。酒店的文化促销实质是酒店与顾客的文化交流和共融，是一种文化渗透的过程。

　　文化促销的方式有很多，其中以文化活动的方式促进销售无疑能够使酒店与顾客之间建立起更为互动的关系。因此，音乐会、运动会、书画展、文艺会演、时装表演、趣味大赛、绘画书法大赛等文化促销活动层出不穷；酒店饮食文化节、贵宾俱乐部活动也相继登场以及邀请名人参加各种公益活动等。这无疑能营造酒店文化氛围，增加酒店和受众群体的互动，满足受众的文化、情感需求，从而建立起消费者对酒店的认同感，达到更好的促销目的。

　　（三）塑造酒店品牌的文化内涵和酒店文化建设

　　1. 塑造酒店品牌的文化内涵

　　菲利普·科特勒认为："品牌最持久的含义是它的价值、文化、个性，它们确定了品牌的基础。"在社会进步、物质生活水平大幅度提高的今天，消费者的需求已经超越了物质层面进而追求精神上的满足。酒店品牌作为顾客所体验的"无形"资产的重要性远远超过其作为"有形"资产的重要性。酒店品牌精神价值所凝聚的意义以及顾客由此产生的心理感觉，是顾客选择酒店的重要依托。因此，酒店品牌竞争的实质是通过品牌所倡导或体现的文化来迎合或影响公众的意识形态、价值观念和生活习惯，它是文化的竞争。文化成为了酒店品牌的本质属性。

　　成功塑造酒店品牌必须赋予酒店品牌文化的内涵，这就需要准确而清晰地进行酒店品牌的文化定位。这种品牌的文化定位是在塑造酒店品牌的过程中通过文化因素的作用来突出酒店的品牌形象和文化价值，在目标顾客心目中确定与品牌形象相关联的价值地位，使具有同种文化心态的受众能够理解和认同该品牌，达到以酒店品牌吸引消费者的目的。酒店品牌文化定位的最终结果是顾客在选择一种酒店品牌的同时，实质就是选择了这种品牌所代表的文化。

　　酒店品牌的文化定位关键就是对目标消费群体的文化心理和消费心理的充分分析和把握。酒店品牌的文化定位定的是酒店品牌代表和体现什么，才能契合受众的文化心态，从而把单纯的产品或服务消费，变成富有精神享受的人生体验，即把普通的酒店物质产品和服务，变成富有情感和心理感受的诗意化行为。除此以外，进行酒店品牌的文化定位还要充分考虑酒店产品本身的特点。因为酒店产品是酒店品牌文化的载体，品牌文化必须依托于产品。任何产品都拥有自身功能、使用价值等特性，也富含一定的文化特质，只有品牌文化与产品文化相匹配，产品的特点才能为品牌文化提供支持点，才能在无形中让消费者自然而然地接受。因此，酒店品牌的文化定位必须与酒店产品的文化定位相兼容，酒店产品的文化属性应该是酒店品牌文化定位的基础。

　　2. 构建酒店的企业文化

　　构建酒店的企业文化是酒店企业文化营销的根本，是企业文化营销得以强化和推广的基础。酒店应根据自身特点，选择顾客所接受的核心价值观，并把这种核心价值观贯穿于酒店的经营理念、规章制度、员工守则等各个内部环节，并形成酒店的文化体系。因此，必须将以下几点作为构建酒店企业文化的重点：

（1）服务意识是酒店企业文化的基础。酒店企业与工业企业和商业企业不同，既没有一般意义上的生产活动，也没有通常意义上的物质商品销售。它是一种以有形产品为载体，无形服务为主体服务经营性企业。评价其产品优劣的基本标准是服务质量的好坏。酒店产品的生产与消费同步性、可变性、不可储存性、非专利性和购买感性化等特点，使得以服务为主体的酒店产品质量显得尤其重要——为顾客提供优质服务是酒店业的生命。服务意识是酒店企业文化的基本特点。但如何给服务质量下定义、做检查是非常困难的。比如，一家酒店总台人员的服务质量，不仅体现在其为客人办理入住或离店手续时是否完全按照规定的程序工作，提供的服务是否及时并且有效，还体现在其仪表、言谈、举止等方面。前者的标准容易量化，后者的标准则难以量化。因此，酒店服务质量的提高尽管也要重视设施设备的完好无缺，重视员工服务技能的培养，有严格的工作规章和检查制度。但最重要的是培养全体员工的服务意识。这种服务意识就是"顾客至上"的观念，也是构建酒店企业文化的基础。

然而，服务意识的贯彻和强化却非易事，阻力主要来自两个方面：其一，是酒店服务工作本身的特殊性，如世界劳工组织研究所指出，酒店员工的劳动具有技术性低、劳动日长、体力疲劳、心理制约多、季节性强等特点，这些特点不仅使酒店员工的流动性极高，而且会造成员工的职业倦怠，进而影响服务态度和服务质量；其二，受传统文化的影响，社会上对酒店职业存在诸多偏见，这种偏见往往会使员工对服务岗位的认知发生重大偏离，阻碍良好服务态度和意识的建立。这就要求管理者必须对此予以高度重视，对于服务意识的强调，不能停留在口头或纸上，而是要在招工、培训、日常管理等重要环节上下功夫。譬如在招聘时，不能只看重表面，还应充分了解应聘者的心理特点和职业意向；对新员工的培训既要注意技能训练，更要重视服务意识养成；管理人员应该经常深入一线直接向客人提供服务，以起到示范作用。如此，服务理念才能广泛渗透并体现在酒店所有的行为之中。

（2）文化意识是酒店企业文化的重点。法国学者吕西安·麦尔认为，旅游的目的明显地具有人文性、社会性、文化性、经济性、金融性等特征。旅游活动本质上是一种文化消费。酒店企业的顾客虽然也有着物质方面的需求，但以精神方面的需要为主，通过对文化的寻求达到精神上的满足。因此，酒店企业的有形产品（包括设施设备和附带物质产品，如菜品、酒水等）以及人员的服务活动，除了要具备实用性以外，还必须具有满足顾客求新、求美、求知的文化功能。酒店的文化意识越强，所提供的综合服务的文化品位越高，就越能够在较高水平上满足顾客的需要，也就会吸引越来越多的顾客，扩大自己在市场所占的份额。因此，酒店需要在管理人员和员工中树立这样的文化意识，同时也只有提高他们相关的文化素养，才能在员工行为和形象、管理制度、产品设计、对外公关营销等方面体现酒店的文化品位。例如，深圳威尼斯皇冠假日酒店不断对员工进行培训，让他们真正了解威尼斯的历史与文化艺术，引进意大利语，使每一个员工都能用意大利语向顾客表示最诚挚的问候。锦江酒店集团的"锦江模式"中，强调中国特色，把中国传统道德文化融入酒店的企业文化中，注入了更多的人情味，建立起一种合作、信任、友爱、团结、奋进的文化心理环境。

（3）酒店企业文化需要多元性和世界性。企业文化作为一种经营文体必须获得市场的认同，否则没有任何意义。酒店是涉外性企业，要接待不同国家或地区的游客，而这些旅游者有不同的文化背景、审美趋向和行为特征。从发展的角度看，酒店企业必须越来越多地面向国际市场，必须面对顾客群越来越多元化的国际性特点。同时，随着酒店管理公司委托管理和中外合资、外商独资酒店的增多，酒店的员工构成也越来越复杂，同一家酒店的员工和管理人员可能来自不同的国籍和不同的地区，他们各自所代表的文化在这里进行相互的碰撞和交融，从而形成了酒店企业文化的一部分。这些都决定酒店的企业文化应该是世界性和多元性的。

因此，酒店需要充满热情地研究了解各国文化，设计和推出具有世界性的产品，使顾客在文化认同中产生亲切感、安全感和享受感。同时，还要在管理和服务的各个方面争取与国际接轨，协调不同员工之间的文化，兼容地吸收和利用它们，进而形成稳定而多元的酒店企业文化。还需指出，对酒店企业文化世界性特点的强调并不等于要否定酒店企业文化的民族性、地域性。世界性同民族性、地域性并不是截然对立的两个方面；相反，它们可以互生共荣。酒店在营造企业文化时要注意文化求异和文化认同的平衡，既不能不具备民族、地域特色，也不能片面偏激地只强调民族性、地域性，而是要慎重考察不同地域、不同国家文化所包含的文化要素之间相容与不相容的关系，从而构建既有民族地方特色又具有世界意义的新文化。

（4）酒店企业文化必须人性化。内部管理的人性化是任何一种企业都必须重视的发展趋势，作为服务性企业的酒店，这一点显得尤其重要，原因主要在于：

1）酒店提供的服务多数都是面对面的服务，面对面的双方都是有思想感情的人：顾客是有思想感情的，因此需要友善地对待；直接为顾客提供服务的员工也是有思想感情的，也需要得到感情的慰藉。如果一线员工自身得不到优质服务，就难以向顾客提供优质服务。因此，酒店在倡导顾客至上意识、追求顾客满意的同时，必须在内部提倡和贯彻员工第一的思想，首先实现员工满意。"付出给员工的，员工会回报给你。""关爱你的员工，员工就会关爱你的顾客。"这两句话一直以来都是万豪管理层最为推崇的两句话，也是万豪企业文化的基础。万豪把员工作为最重要的人力资源，并有一系列的措施来实施对员工的感情投资，保证员工获得优厚的待遇，体现员工个人价值，并建立公平的竞争机制使员工有晋升的机会。

2）酒店企业工作节奏特殊、劳动日长、员工流动性比较大，这不仅使企业在员工招聘、培训方面花费大量的人力、物力和财力，增加了经营管理成本，而且对持久、统一的企业精神的形成也极为不利。因此，加强员工的归属感就成为酒店管理的重要工作内容之一。实践证明，提高员工的归属感仅靠物质刺激是远远不够的。有些员工特别是一些高素质的员工，报酬的多少并不能决定他们的去留，对酒店的归属感和荣誉感才是决定这些人是否为酒店长期效力的重要因素。而增强员工对企业的归属感和荣誉感，就必须采取人性化的管理。

3）酒店企业的劳动密集性、内部分工复杂性及服务产品的综合性等特点，决定了酒店企业更应充分利用各种沟通渠道和手段，把众多的员工与部门有效地组织在一起，创造一个人际关系比较和谐的工作氛围。这样，员工才能心情舒畅，保持高昂的士气，为顾客提供完整、完美的服务。

（5）酒店企业文化更加突出个性。酒店的个性化是一个酒店有别于其他酒店的经营管理特色。在实行市场经济的时代，整个市场处于垄断竞争的状态下，鲜明的个性是酒店竞争的需要。一个酒店要在市场竞争中立于不败之地，就要在产品、服务和经营方式上独树一帜，形成自己的独特风格，以满足顾客的需要，从而占领市场。酒店个性一般表现在产品、服务、经营方式等表层文化上，但是这些显露在外的表层文化的个性都是由酒店精神和酒店价值观的个性决定的。因此，在酒店企业文化的建设中越来越要求塑造鲜明的个性。

这里要特别强调的是，酒店不仅要建立行之有效的企业文化，将企业文化的观念或要素融入员工的思想和企业制度中去，以此凝聚酒店内部的各种力量，还要注重这种企业文化精神的传递，促使其得到公众的认可，融入社会文化中，形成强大的社会感召力，以此获得良好的社会效益，也实现酒店的经济效益。

酒店企业文化的营销是与酒店的文化营销传播密切联系的，它也是通过酒店的文化公关、文化公益广告、文化促销等多种层级的文化营销传播方式得以实现的。

第七章 酒店分销渠道策划管理

分销渠道策划是企业市场营销策划的重要组成部分，在现代企业市场营销过程中，渠道已经成为企业最重要的资源之一，渠道成员在客观上已经成为了企业的一个组成部分。事实上，很多产品之所以在市场营销中没有获得很好的效果就是因为渠道成员的效率过低或者渠道设计不合理，这就要求策划人员在渠道策划方面不仅要注重对本企业资源和外部环境的研究，同时还要对渠道成员的经营目标、资源状况，以及国家的相关渠道法规等问题进行探讨，只有这样才能设计出企业与渠道共赢甚至多赢的渠道模式。

一、分销渠道网络设计策划

分销渠道网络设计策划是指企业为实现销售目标，对各种备选渠道结构进行评估和选择，从而开发新型分销渠道或改进现有分销渠道的过程。不同的企业和不同的产品，虽然在分销渠道设计上有区别，但在设计思路上却有共同特点。

（一）分销渠道的基本构架

1. 分销渠道层级结构

分销渠道层级结构是指一个渠道系统中包含的层次数量，也就是通常所说的渠道长度。每个中间机构只要在产品及其所有权向最终买主转移的过程中承担若干工作，就是渠道中的一级，中间机构的级数越多，表明渠道越长，反之则越短。由于生产者和最终消费者都担负了某些工作，因而他们也是渠道的组成部分，如图 7 - 1 所示。

依据分销渠道中含有中间机构数目的多少，可以将分销渠道划分为零级渠道、一级渠道、二级渠道、三级渠道等。依据分销渠道级数的多少，可以将分销渠道划分为长分销渠道和短分销渠道。依据产品是否通过中间机构到达消费者手中，可将分销渠道划分为直接渠道和间接渠道。由于消费品市场和工业品市场有差别，分销渠道又可以划分为消费品市场分销渠道与工业品市场分销渠道两大类型。

2. 分销渠道的宽度结构

分销渠道的宽度结构是指分销渠道中同一个层次选用中间商的数目，多者为

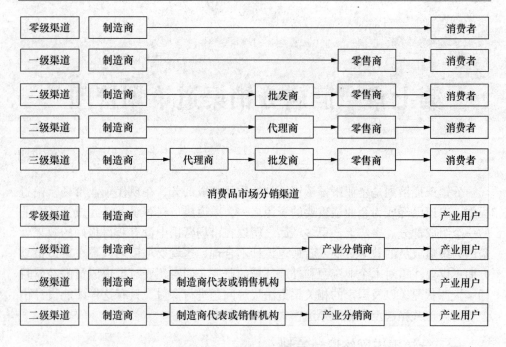

图7-1　分销渠道的层级结构

宽，少者为窄。根据同一层次中间商数目的多少，可以有三种形式的渠道宽度结构，即密集型分销渠道、选择型分销渠道和独家分销渠道。

（1）密集型分销渠道。密集型分销渠道是一种比较宽的渠道模式。制造商尽量增加批发商、代理商和零售商的数目，使产品能够被更广泛地分销出去。消费品中的便利品和产业用品中的办公用品等产品适合这种设计结构，其最大特点为市场的覆盖面非常宽。

（2）选择型分销渠道。选择型分销渠道即制造商在某一市场仅仅选择几个有良好声誉、对产品的性能特点有充分了解的中间商来经销企业的产品。这样既能保证较为广泛的产品扩散能力，又能对产品有较大的控制力。消费品中的选购品（如照相机、妇女服装）、特殊产品和工业用品中的零部件等适用于这种销售模式。

（3）独家分销渠道。独家分销渠道即制造商在某一地区的某一经销层次上选用唯一的一家中间商来分销产品。这通常是双方协商签订独家经销合同，规定中间商不能经营竞争者的产品，明确双方的权利和义务。这种方式可使制造商对分销渠道拥有很强的控制力，可以使中间商在销售上更积极用心。一般情况下，对于品牌价值很高的产品或者为了防止假冒伪劣产品败坏企业的声誉时，可以采用独家经销模式，例如，我国汽车厂商在全国各地的销售多采用这种方式。

3. 垂直分销渠道系统

垂直分销渠道系统是指由生产者、批发商和零售商根据纵向一体化原理组成的一种统一的联合体，如图7-2所示。

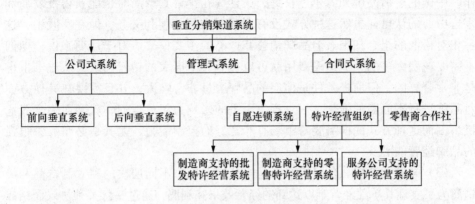

图7-2 垂直分销渠道系统

垂直分销渠道系统有利于控制渠道行动，消除渠道成员为追求各自利益而造成的冲突。他们能够通过其规模、谈判实力和重复服务的减少而获得利益。具体包括以下几种方式：

（1）公司式系统。公司式系统是指一家公司拥有和统一管理若干个工厂、批发机构、零售机构等，控制分销渠道的若干层次，甚至控制整个分销渠道，综合经营生产、批发和零售业务。简而言之，生产及分销各个阶段在单一所有权下组合，这种方式虽然在运作系统和组织上都非常紧凑，容易实行统一的市场营销策略，但由于这样的系统包含生产和销售两个环节的机构和企业，而产业和商业的运作模式和管理方法又有很大的区别，使得这样的系统对管理者的素质要求非常高。另外，由于可能发生企业的合并行为，对管理者的资源要求也比较高，没有相当的实力，要想实现这样的管理结构是不可能的。具体来说，它又分为前向垂直系统和后向垂直系统。

1）前向垂直系统，是指大工业企业拥有和统一管理若干生产单位和商业机构，采取工商一体化的经营方式。

2）后向垂直系统，即大零售商拥有和统一管理若干批发机构、工厂等，采取工商一体化的经营方式，综合经营零售、批发、加工生产等业务。

（2）管理式系统。管理式系统是指享有盛誉的大制造商为了实现其战略计划，在销售促进、库存管理、定价、商品陈列、购销业务等问题上与中间商协调一致或予以帮助和指导，从而与中间商建立协作关系的系统。

管理式渠道系统不是通过共同所有权或合同来约束不同成员行为的，而是通过渠道中实力雄厚的渠道成员的影响力来发挥作用的。一般而言，实力雄厚的制造商如保洁、联合利华等公司都能得到批发商和零售商的大力支持和协作。中国的著名品牌如海尔、长虹、康佳等在销售其产品时也能获得批发商和零售中心的认可。虽然这种方式没有明确双方的权利和义务，但在实践中，这种相对松散的组合却是著名品牌销售其产品的主要模式。对于厂商来说，他们不需要花费太多的渠道建设费用就可以拥有一个庞大的销售网络，从成本上讲是非常合算的，但前提条件是他们的品牌力量非常强大，并且需要在其他方面对品牌进行不间断的强化，一旦竞争对手的影响力超过他们，就会面临全线危机，因而这种方式同样需要对市场有非常好的控制能力，尤其是必须具备很强的品牌经营能力。

（3）合同式系统。合同式系统是指分销系统中不同层次的独立制造商和经销商为了实现其单独经营难以达到的经营效果和利润，通过签订某种协议而结成的联合体。这种系统通常包括下述三种形式：

1）批发商组织的自愿连锁系统。这是由一家批发商带头与若干独立的零售商签订自愿连锁合同而组成的自愿连锁系统。通常是由批发商先制订一个方案，然后根据这一方案使独立零售商的销售活动标准化，并获得采购成本降低的好处，这样就使得这个群体能够有效地与其他连锁组织竞争。

2）特许经营组织。根据特许经营者和被特许经营者的市场地位，特许经营组织又可以分为以下三种：第一，制造商创办的批发商特许经营系统，即制造商将特许经营权授予批发商，如可口可乐公司授权各地瓶装厂（批发商）购买其浓缩汁，然后由瓶装商充碳酸气、装瓶，再把它们出售给本地的零售商。第二，制造商创办的零售商特许经营系统，即制造商将特许经营权授予零售商。如福特等汽车公司特许经销商出售它的汽车，这些经销商虽然是独立的企业，但同意遵守各项销售与服务规定；再如，石油公司特许成千上万的加油站出售其品牌的汽油。第三，服务企业创办零售商特许经营系统，如麦当劳、汉堡快餐王和肯德基等。目前，特许经营形式在酒店经营过程中已成为一种非常重要的形式，例如，希尔顿等酒店品牌也是以这种方式在全球拓展其业务空间的，而如家、七天、莫泰等品牌酒店在我国也采用这种方式开发市场，并取得了很好的经营效果。

3）零售商合作社。这是由一群独立的、中小零售商组成的，为了和大零售商竞争而联合经营的批发机构。各个参加联合经营的中小零售商要交纳一定的股金，各个成员通过这种联营组织，以共同名义统一采购一部分货物，统一进行广告宣传活动及共同培训员工等，有时还进行某些生产活动，成员之间根据购买量按比例分配利润。非成员零售商也可以通过合作组织采购，但是不能分享利润。

4. 水平分销渠道系统

水平分销渠道系统是指分销渠道内同一层次的若干企业采取横向联合的方式，合资或合作开辟新的营销机会，从而组成新的渠道系统。例如，银行在各大商场设置的自动提款机即为银行与商场的合作方式，既满足了顾客取款的要求，又扩大了商场的销售。

5. 多渠道分销系统

多渠道分销系统是指一个公司建立两条或两条以上的分销渠道，以达到企业尽快拓展市场的目的。例如，电脑公司可以直接向购买者出售个人电脑产品，还可以通过大众化电器商场和电脑专卖店出售其产品，这样就有三条分销渠道；而酒店的销售行为可以发生在酒店的前厅，也可以利用旅行社将自己的产品出售给顾客，同时还可以采用网上订购房间的模式销售自己的产品。

由于绝大多数行业目前都处于竞争非常激烈的时期，任何企业甚至任何行业的营销活动如果拘泥于一种销售模式，采用一条渠道销售自己的产品，则不能有效拓展市场空间，这就要求策划人员在为企业进行渠道方面的策划时，对所有渠道模式都要非常熟悉，并熟谙各种模式的优点和缺点，这样才能为企业设计出符合其资源条件和营销目标的渠道模式。

（二）分销渠道设计的原则

分销渠道的效率直接关系到企业能否以较低的成本完成自己的销售任务，而且渠道成员多数情况下并不是企业的职能机构，亦即企业与渠道成员是合作关系而非上下级关系。这样，在与渠道成员的关系方面就需要企业的策划者与实施者具有较高的渠道管理技巧和较强的策划实施能力，其中，能否准确把握渠道设计的基本原则，能否按照渠道设计的基本原则体现企业的营销目标就显得非常关键了。

一般而言，分销渠道设计应该把握的基本原则主要包括以下方面：

1. 经济性原则

经济性原则是指从成本与收益的角度对不同的分销渠道进行评价，找到最适合企业经营目标和资源条件的分销模式，通过分销网络使企业的利益达到最大化。对策划人员而言，要达到这样的目标，首先就要推算每一种分销渠道的成本水平。例如，是采用本公司的销售人员还是采用销售代理商销售产品，企业的选择是：销售量在 1000 单位以下时宜采用销售代理商，因为销售代理商已经建立了健全的网络，容易与客户接触，单位产品均摊的分销费用比较低；但是，如果销售量超过 1000 单位，则适合采用本公司销售人员模式，即自己组建销售队伍。因为，大规模的销售足以给企业带来良好的利润回报。这给我们一个普遍性的启示：大企业适合采用自己组建销售队伍和分销网络模式，小企业一般采用经销代理商模式为好。

2. 目标差异性原则

目标差异性原则是指制造商使用销售代理商推销其产品时，必然会遇到中间商目标和制造商目标不相一致的情况。一旦这种情况存在，则中间商往往不能有效地配合制造企业的整体营销策略，道理很简单，二者是合作关系而非一个整体，中间商绝对不会以损害自身利益为代价而销售制造商的产品。因此，制造商在分销渠道设计过程中需要评价这种差异的程度究竟有多大，这种背离是否会影响到企业的长远目标和利益，如果中间商是在积极合作的前提下追求自身利益的最大化，则可以接受，但如果与制造商的目标相去甚远，甚至相抵触，则应及时调整渠道成员。

3. 适应性原则

分销渠道的设计要本着适应环境和企业总体发展规划的要求，灵活应变。分销渠道的设计方案要能够体现适应性特征，特别是与销售机构签订的销售合同，有效执行期限不宜过长，要为企业灵活变动分销渠道留有余地。

4. 维护声誉原则

企业的声誉往往会直接影响企业对分销渠道的选择，要达到通过正确选择分销渠道而提高企业声誉的目的，企业首先要精心选择经销商，拒绝与声誉差的经销商建立业务关系，同时，要适当激励在渠道建设方面对企业贡献大的经销商。

5. 企业战略目标原则

企业采用什么样的渠道销售产品，同企业近期和远期的经营目标也是息息相关的，具体见表7-1。

表7-1　渠道选择与企业经营目标的关系

经营目标 \ 决策	通路长度		通路深度		通路宽度		中间商应提供的服务		厂家应提供的服务	
	直接	间接	密集	独家	一条	多条	充分	有限	多	少
保证销量最大	放弃	选择	选择	放弃	放弃	选择	选择	放弃	选择	放弃
保证成本最低	放弃	选择	放弃	选择	选择	放弃	选择	放弃	放弃	选择
保证信誉最好	选择	放弃	放弃	选择	选择	放弃	选择	放弃	选择	放弃
保证控制最严	选择	放弃	放弃	选择	选择	放弃	放弃	选择	选择	放弃

注：通路宽度是指产品需要经过几种类型的通路到达消费者；通路长度是指产品在到达消费者之前需要经过的几个环节；通路深度是指产品在每种通路类型中选择的中间商数目。

（三）影响企业分销渠道设计的因素

1. 顾客因素

顾客是产品的最终消费者或者中间购买者，任何企业的渠道设计都需要将顾客因素放在首位并加以研究，因为这既是企业设计分销模式的出发点，也是分销模式最终成形的落脚点。策划人员考虑顾客因素对分销模式设计的影响时，主要从顾客的性质、地理分布和购买习惯三个方面来考虑。

（1）顾客的性质。假如消费者购买产品次数多，而一次购买产品的数量较少，则分销模式的设计适合采用间接分销渠道或较长的分销渠道。因为通常这样的产品需要更为广阔的销售区域吸引大量的客户购买，而且，一般而言，这类产品的价格都相对较低，例如，日用消费品的销售采用这种模式为好。假如客户购买产品的次数较少而一次购买的数量较大，则这种产品适合采用直接分销渠道或较短的分销渠道。这是因为，通常而言，这些用户购买的都是工业产品，而且这些产品的价格都相对较高，比较适合企业集中自己的营销资源主攻少数大客户，而不需要采用较长的渠道模式。

（2）顾客的地理分布。如果产品的最终消费者在地理区域上分布比较分散，且地域广阔，则这种产品的销售比较适合采用间接或较长的分销渠道，将产品有效地分销出去，例如，宝洁公司的产品是分布于全球市场的，因而其在每个国家都有自己的分销网络；如果产品的最终消费者和用户分布比较集中，分布在有限的几个区域，则适合采用直接或较短的分销渠道，例如，中集集团生产的集装箱其主要用户为全球主要的轮船运输公司，因而这样的企业也就无须对分销网络进行建设，其产品的销售主要依赖于与客户建立长期的业务关系，销售渠道的作用极为有限。

（3）顾客购买习惯。顾客在购买一些价格低而又经常消费和使用的商品时，一般注重方便性，企业应该通过较长而广泛的分销渠道将产品分销出去，并保证及时供应；而顾客在购买单位价格高又有鲜明特点和品牌形象的产品时，注重的是产品的服务质量，对这类产品的分销，一般要采用短而集中的分销渠道。

2. 产品因素

毫无疑问，产品一定会影响到渠道设计，事实上，渠道的长短很大程度上也决定于产品的性质（见表7-2），不同的产品会直接或间接地影响到渠道设计的模式。

3. 中间商因素

中间商是顾客与制造商之间的桥梁，如果中间商能够较好地与制造商配合，并广泛地联系客户，制造商就可以将很多销售职能交给中间商，宜采用较长的分销渠道；如果中间商不能有效贯彻制造商的意图，则生产商只好担负更多的销售职能，此时宜采用较短的分销渠道。

表 7-2 产品特性与渠道模式设计

相关因素	产品特点：高或低（大或小）	渠道特点：长或短
单价	高	短
	低	长
易腐易毁性	高	短
	低	长
体积/重量	大	短
	小	长
标准化程度	高	长
	低	短
技术和复杂性	高	短
	低	长
时尚性	高	短
	低	长
新颖程度	高	短
	低	长

4. 竞争因素

企业设计分销渠道还要考虑竞争者的渠道情况，一般而言，同类产品总是采用几乎相同的渠道模式来推广产品，但由于各企业的实力差距巨大，在实际操作中也需要根据具体的市场状况做出合理的渠道安排。其中，是否采用与竞争者相同的分销渠道设计模式是需要首先考虑的问题。这是因为，如果采用与竞争对手不同的分销渠道，则有利于避开强大的对手，独辟蹊径，获得渠道优势，但这往往需要巨大的资金投入，或者需要更为密切的渠道成员之间的合作；而采用与竞争者相同的渠道模式，则不仅要求企业的产品及其资金实力足以与竞争对手抗衡，而且在实际操作中还需要为渠道成员提供比竞争对手更多的现实利益。

5. 企业本身因素

企业的实力及其控制渠道的能力宴会影响分销渠道的选择。如果制造商实力雄厚、产品的类别广泛，又有强烈的控制渠道欲望，一般可以采用短的、直接的分销渠道。这样，一方面企业有实力达到渠道的要求，另一方面也可以稳固地控制渠道的运作。相反，如果企业力量有限，控制渠道的欲望较低，则可以采用间接、较长的分销渠道，这样做有利于企业集中力量从事生产活动。

6. 环境因素

企业外部的环境因素同样会影响分销渠道的选择。例如，在经济萧条时，厂商一般希望采用比较经济的方式将产品输送到市场，此时采用较短的和直接的分销渠道可以免除一些不必要的服务费用，从而降低成本支出，而在经济繁荣期，企业则希望通过更广泛的渠道网络在尽可能多的地域销售自己的产品，以达到提升整体利润和创建产品品牌的目的。此外，政策法律、人文环境甚至是政治制度等因素同样也会影响到渠道设计，例如，在我国禁止多层次传销的渠道安排，如果企业触犯了这条法律将受到制裁。

总之，影响渠道设计的因素非常多也非常复杂，策划人员在为企业进行渠道策划时，对这些因素都应该全面进行分析和评估。

（四）渠道设计的程序

渠道设计的程序如图 7 - 3 所示。

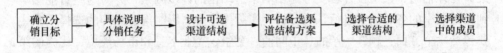

图 7 - 3　渠道设计的程序

1. 确立分销目标

确立分销目标是渠道设计的首要任务，这是因为任何渠道设计的最终目的都必须服务于企业的长期经营战略目标和短期营销战略目标，因此，渠道设计人员首先要做好以下三项工作：

（1）熟悉营销组合领域的目标、公司的营销策略及公司为实现整体经营战略目标而制定的经营规划和战略流程，这是进行分销渠道设计的基础；

（2）制定分销目标并明确地表述出来，对每一个分销目标的实现不仅要量化，说明经销商承担的主要营销任务，还必须在分销渠道设计中体现完成这些目标的具体措施和监督流程；

（3）检查所制定的分销目标是否与经营目标、策略及公司其他整体目标、策略相一致，如果发现分销目标与经营目标相抵触，则需要根据经营目标的要求对分销目标进行重新审议和修订。

2. 具体说明分销任务

分销目标确定之后，渠道的设计者还必须详细说明分销职责或任务，亦即分销任务的分解，具体内容体现在企业与经销商的合同或者协议之中，这通常是非常必要的，因为如果企业的分销任务不能分解到渠道成员而转化为渠道成员的具体行动，则这样的目标就是虚假的，即使定了也不会有人认真执行和贯彻。

3. 设计可选择的渠道结构

在具体说明为达到分销目标而执行的分销任务之后，渠道设计者应该考虑完成这些任务可供选择的方案，也就是设计可能的渠道结构。

通常而言，在开发备选的渠道结构时，要考虑以下三方面的因素：一是渠道级数；二是各渠道等级的密度；三是各等级渠道成员的类型。通过对以上三个方面的分析，渠道设计者可以得到可供选择的渠道结构数量。理论上可供选择的渠道结构数目一定很大。例如，对于有三个等级、三种密度和三种不同中间商类型的渠道组织数目是：$3 \times 3 \times 3 = 27$，然而，实际上可供选择的渠道结构很少超过12个，通常的渠道结构数也远远少于12个。这是因为渠道结构的复杂度会增加渠道的管理难度，过度复杂的渠道结构同样会降低渠道效率。

4. 评估备选渠道结构方案

在拟出若干可供选择的方案之后，渠道设计者下一步的工作就是评估备选方案。在评估时，渠道设计者要考虑影响渠道结构的许多因素，并对这些可能影响到渠道效率的各种因素进行认真分析。实际操作中，影响渠道结构的选择因素主要包括六个方面：顾客、产品、中间商、竞争、企业本身和市场环境，优秀的渠道设计方案必须在综合考虑上述因素的情况下，使渠道的运作效率达到最大化。

5. 选择合适的渠道结构

每一种渠道结构都有不同的优势和劣势，因而选择最佳渠道的确切方法是不存在的，但策划者可以运用一些手段或方法来大致估算和比较备选渠道结构的优劣，从中找到最适合本企业产品和营销目标的模式，这些方式的运用在每个企业都不尽相同，但通行的方法包括财务方法、交易成本分析方法和经验法等，企业应根据自身资源条件加以灵活运用。

6. 选择渠道成员

渠道成员的选择就是从众多相同类型的分销成员中选出适合公司渠道结构的、旨在有效帮助企业完成其销售目标的分销伙伴的过程。渠道成员的选择意义重大，如果选择不当，可能导致巨大的投资损失；如果选择得好，则可以锦上添花。一般来讲，制造商选择渠道成员需要经历三个基本阶段：获得潜在渠道成员名单，了解并评估潜在渠道成员，谈判和获得渠道成员。

如果企业确定了其产品销售策略，选择间接渠道进入市场，下一步即应做出选择中间商的决策，包括批发中间商和零售中间商。中间商选择得是否得当，直接关系着生产企业的市场营销效果。选择中间商首先要广泛搜集有关中间商的业务经营、资信、市场范围、服务水平等方面的信息，确定审核和比较的标准。选定了中间商后还要努力说服对方接受你的产品，因为并不是所有的中间商对你的商品都感兴趣。投资规模大，并有名牌产品的生产企业完成决策并付诸实施通常不太困难，而对那些刚刚兴建的中小企业来说就不是一件容易的事情了。一般情况下，选择中间商时必须考虑以下条件：

（1）中间商所能覆盖和影响的市场范围。市场是选择中间商最关键的因素，策划者先要考虑预定中间商的经营范围所包括的地区与公司产品的预计销售地区是否一致，例如，产品在东北地区，中间商的经营范围就必须包括这个地区。另外，中间商的销售对象是不是生产厂商所希望的潜在顾客，这是个最根本的条件，因为生产厂商都希望中间商能打入自己业已确定的目标市场，并最终说服消费者购买自己的产品。

（2）中间商的产品政策。中间商承销的产品种类及其组合情况是中间商产品政策的具体体现。选择中间商时一要看中间商有多少"产品线"（供应来源），二要看各种经销产品的组合关系是竞争产品还是促销产品。一般认为，应该避免选用经销竞争产品的中间商，即中间商经销的产品与本企业的产品是同类产品，例如大多数旅游公司即是酒店产品的购买者，也是酒店产品的经销商，如果在某一区域范围内旅游公司代理了过多的酒店产品，则酒店选择这样的公司作为经销商的风险就会比较大，因为这样的经销商讨价还价能力过强，会极大地影响企业的利润。当然，如果酒店的竞争力非常强就另当别论了，因为经销商同样需要为客户提供优质产品和优良服务，如果企业的竞争力足够强，则经销商会选择摒弃竞争对手的产品，或者将本企业的产品作为其主打产品推向市场，因而经销商的产品政策在很大程度上会影响渠道设计的模式。

（3）中间商的地理区位优势。区位优势即位置优势。选择零售中间商最理想的区位应该是顾客流量较大的地点；批发中间商的选择则要考虑它所处的位置是否有利于产品的批量储存与运输，通常以交通枢纽为宜；而酒店经销商的选择则应更加注重经销商所在地的地理区域的经济发展水平和人均收入等财务指标，原因在于经济繁荣地区通常对酒店的需求量比较大，而收入水平较高的地区对旅游产品的需求量比较大，这些都会直接或间接地影响酒店的营销运作。

（4）中间商的产品知识。许多中间商规模巨大，而且被有名牌产品的生产厂商选中，往往是因为他们有专门的销售某种产品的经验，这些经验不仅对经销商而言是开拓市场的法宝，对生产厂商而言也是一笔巨大的财富，因为他们至少可以省下对经销商进行产品培训的巨额费用。这些中间商一旦接手公司的产品，通常会在比较短的时间内为公司产品打开销路，因此，生产企业应根据产品的特征选择有经验的中间商推销其产品。同样，对于酒店的营销渠道设计也是一样的道理，如果渠道成员对酒店产品非常熟悉，对酒店行业的发展及竞争态势非常了解，那么他们在为本酒店推销产品时就会有意识或无意识地将这些有关酒店产品方面的知识运用到产品推广过程，从而使酒店的产品更容易为消费者所接受。

（5）预期合作程度。中间商与生产企业合作得好会积极主动地推销企业的产品，这对双方都有益处。有些中间商希望生产企业也参与促销，扩大市场需求，并相信这样会获得更高的利润，生产企业应根据产品销售的需要确定与中间商合作的具体方式，然后再选择最理想的中间商。对酒店的营销而言，目前可以选择的经销商主要包括酒店业务批发商、酒店业务零售商和酒店协会等组织，这些组织通常因为其业务与酒店的经营有着非常直接的关系而会与酒店积极合作。但同一般的经销商一样，这些组织同样会对酒店的产品及品牌等各种经营资源进行考察和比较，同样会根据其自身能力和经营目标选择合作伙伴，因而，对于酒店的营销，在选择这些经销企业时同样应该依据自己的经营战略选择与其合作程度较高的经销商作为自己的合作伙伴。

（6）中间商的财务状况及管理水平。中间商能否按时结算货款，能否按时支付酒店的房间服务费用和餐饮费用等，有时也包括按时支付预付货款或者租房定金，不仅取决于中间商财力的大小，更重要的是取决于中间商的销售能力和企业销售管理是否规范和高效，因而中间商的财务状况和管理水平直接关系着中间商营销的成败，而这些都与生产企业的发展休戚相关。因为这同样关系着生产企业或者酒店能否按时收到货款和房租，以维持企业的正常运转，因此，生产企业和酒店在选择合作伙伴时对中间商这两方面的条件进行考察是非常有必要的。

（7）中间商的促销政策和技术。采用何种方式推销商品及是否有能力运用多种促销手段开发市场，直接影响到中间商的销售规模，进而影响到企业的市场拓展，亦即中间商的促销政策和促销技术在很大程度上决定了一种产品在市场上的营销效果，因而生产厂商或酒店在选择自己的合作伙伴时同样需要对这些问题进行研究。因为，产品的性质不同决定了促销的方式也应该有所区别，例如，有些产品采用广告促销比较合适，而有些产品则适合通过销售人员推销或者促销活动，有些产品需要有效地储存，选择适当的时机推向市场，而有些产品则应快速运输到市场。其中，除了要考虑中间商是否愿意承担一定的促销费用及是否有必要的物质、技术基础和相应的人才以外，还需要考虑企业产品在市场的定位、品牌及营销目标等多种因素。因此，厂商和酒店在选择中间商以前必须对其所能完成的某种产品销售的市场营销政策和营销技能进行全面评价。

（8）中间商的综合服务能力。现代商业经营服务项目甚多，选择中间商要看其综合服务能力如何，有些产品需要中间商向顾客提供售后服务，有些在销售中要提供技术指导或财务帮助（如赊购或分期付款），有些产品则需要专门的运输存储设备。酒店的营销虽然从总体上讲对中间商的综合服务能力要求较低，但最基本的酒店预订功能是必须具备的。此外，由于酒店产品的服务性质，要求中间商对酒店的设施和服务水平非常熟悉，酒店通常还需要对中间商的员工给予适当的培训才能使其完全了解产品的功能。因此，合适的中间商所能提供的综合服务项目和服务能力应与企业产品销售所需要的服务要求相一致，这同样是考核中间商的重要指标。

二、分销渠道管理策划技巧

分销渠道管理策划是指企业为实现分销目标而对现有渠道进行管理，以确保渠道成员之间、酒店或厂商和渠道成员之间相互协调和通力合作的一切活动。从分销渠道管理的内容看，包括明确分销渠道管理目标、分销渠道价格管理、销售终端管理、激励渠道成员、产品生命周期渠道管理、渠道冲突管理、评估渠道成员，以及调整分销渠道等，分销渠道管理策划即是针对这些管理内容而制定的营销策略，如图 7 - 4 所示。

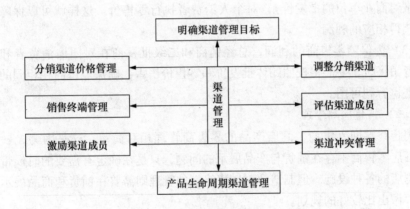

图 7 - 4　分销渠道管理的内容

（一）渠道管理的目标

根据酒店与厂商的营销战略规划，分销渠道管理的目标体系一般包括基本目标、二级目标和高级目标。基本目标是首先保证酒店产品在销售过程中有足够和通畅的通路，保证货畅其流，完成酒店的销售任务；二级目标是保证酒店产品价格相对稳定，即维护和确保合理的价格体系，确保酒店每个层次的价格都能最大限度地服务于企业的经营目标，杜绝和限制任何有可能引起价格混乱的行为；高级目标则是促使酒店市场营销效率达到最大化，即最大限度地提升酒店产品的销售量和市场占有率。

（二）分销渠道价格管理

一般来讲，对于多级渠道结构而言，厂商和酒店多采用级差价格管理体系，即在销售网络内部实行级差价格体系，构建级差利润分配结构，使每一层次、每一环节的经销商都能通过销售产品取得相应的利润。级差价格体系是指在将销售网络内的经销商分为总经销商、二级批发商、三级批发商及零售商的基础上，由制造商销售网络管理者制定的包括总经销价、出厂价、批发价、团体批发价和零售价在内的综合价格体系。在实际操作中，设计级差价格体系应该注意以下几点：

（1）为保障总经销商的利润，厂家应要求总经销商在各地按出厂价出货，总经销商的利润应包含在出厂价当中。这样，厂家就可以在各种场合公布出厂价，不会引起由于总经销商与厂商报价不一而导致的市场混乱，而厂商给予总经销商的价格要严格保密。

（2）为保障二级批发商的利润，总经销商对外应实行四种价格，即对二级批发商执行出厂价，对零售商场执行批发价，对团体消费者执行团体批发价（高于正常对商业单位的批发价），对个人消费者执行零售价。这样就可以保障渠道成员获得相应的利润。

（3）为保障零售商的利润，总经销商和二级批发商在对团体消费者和个人消费者销售时，要严格按照团体批发价和零售价销售，确保零售商在相同的价格水平上也有利可图。

（三）销售终端管理

销售终端即零售商，酒店产品的零售商管理相对简单，这是因为，一般而言，酒店零售商不存在铺货与产品展示的问题，只是在确定有需要的时候带顾客参观酒店的各种设施。但制造商对销售终端的管理则需要在铺货和商品展示两个方面都做出比较好的规划。

1. 认真铺货，直面零售店

铺货也称为铺市，是指制造商与经销商之间相互协作，在短期内开拓区域市场的一种渠道营销活动。具体来讲，铺货过程包括以下活动：厂商的销售代表跟随或驾驶本企业的货车，装载本厂的产品和促销赠送品，与经销商代表一起，按预订的拜访路线，拜访与该经销商有交易往来的所有销售终端成员（包括超市、商场、杂货店等），有时也包括拜访下线的经销商。拜访的目的是：凭借经销商与零售商的长期合作关系，由销售代表积极主动地向零售商介绍公司的背景及产品的情况，使零售店同意进货。同时张贴广告、赠送促销品，并通过实际观察和口头交流，使零售店了解企业和竞争企业的情况。这对于厂商而言往往非常重要，尤其是对于开发新市场的厂商而言，铺货是需要首先完成的营销工作，这是因为：

第一，铺货可以快速开拓市场，通过铺货，公司可以集中人力、物力和财力，快速高效地在目标市场开拓批发商、零售商和消费者业务；

第二，铺货是提高营销效率的重要手段，通过一次铺货过程中的多种经营方式，如通过营销人员口头介绍、商家试用产品、张贴广告、赠送促销品等方式，可以给中间商留下深刻印象；

第三，营销费用相对低廉，一般而言，铺货活动多数是针对公司推出的新产品，包括全新的产品，也包括老产品的新规格或新款式等改良产品等。

因此，铺货一般不会持续很长时间，只要使新产品顺利地进入市场，铺货活动就宣告结束，厂商不会面临营销费用过大的经营压力。

实际操作中，铺货应该迅速地将新产品铺进市场的每一个角落，以便广告活动展开后，消费者能方便地买到该产品。同时，对新产品而言，铺货就是抢滩登陆，就是"挤货"，因为产品一旦铺进商店，该商店便可能成为产品的永久阵地，同时，由于铺货占用了零售商有限的资金，降低了销售终端对竞争品进货的可能性，因而铺货就成为零售终端管理非常重要的一环。为了确保铺货成功，策划人员在进行铺货之前应该对铺货所采用的主要手段、竞争对手的铺货模式及市场的反应等做深入细致的分析工作，并在此基础上制订出周密的铺货计划，确定铺货路线，对铺货的业务人员还必须进行适当的培训，以便铺货工作顺利进行。

2. 科学地进行商品展示，有力推动销售

商品展示又称作商品陈列，是指通过管理商品在销售场所的展示和陈列方法而达到推动商品销售的一种途径，对于酒店经销商而言，这种展示通常体现为酒店的宣传图片或者 POP 广告的摆放位置。

商品展示不是一般意义上的商品摆设，而是强调通过对商品展示的管理来增加商品的销售量。为了做到这一点，商品展示应促使消费者"停、看、买"，以增加销售量。作为酒店和生产厂商而言，商品展示的策划内容主要包括：第一，争取有利的商品展示位置，这是最关键的，也是最重要的，如果顾客可以在第一时间看到你的产品，通常会留下比较深刻的印象，购买的可能性自然也会比较大；第二，扩大商品展示的空间；第三，确保展示空间包括所有规格、种类的产品；第四，确保展示空间的商品没有缺货、断货的情况发生；第五，通过合理和有创意的商品展示，以及 POP 广告等吸引消费者的兴趣，制造有利于产品销售的售点气氛，刺激消费者的购买欲望。

有些酒店的策划人员不重视酒店产品的铺货与展示，认为只有物质产品才可能采用这种方式扩大产品的销量，实际上，在市场竞争日趋激烈的今天，任何一种营销模式都不容忽视，只要对产品的营销有帮助，无论什么形式都应该认真加以研究。例如，许多酒店将自己的产品展示在互联网上，实际上也是产品展示和铺货的形式，只是实际操作过程中需要研究哪一种形式对酒店产品的促销力度是最大的，同时也是营销费用相对较少的。对策划人员而言，掌握甚至精通各种营销渠道模式应该是基本功，而对这些渠道模式能否加以娴熟地运用，达成酒店的营销目标，则在一定程度上体现了酒店策划人员的策划水平和策划能力。

（四）激励渠道成员

酒店经销商与酒店不是类属关系，因而从管理方式来讲，对渠道成员的激励方法与酒店本身的员工有比较大的区别，具体而言，激励渠道成员是指企业为促进渠道成员完成分销目标而采取的各种激励措施，而且这些激励措施主要是针对酒店中间商的。当然，为了促进酒店产品的销售，对酒店营销人员同样也存在如何激励的问题。具体而言，激励中间商的形式可以分为直接激励和间接激励。

1. 直接激励

直接激励是指给予物质或现金奖励来肯定经销商在销售量和市场规范操作方面的成绩。在实际操作中，厂商和酒店多采用返利的形式来奖励经销商的业绩。根据返利的目标，返利可以分为过程返利和销售量返利两种形式。过程返利是一种直接管理销售过程的激励方式，其目的是通过考察市场运作的规范性确保市场的健康培育。通常情况下，厂商和酒店在实行过程返利过程中将考察中间商以下几个方面的操作：铺货率、售点气氛、开户率、产品进货、安全库存、指定销售区域、规范价格、专销、积极配送、守约付款等。销量返利旨在提高销售量和利润。事实上，销量返利就是为了直接刺激经销商的进货力度和酒店产品的推广能力。在实际操作中，销量返利通常包括以下几种方式：

（1）销售竞赛，即对于在规定区域内和时间内销售量居于前列的经销商，给予丰厚的奖励，这是酒店利用中间商的渠道进行产品推广最重要的激励形式之一，因为如此操作不仅会刺激中间商更多地推广酒店的产品，更重要的是这种方式可以吸引更多的经销商参与酒店产品的推销工作，从而达到打击竞争品的目的。

（2）等级进货奖励，即对于进货达到不同等级数量的经销商，给予一定金额的返利。如年累计进货达到10000件，每件返利0.5元等，这种方式通常是指一般物质产品的营销，但同样也可以应用于酒店产品，例如，每年为酒店创造10000元的业务量，即奖励500元，创造20000元则奖励1500元等，以此刺激中间商销售更多酒店的产品。

（3）定额返利，这种形式比较简单，即若经销商达到一定的进货数量，或者中间商为酒店创造了一定数量的销售额，即给予一定的奖励。

返利是促进经销商积极促销酒店产品的有效措施，但实施过程中需要酒店对中间商具有较强的控制能力，否则很容易给酒店的经营造成不必要的损失，例如，假如给予中间商的返利过大，中间商有可能为了获得返利而随意降低酒店产品的价格或者对消费者进行虚假的广告宣传等，这都会不同程度地影响到酒店对市场的控制能力与酒店的声誉。因此，返利最好采用物质奖励或服务奖励的形式，如奖励生活用品、参加旅游或奖励一些经营设备等，这样做不仅可以提高经销商的产品销售积极性，同时，如果是以本酒店的产品作为奖励，也可以降低酒店的营销费用。

2. 间接奖励

简而言之，间接奖励就是通过帮助经销商进行销售管理，以提高销售的效率和效果来激发中间商的积极性。其做法多种多样，例如，帮助经销商建立进销存报表，建立安全库存数和先进的库存管理模式等，酒店产品的间接激励则主要体现为针对中间商员工进行的各种培训，在提升中间商营销水平的同时促销酒店产品。而针对零售商提供的间接激励，则是帮助零售商进行零售终端管理，在实际操作中，酒店还可以通过帮助经销商创建和管理其客户网络等形式来提升中间商的业务素质。

总之，对经销商的有效激励是提高酒店产品销售量和销售利润的有效方式，渠道成员虽然不是酒店的员工，但他们绝对是酒店的利益攸关方，在当今市场营销过程中，只有充分利用市场的各种资源才能获得一定的市场地位和市场份额，因而如何对中间商进行激励，以更好地发挥他们的销售能力与创造性同样是策划人员需要研究的重要课题。

（五）对渠道冲突的处理

厂商与酒店在营销过程中不仅需要正确选择经销商，而且需要在双方合作过程中处理由此产生的各种冲突和矛盾，这些冲突和矛盾有可能产生于酒店与中间商之间，也有可能产生于酒店的中间商之间，这对于酒店的营销而言是非常关键和非常重要的，道理很简单，如果这些冲突和矛盾不加以妥善处理，就会直接影响到酒店产品的市场份额与营销效果，策划人员在进行渠道设计时需要首先对这些矛盾与冲突的各个方面有所估计，做到未雨绸缪。

1. 冲突产生的原因

渠道成员由于各自的经营目标或经营目的的不同，在实际操作中会产生矛盾和冲突，产生这些冲突的主要原因可以概括为以下几点：

（1）酒店与中间商的营销目标不一致。例如，酒店可能希望通过降低价格而达到提高市场占有率的长期目标，而中间商则追求高回报的短期利益。

（2）酒店不明确中间商的作用与权利。例如，酒店的分销网络既有自己的销售队伍又有分销商时，就存在市场区域、销售信用等方面的冲突。

（3）酒店与分销商感觉上的差异。例如，酒店对经济前景看好，因而希望分销商加大营销力度，而分销商则对经济前景持悲观态度，尽可能地减少酒店产品的营销费用。

（4）双方沟通不力。这主要表现在双方没有沟通或沟通不及时，以至于失去解决冲突的机会，或者沟通受到"噪声"的干扰，致使渠道成员之间产生误解。

（5）中间商对酒店过分依赖。有研究表明，渠道成员之间的相互依赖程度越大，发生冲突的可能性越大，因为彼此之间的利益相关度高而经营目标不一致。

2. 渠道冲突的表现形式

（1）根据渠道冲突涉及对象的范畴，渠道冲突分为以下四种类型：

1）同质冲突，是指在一个宏观环境中，一家企业的分销渠道与另一家企业的分销渠道在同一层级上的冲突。例如，同为五星级酒店的两家企业利用相同的渠道推广自己的产品，这就使得中间商在推广产品时有较大的选择余地，而酒店与中间商之间就可能产生冲突，因为中间商可能不会充分利用自己的资源推广其产品。

2）水平性冲突，是指某一酒店的渠道系统中在同一层级上的不同中间商之间的竞争。例如，某些经销商为了牟取利润而违反销售合同，将酒店产品在其他区域低价销售，以致冲击其他区域经销商的合法权益。

3）垂直性冲突，是指发生在某一酒店的渠道系统中不同层级渠道成员之间的竞争。例如，酒店产品总代理与酒店产品分销商之间的冲突。

4）多渠道冲突，如果一家酒店建立了两个以上相互竞争的渠道系统，而面对的是同一市场时，则渠道成员之间的竞争就会比较激烈。这虽然有利于酒店利用他们之间的竞争关系降低自己的营销费用，但这种方式同样会因为渠道成员之间的冲突而导致营销效率下降，甚至直接威胁到酒店实现自己的营销目标。

（2）根据是否阻碍或促进酒店的渠道管理和分销目标的实现，可以区分为良性渠道冲突和恶性渠道冲突。

渠道冲突对酒店而言并不是有百害而无一利的，良性渠道冲突不仅可以增加酒店产品的销量，而且在某种程度上还可以使渠道更具效率，从而更有利于酒店控制渠道成员和实现自己的营销目标。一般而言，良性渠道冲突表现为：一是适当的压力或冲突可能会加强系统的联合，提高系统的稳定性；二是系统发生变化时，系统中不可避免地会发生冲突，但这种冲突产生的压力将促进业绩提高。由于上述两种情形不仅不会导致渠道系统瓦解，反而可能提升渠道系统的效率，因而称为良性冲突。当然，这种良性冲突一方面取决于策划人员对渠道模式的设计比较合理，能够利用渠道冲突加强渠道的各种功能，利用渠道成员之间的竞争提高其竞争能力；另一方面，良性冲突同样需要酒店对渠道的控制能力比较强，否则这种所谓的良性冲突就有可能转化为恶性渠道冲突。

与之相反，当系统中出现相互交叉的工作，渠道成员的资源部分浪费及渠道成员们利用各自的资源来增加冲突而非解决冲突时，便是恶性渠道冲突。例如，"越区销售"就是一种典型的恶性渠道冲突，恶性渠道冲突往往会给整个渠道系统带来巨大损失，极大地降低酒店的营销效率。因而渠道模式的设计首先需要考虑的就是如何避免和化解这些冲突，因为一旦这些冲突变为现实就会直接威胁酒店的切身利益，无论采用什么方式进行补救，酒店都需要付出非常惨重的代价。

总之，形成渠道冲突的原因多种多样，而且冲突并非全部是恶性的、有害的。因此，分销渠道的设计与管理目标不是去规避所有的冲突，而是要避免恶性冲突。同时，对于良性冲突要加以利用，如果能化冲突中的压力为发展的动力，对酒店而言就达到了渠道管理的最高境界，当然，这其中渠道模式的策划就成为最为关键的问题，要求策划人员对各种渠道模式及各种模式可能产生的问题必须非常熟悉。

（六）评估中间商

为了更好地达成酒店的营销目标，酒店在渠道管理过程中还必须定期评估中间商的业绩，了解中间商的活动是否符合酒店的分销目标、酒店的利润计划，以实现酒店的经营目标。通常而言，对于中间商的评估需要解决下述问题：

1. 评估的标准

中间商的工作业绩是对中间商进行评估的最重要的指标，如果中间商的工作业绩不能满足酒店要求，即使在其他方面很优秀，也必须考虑重新选择。具体而言，对中间商工作业绩的评估内容主要包括以下几点：

（1）销售量。这是最基本的指标，因为其不仅直接关系到酒店的营销业绩，更重要的是直接关系到酒店的市场影响力和市场份额。

（2）市场目标。主要考核中间商是否具有市场开拓能力及市场占有率的提高情况，这不仅直接关系到酒店的业绩，同样也需要中间商有比较强的应对竞争对手的能力。

（3）财务状况。主要考核中间商是否有拖欠酒店款项的情况，实际上体现了中间商对客户的控制能力及自身的财务管理能力。

（4）酒店产品促销情况。考核中间商是否主动开展酒店产品的促销活动，以及促销能力和效果，及时了解这些信息不仅可以了解中间商的营销能力，同时可以获得竞争对手的相关信息，尤其是竞争对手应对市场竞争的能力。

（5）服务水平。主要考核中间商为客户提供服务的项目及水平能否达到酒店的要求，能否为客户提供高质量的服务而达到拓展或者至少维持市场份额的目的。

（6）其他。主要考核中间商对特殊事件的处理能力，如客户投诉及适应相关法规的能力等。

2. 与酒店的合作情况

酒店与中间商的合作是否愉快，是否能达成双赢目标往往是中间商管理的重要内容之一，而酒店能否利用中间商的资源拓展自己的市场空间，战胜自己的竞争对手，同样是酒店对经销商管理是否成功的重要标志。因此，中间商与酒店的合作情况也就成为对中间商进行评估的重要指标之一，因为每家酒店在不同的时期对中间商的要求不尽相同，因而实际操作中对中间商的考核标准也就存在比较大的差异，但一般而言，下述内容都会作为考核指标。

（1）中间商对酒店提出的分销要求是否能够理解到位，这往往非常重要，因为如果中间商与酒店对市场的看法差异过大，或者二者之间的营销目标差异过大，就很可能造成前述的渠道冲突，从而最终损害双方的根本利益。

（2）中间商对酒店整体营销规划的理解及执行情况。通常而言，酒店的营销计划不会全盘告知自己的经销商，因此在营销计划的实施过程中很容易被中间商误解，使其在市场操作方面与酒店的营销目标相背离，这也是双方产生冲突最重要和最直接的原因，因而优秀的策划人员或者酒店的管理者通常会在这方面与中间商进行比较好的沟通，以最大限度地让中间商理解自己的经营意图。但如果中间商知道酒店的营销目标而拒绝配合，则酒店就应该考虑是否更换经销商了，因为这种情况下渠道的效率损失几乎是不可避免的。

（3）中间商是否积极参与酒店的培训。这对于酒店这样的服务类产品而言往往是至关重要的，因为中间商的业务员可能对酒店的服务、设施及品牌等都非常陌生，不经过一定程度的培训就无法向客户宣传酒店产品，而且，相对于一般物质产品而言，酒店市场的变化会随着季节、经济景气度、重大事件，甚至人们的收入水平等因素而不断发生变化，而中间商对这些情况的了解远没有酒店的自身体会深刻，因而中间商是否积极参与酒店的培训实际上也在某种程度上反映了中间商对酒店产品推广的忠诚度。

（4）中间商的综合发展能力。酒店业务的好坏不仅需要酒店营销与策划人员的努力，同时也需要中间商不断为酒店开发新的市场空间，以此吸引更多、更稳定的客源，因为中间商的素质、管理水平、营销能力等都直接关系到酒店的营销业绩。换句话说，中间商的综合发展能力在很大程度上对酒店营销目标的实现有非常重要的意义，因而对中间商的评估包括以下几方面的内容：

1）中间商现有的市场地位及其知名度和信誉度。一个知名度、信誉度非常高，市场地位非常强的中间商酒店带来的不仅是业务，也是一种声誉，这些中间商一旦做到一定程度就不会为信誉不好的企业开拓业务，因为质量和服务有问题的产品同样会损害中间商的知名度和声誉。然而，市场是每时每刻都在发生变化的，以前优秀的中间商同样会因为各种原因损失自己的市场地位或者信誉，这就是为什么酒店需要对中间商市场地位进行定期评估的原因所在。

2）中间商今后的发展目标设计及企业人力资源的构成等情况。中间商如果有自己的发展规划，并且这种发展目标与酒店的营销目标基本吻合，则这样的中间商就会成为酒店未来开发业务的重要渠道，酒店的业务也会随着中间商对市场有计划的开发而不断发展；而中间商拥有非常雄厚的人力资源储备、合理的人才结构同样对酒店业务的开展具有非常重大的意义，因为酒店不仅可以节省大量的培训费用，也会因为中间商的优秀人才而降低开发市场的难度。反之，如果中间商在这两方面没有任何规划，则其对市场的操作就一定是盲目的。很难想象，一个没有销售目标和优秀人才的中间商会为产品的销售做出非常大的努力，因而不仅需要定期评估中间商是否具有一定的综合实力，也需要与经销商不断沟通，从而促使其不断提升。

3. 选择与评估中间商的步骤

（1）制订计划。酒店的营销目标是选择和评估中间商最重要的依据，不同酒店或者同一酒店在不同的发展阶段对中间商的要求都是不一样的，这也决定了酒店产品的分销计划，包括分销政策、中间商的选择标准、目标市场战略，以及如何衡量中间商的业绩、对中间商的评估标准、评估方法等都会存在比较大的差别，这些内容都应该体现在酒店的总体营销策划方案之中。

（2）酒店确定了自己的营销目标及主要的营销手段和选择中间商的标准以后，就需要与经过选择的中间商签订销售协议，明确中间商的责任，以及对中间商评估的程序、评估的标准和评估的方法，从而以法律文本形式确认双方的合作关系，这是渠道管理最重要也是最关键的部分，策划人员在确定这样的法律文件时一定要慎之又慎，必要的时候还需要请公司的法律部门或者外聘的法律专家承担这方面的工作。

（3）依据针对中间商的评估标准和评估方法对中间商的前述各项指标进行评估，归纳出渠道中存在的问题及对酒店业绩的影响情况，并以得出的结论作为与中间商是否继续合作或者重新选择的依据。

（4）根据企业的营销目标对严格执行协议的中间商予以奖励，对不能完成销售任务的中间商给予处罚，对个别中间商做出撤销处罚的决定。通常情况下，这样的奖罚措施可以采用如下两种方法：

1）横向比较法，即以整体业绩上升比率为标准，考核各个中间商的业绩与平均水平的差距。

2）纵向比较法，即以每一个中间商的销售业绩与上一期业绩比较，考核中间商完成任务的情况。

（七）调整分销渠道

酒店一旦建立了自己的分销渠道网络，通常会使用比较长的时间，这是因为建立一个渠道网络会耗费企业大量的资源，过度频繁地调整不仅不利于产品的销售，同时也是对渠道资源的巨大浪费。但这终归只是渠道管理的一般原则，如果市场发生比较大的变化或者酒店的营销目标发生变化，特别是在分销渠道的运行偏离了营销计划、消费者的购买模式发生了变化、市场进一步扩大、新的竞争对手出现、新形式的分销渠道出现、产品进入生命周期的衰退阶段等情况下，就需要对分销渠道进行调整。

总体而言，分销渠道的调整涉及三个层面：第一个层面的调整幅度最小，一般情况下不改变分销渠道的整体结构，仅仅是增加或减少个别中间商；第二个层面是对分销渠道进行较大幅度的调整，增加或减少业绩低于某种控制线的所有分销渠道成员；第三个层面是调整分销渠道的构成，形成新的渠道方式，因此要大幅度地调整中间商及其职责范围。对任何企业而言，选择上述三种调整方式时，都应尽可能地选择第一种，这是因为每一种调整都会带来市场波动，选择对市场影响力较小的方式有利于企业巩固已经占有的市场和拓展新的市场空间，大幅调整渠道结构应该是不得已而为之的最终手段。

1. 增减渠道成员

根据企业的整体战略规划和对中间商评估的结果，对那些不能完成酒店销售定额并影响酒店市场形象的个别中间商，要终止与他们的协作关系。同时，通过认真的评估，吸收那些有积极性、业绩良好、形象声誉卓著的中间商。在实际业务中，增减渠道成员最好的办法是：采用整体系统模型来测量某一决策对整个分销系统的影响，而不是单纯依靠增量分析的结果采取具体行动，因为经销商的变动情况会影响当地的销售格局，对中间商也会产生不同程度的影响。例如，在某个大城市，某酒店将客户代理的权利授予一个新经销商，这一决策势必会影响老经销商的经营成本和士气，而该新经销商加入酒店的渠道系统后，整个系统的销售额就很难代表整个系统应有的销售水平了，酒店需要重新评估。因此，即使是最简单的渠道调整也会影响到整个渠道系统的运作，这就是为什么渠道不宜过度调整的原因所在。

2. 增减分销渠道

分销渠道有许多种形式，随着市场形式的发展和变化，原有的分销渠道会在很多方面表现出不适应市场变化的情况。例如，过去的百货公司是很多产品最重要的销售渠道，而以沃尔玛为代表的大型集成商目前基本上已完全取代了百货公司的功能，而且大幅度降低了渠道成本，这种情况下，企业仅仅增减个别渠道成员已经不能解决企业的销售问题了，往往需要对渠道进行大规模的调整，增加一些新的渠道或减少一些不适应新形式要求的渠道。这种渠道变革往往与市场大环境的变化紧密结合在一起，企业不需要刻意创建一种新的渠道模式，但如果这种模式已经成为市场共识或者原有的渠道模式已经不能满足产品销售的要求了，则这种改变是必须的。

3. 调整渠道结构

调整渠道结构当然是最剧烈的渠道调整模式，也往往是企业在渠道调整方面代价最高的模式。随着市场环境的变化，酒店要对渠道的结构进行调整，以提高产品的竞争能力。这是对企业市场营销组合和市场政策的重大改变，其中蕴含着巨大的市场风险，一旦操作失误就会给企业造成巨大的损失，因而要十分谨慎。例如，汽车制造商为了加强对渠道的控制，由原来的经销商制度改为自己直接设立销售分支机构或者独家代理等就属于这种调整。

不仅如此，渠道结构还与产品生命周期是相互联系的，在产品生命周期的不同阶段，需要不断改变其分销渠道结构，以适应市场要求，具体如图7-5所示（以小包装商品和新款服装为例）。

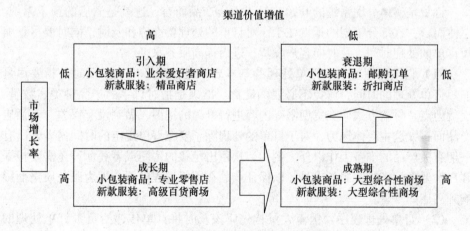

图7-5　分销渠道价值增值与市场增长率关系

（1）引入期。新产品或新款式的商品一般经由专业的渠道（如业余爱好者商店、妇女服饰品小商店）进入市场。这种渠道能够发现流行趋势并能吸引早期的采用者。

（2）成长期。随着购买者的兴趣增加，高销售额的分销渠道便会出现（如专卖连锁商店、高级百货商场等）。这些渠道也提供服务，但不如前面的渠道提供得多。

（3）成熟期。随着销售增长速度的减缓，一些竞争对手便会将其产品转入低成本渠道（如大型综合性商场）销售。

（4）衰退期。当衰退开始时，成本更低的分销渠道（如邮购商品、折扣商店）也会介入。

三、分销渠道中的实体分配策划

实体分配策划是指对商品的实物流通，包括订货、仓储和运输等环节的谋划活动，反映的是商品在时间和空间上的变化，由于酒店产品在消费与生产两个方面的统一性，实体分配策划对于酒店产品而言并不具有现实意义，但实体分配的策划方法对于酒店产品策划者而言还是具有借鉴作用的。对于一般物质产品而言，分销渠道中的合理实体分配可以使产品在合适的时间和地点到达顾客手中，没有实体分配环节，市场营销活动就不能构成一个完整的体系。从广义上讲，实体分配包括生产之前和生产之后企业的所有后勤活动，从狭义上讲，实体分配涉及产品移动的整个活动过程。

（一）实体分配系统的构成

1. 订货系统

订货是实体分配系统的开始，对于酒店产品而言，这就是酒店的预定系统。总体而言，这部分策划的重点在于，对订单的处理要准确和及时，同时要尽量缩短订单的处理时间，及时向客户发货，进而提高服务水平。

（1）订单处理要求。订单处理的基本要求是及时、准确。及时是指要尽量缩短订单处理的时间，避免不必要的耽搁。准确是指对订单的产品种类、数量、交货地点、付款方式、交货期限等内容进行准确的把握，做到没有误差。对酒店产品而言，这主要体现为，对于订单的处理除了要在订单规定的时间内做好所有一切有关产品的准备工作以外。例如，预留出足够的房间或者餐厅，还需要根据客户的要求配备相关服务人员，以保证产品在销售过程中不会因为服务质量而影响到酒店的声誉。

（2）订单处理程序。销售人员首先应该及时将订单传递给负责订单处理的部门和人员。同时，也要负责订单处理的部门和人员在接受了订货并查验顾客的信用情况后，检查产品是否有存货及存放的地点，如果需要生产，就下达生产通知单，发出装运通知，将客户的应付款项列入账上，并修正存货记录，这部分策划的重点在于做出一个适合企业资源特点的流程图，并确定每一环节负责人的具体职责，必要时，还要规定相应的奖惩措施，以最大限度地保证订单不会因为公司人员的操作失误而流失。

2. 仓储系统

实体分配的仓储系统包括选择仓库和处理存货。仓库的选择主要包括决定仓库的数目和确定仓库的位置，其中，对存货数量的控制是策划的重点，因为存货数量不仅直接关系到企业的运作成本，而且对管理水平的要求也不一样，因而存货数量确定实际上就是在缺货风险和存货成本之间寻找平衡关系。这在理论上是非常简单的，但在实际操作中要准确把握合理存量则需要策划人员有丰富的行业经验与精准的市场预测。这方面需要分析的主要问题包括以下几点：

（1）租赁仓库与自建仓库的选择。租赁仓库可以根据企业的需要随时调整租赁空间，降低租赁的费用，这种方式弹性大而风险小，缺点在于稳定性较差，同时，如果企业需要租赁很长时间，则这种方式的营销费用就会大幅上升，因而租赁仓库比较适合于市场变化比较大的产品；如果企业产品的市场变化相对较小，产品数量庞大，则适合采用自建仓库的方式。费用比较如图7-6所示。

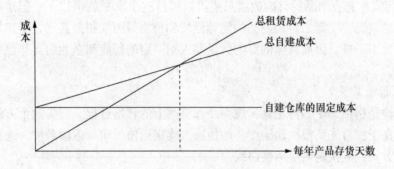

图7-6　租赁仓库与自建仓库费用比较

由图可见，租赁仓库的存货时间较短，费用水平较低。但随着存货时间的增加，存货的成本会迅速上升。而自建仓库在存货时间较短时、成本较高，但随着时间的延长，平均成本较低。因而企业究竟应该采用什么方式，依赖于企业的自身条件与市场状况。对于策划者而言，不仅要考虑企业当前的市场状况，还需要根据企业的长期战略目标对库存的管理方法提出自己的建议。

（2）仓库数目的选择。仓库数目不仅直接关系到企业的仓储成本，而且依赖于企业的仓储管理水平，合理的仓库数目是企业有效降低营销费用的关键环节。目前，很多企业利用计算机模拟方式计算出最佳的仓库位置和数目以达到最合理的布局。

（3）存货。在现实操作中，存货数量往往是策划人员面临的主要问题之一，这是因为，企业的营销人员总是希望保持足够的存货，以便能随时满足顾客的需要，及时提供商品供应，而保持较高水平的存货又会增加企业的储存费用，因此，需要在存货数量和成本之间建立平衡关系，找到最佳的存货水平。对于存货的数量究竟为多少才合适，要考虑以下几个问题：

1）订购点。存货的基本特点是随着商品的卖出而逐渐减少，因此要决定在何种剩货水平发出新的订单，以避免缺货，保证营销活动不至于因为缺货而中断。理论上讲，企业发出订单的剩货水平称为"订购点"。订购点的高低与订购的前置时间、使用率、服务水平等因素有关。订购前置时间是指从订单发出到接货所需要的时间，这段时间越长，订购点就越高；使用率是指在某一时间段内，顾客平均的购买数量、使用率越高，订购点就越高；服务水平是指企业希望从存货中直接用来完成顾客订单的百分比，服务水平越高，订购点就越高。从这个意义上讲，订购点的策划在很大程度上决定了有关这一问题的总体策划，需要策划人员对行业运作模式非常熟悉。

2）订购量。根据行业经验，一般物质产品的库存量最好保持在月销售量的1.5倍为宜。企业产品的订购数量只要可以维持这个水平就可以了，但这也仅仅是一般的情况，实际上各种商品的物理性质和价格等因素相差甚远，受市场影响的程度也不一样，因而具体的订购数量要根据一定的行业和企业的运作经验来做出判断。

3. 运输系统

运输是指借助于各种工具实现商品在空间上的转移过程。有关这个方面的策划重点在于：首先要根据运输产品的性质，确定运输时间与运输条件，选择适宜的运输方式；其次是确定运输路线。

（1）运输方式的选择：现实中，商品的运输方式可谓多种多样，企业的选择余地也非常大，但总的原则应该是省钱、省时、省力，以不损坏商品为前提，不耽误上市为原则。

（2）运输路线的选择：原则上选择路损最小和时间最短的路线，当然，这样的选择一般需要支付比较高的费用，因而还必须结合企业的实力和商品到达要求等具体情况。

（二）实体分配的基本目标

最理想的实体分配目标是"以最低的成本将适当的产品在适当的时间送到适当的地点"。在现实中，如果没有一套非常先进和实用的物流手段，这一目标是很难达到的。因此，实体分配的目标中要分别设立投入和产出目标，以尽可能地节省公司的资源，使实体分配达到企业的基本要求。对于策划者而言，制定这些目标不仅要考虑到企业的资源状况和营销目标，同时也要与行业规则和实体分配的成本相结合。

1. 投入目标

实体分配的投入是指实体分配的费用和成本，因而最大限度地降低成本和费用就成为投入的目标，也是这方面策划的基本点。具体而言，实体分配的投入目标主要包括以下几个方面：

（1）尽可能降低运输费用，包括缩短运输里程，合理搭配运输工具及根据各种运输工具的价格对运输方式进行调整等内容；

（2）尽可能降低仓储费用，包括合理利用仓储空间，选择合适的仓库类型，根据产品特性决定是选择专用仓库还是普通仓库或者调整仓储模式等内容；

（3）尽可能减少延误费用，即减少由于运输延误而造成的营销损失，包括设计合理的运输体系和制定合理的操作系统等内容。

2. 产出目标

实体分配的产出目标最重要的方面体现为，提高对顾客的服务水平，加强顾客对产品的认同感，从而达到最终提升品牌形象的目标。这方面的策划重点如下：

（1）为顾客提供可靠的服务。首先，保证商品的品种齐全是为顾客提供可靠服务的基础，因为只有便于顾客挑选才能吸纳更多的顾客认同公司的产品和提升购买频率，这就是那些产品系列较全、产品线较长的公司可以吸引较多客户的重要原因。其次，公司在接到顾客订单后，还要能够按顾客的要求提供商品，个性化服务同样是吸引更多顾客的重要手段，在市场竞争日益激烈的今天，个性化服务往往是叩开市场之门的重要途径。最后，按顾客要求的时间，将货物准时送达顾客要求的地点，这虽然不是十分困难，但要做到每一笔业务都能够达到这个水平就需要有一套制度系统作为保障，这也是需要策划人员进行设计的。

（2）降低缺货的比率。对于业务员来说，他们最反感的就是在产品销售过程中公司的供应出现问题，也就是出现缺货现象，因为这不仅直接影响业务员的收入和市场的拓展，同时也会给经销商和顾客留下不好的印象，从而直接影响未来市场的开发，然而，存货一定会增加企业的营销费用，因而过多的存货同样会直接影响企业的利益。因此，保持适量的存货可以降低缺货的百分比，这成为策划人员在这方面的设计重点，如何解决缺货与存货过多造成的矛盾要依据不同的行业特点和市场环境来决策，这就要求策划人员要非常熟悉行业规则与市场环境。

（3）缩短订货时间。如果顾客的订货时间能够缩短，则不仅方便了顾客，降低了顾客的购买成本，同样也节约了企业的营销费用，提升了企业的知名度，可以说对各方都有好处，但问题在于每个企业的销售流程和员工素质都有非常大的区别，要真正做到这一点也不是非常容易的事情，这就要求策划者针对这方面的工作流程，按照企业的营销目标和员工的基本素质进行有针对性地设计，从而降低顾客从发出订单到收到货物的时间间隔。

（4）为顾客提供选择运输工具和运输形式的特殊服务。这在有些行业是非常重要的，尤其是对大宗类货物而言，运输费用往往占营销费用很大的比重，因而如果条件允许，公司可以由顾客选择运输工具和运输形式，并且在可能的情况下尽可能帮助顾客解决运输方面的问题，这不仅可以博得顾客的好感，有利于稳定客源，更重要的是，由于运费的降低直接给顾客带来了实际利益，会在很大程度上促进公司市场的拓展和产品品牌声誉的创建。

（三）实体分配的总体协调

实体分配是企业营销工作的重要内容，由于这项工作涉及企业与物流系统的协调，需要从组织上和机构上保证系统的有效运行，因而策划的重点也体现为这两个方面。

为达成实体分配的运作目标，建立一个专门负责的机构是十分必要的，它是控制实体分配成本及其他各项活动的有效组织保障。一般而言，实体分配部门属于营销部，但在实际操作中，特别是对于中小企业的物流运作，企业的后勤和行政部门、财务部门对实现这一有效运作起着非常关键的作用，因此，物流运作的协调还要依靠企业的总经理或主管营销的副总经理加以协调。这方面的主要内容包括以下几点：

1. 制订计划

实体分配计划无疑是保证实体分配体系正常运作的基本条件，计划的制订除了需要依据市场条件、企业目标和资源状况以外，还必须与企业的实体分配条件，如运输、仓储以及实体分配涉及的相关部门与人员素质结合在一起，由于不同企业的产品各异，所依赖的运输与仓储等条件不同，计划所包含的内容也不尽相同，但总体来说，计划所体现的运作效率应该是所有策划人员注重的关键问题。

2. 分析企业的内外部环境

总体协调要达到比较好的效果，对企业实体分配环境的分析是需要首先解决的问题，这也是制订实体分配计划的基础，即企业的目标一定要与企业资源与外部经营环境很好地结合在一起。相对而言，策划者对企业的内部环境一般是比较熟悉的，对企业的营销目标也是清楚的，因而这部分策划的重点在于对企业外部环境的研究，尤其是对与实体分配相关企业的运营状况与资源条件进行认真分析，这样，做出来的计划才具备可行性。

3. 确定实体分配的程序

为了使实体分配达到预期的效果，制定一个有效的实体分配程序，使相关人员能够按照企业的要求有序工作是必要的。这不仅是提高实体分配效率的有效保障，同时也是对参与人员进行管理和考核的重要依据。不同企业的实体分配在实际操作中的运作流程会因为产品、市场环境及企业目标等因素而有所区别，但一般情况下，实体分配的程序体现为图7-7所示的内容。

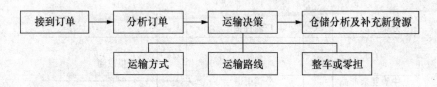

图7-7　实体分配的程序

4. 实体分配效果分析

实体分配的计划是否可行，运行效果如何，一方面依赖于策划者对相关问题的研究及策划水准，另一方面也依赖于企业对运作系统的不断改进，因为无论多么优秀的策划，在实际操作中都可能出现问题，都需要根据市场环境的变化加以修正和提高，因而对实体分配效果的分析就成为企业改进分配系统的不二选择，这也是策划方案应该体现的重要内容。

5. 反馈信息及改进措施

实体分配计划的实施不仅依赖于企业员工的工作效率与策划的周密性，同时也需要与企业的外部人员与市场条件密切结合在一起，因而有效的反馈系统是保证实体分配计划顺利实施的重要条件，而依据反馈信息不断对系统进行改进则是企业提高系统运作效率的重要前提。这些改进措施不一定是策划人员提出的，但作为企业的策划者，有责任对分配系统的各种问题进行研究，并提出自己的改进措施，如果这些改进措施是企业的其他人员或者外部人员提出的，也需要认真分析，并依据企业的营销目标提出自己的观点。

总之，总体协调工作需要策划人员更多地考虑本企业与相关渠道成员之间的关系，认真分析各个物流环节所面临的主要问题，进而采取切实可行的措施提升实体分配的运作效率。

（四）新形势下营销渠道的变化趋势

社会经济的发展使人们的生活发生了巨大变化，消费方式也随着科学技术的进步而与传统方式有了很大区别。这些变化对销售渠道的影响力是巨大的，过去那种百货商店式的零售企业和多级分销的代理制度，在今天的商业运作中，其市场范围已经变得越来越小，取而代之的是拥有多厂家产品销售权的大型集成商和电子商务购物系统，厂商在构建自己的渠道网络时，将更多地依靠类似沃尔玛这样的商业巨人，因此，对今后商业形式和渠道网络的研究同样是厂商面临的重要课题，也是策划人员在为企业或者酒店构建渠道网络时需要考虑的重点问题。总体而言，这种渠道发展趋势如图7-8所示。

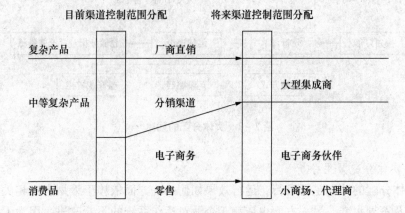

图7-8　未来渠道发展趋势

由图7-8可见，未来渠道的主要成员会由现在的代理商和批发商等转变为大型商业集团。对于一般产品而言，除了电子商务形式以外，主要的分销渠道将变为类似沃尔玛的巨型超市。而厂商自建渠道模式将会面临巨大的市场压力，因为无论是从成本角度考虑，还是从运作效率考虑，这种模式已经不能适应当今渠道的发展要求。就酒店的营销网络而言，利用电子商务形式推广其产品将成为一种非常重要的渠道拓展模式。

第八章　酒店产品促销策略方法

一、如何认知酒店产品促销

现代酒店市场营销不仅需要企业开发适销对路的产品，制定颇具吸引力的价格，而且要积极塑造其在市场中的正面形象，通过各种渠道传递产品的相关信息，即进行有效的沟通与促销活动。随着市场竞争的日益激烈，酒店企业在不断地运用各种促销手段，以提升自身的市场竞争力。促销策略作为营销组合的一个重要组成要素，正在吸引越来越多的学者从管理的角度进行系统的理论研究，这些研究成果对指导酒店的实践有重要的现实意义。

（一）理解酒店产品促销

酒店产品促销是指酒店企业通过人员和非人员的方式，沟通酒店与消费者之间的信息，激发酒店顾客的注意、了解和购买兴趣，树立酒店企业及其产品的良好形象，使顾客产生购买行为的活动。其一般包括人员推销、广告、营业推广和公共关系等形式。促销活动实际上是信息沟通的过程，买卖双方之间可以及时有效地沟通信息，具体如图8-1所示。

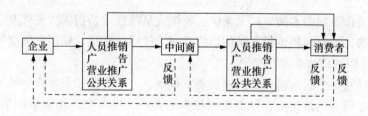

图8-1　营销信息的沟通过程

（二）酒店促销组合

促销组合是指酒店企业在促销活动中，综合运用人员推销、广告、营业推广和公共关系等促销方式，以便实现更好的整体促销效果，如图8-2所示。在企业设计促销组合时，要综合考虑目标市场、企业提供的费用、商品的性质和商品的生命周期等因素。

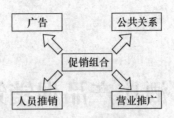

图 8-2　促销组合

（三）促销的作用

（1）信息沟通。企业将产品信息传递给批发商、零售商和消费者；把中间商和消费者的反映、意见、要求等信息反馈给生产者。

（2）激发需求。新产品上市之初，顾客对其性能、用途、作用、特点并不了解，通过促销活动，可以引起顾客兴趣，诱导需求并创造新的需求，从而为新产品打开市场，建立声誉。

（3）扩大销售。促销活动有助于企业树立良好的形象，从而培养和提高品牌忠诚度，巩固和扩大市场占有率。

（4）突出特色。企业应通过促销活动宣传本企业产品的特点，努力提高产品和企业的知名度，促使顾客加深对本企业产品的了解和喜爱，增强信任感，从而提升企业和产品的竞争力。

（5）形象宣传。通过促销活动，可以树立良好的企业形象和商品形象，促使顾客对企业产品及企业本身产生好感。

二、推销人员的素质与要求

素质是指事物的本质。广义来讲，推销人员的素质是指先天条件和后天品格的综合反映，同时包括推销人员的思想品德、气质、性格、知识和风度等。

（一）思想品德素质

商品推销工作对推销人员的素质要求很高，一个企业如果拥有一批素质优秀且受过良好训练的推销员，就能吸引较多的客户，进而在市场竞争中取得成功。由于该方式是销售人员直接与顾客联系，因此对推销员的要求也就格外的高，那么一个人具有什么样的风度、品质、性格、特点、态度，才可以成为卓越的推销人呢？

事实上，许多著名的推销员都具有不同的个性、外表。当然迷人的风度、漂亮的容貌、高挑的身材以及显赫的声望对推销有一定的帮助，但绝不能作为推销员的必要条件。日本著名的推销员原一平先生，身高只有 145 厘米，是一个让任何人都为之遗憾的缺陷。然而，他坦然面对这一现实，从各方面锻炼自己，终于成为一名出色的推销员。推销人员应具备的思想品德素质包括以下几点：

1. 强烈的成功欲望

推销人员的工作大部分是孤军作战，他们是市场竞争中前沿阵地上的排头兵。面对每一个潜在的客户，推销人员代表的都是公司的形象，因此应审慎地面对每一笔交易，在遇见各种各样的拒绝时，必须有坚韧不拔的毅力和强烈的进取精神，真正做到"胜不骄，败不馁"，只有这样才能到达胜利的彼岸。

2. 百折不挠的进取精神

每一位推销员都希望每一次交易都能成功，但事实上，推销员会因为产品或服务的不同以及推销能力的高低差异，达成交易的成功率也有所不同。有的人成功率为10%，有的人为20%或30%。根据百分比定律，若每次成交能赚200元，成功率为10%，则每见一个客户相当于赚20%的利润。所以成功是靠积累而来的，要想做一名优秀的推销员，必须每天给自己规定工作任务，不完成任务，决不收兵。"业精于勤而荒于嬉"，推销员若无勤奋这一素质，是难成大器的。

3. 一定的勇气和自信心

作为一名推销员，要充满自信，坚信自己一定能够成功。有了自信心就有了勇气，就能够战胜恐惧。自信心是在不断获取经验的过程中培养出来的。推销员应锻炼勇气，磨炼意志，增强直面困难的勇气，对未来的推销事业充满信心。

4. 诚实且言行一致的品德

推销员代表的是公司，他们常单枪匹马地与客户打交道，因此公司对其缺乏监督。诚实是最基本的品格要求，是公司利益的保证，也是客户利益的保证。

(二) 知识素质

推销人员应具备一定的知识素质。尤其是在知识大爆炸的今天，知识显得尤为重要。日本推销专家原一平在谈到这方面的体会时说过："就我而言，学习的时间比推销的时间还要长，但是结果却是工作效率不但不减反而上升。"一个推销员应具备以下几个方面的知识：

1. 产品知识

推销人员应该掌握基本的产品知识，了解产品性能、用途、用法、特点、价格（包括几种可能条件下的价格）、维修、管理程序、竞争产品（包括替代品及同行的产品）、本产品的生命周期等。

2. 企业知识

推销人员要熟悉企业的发展历史及其在同行业中的地位，企业的规模、经营方针和规章制度以及企业的销售政策、定价策略、交货方式、付款条件、服务项目等有关销售的基本知识。

3. 市场知识

推销人员要了解和掌握市场营销学的基本原理，掌握市场调查和预测的原理、原则和方法，善于把握销售的变化趋势。推销只是营销组合中的一部分，要从营销的角度去开展推销活动。

4. 消费者知识

推销人员要懂得一些社会学、心理学、行为科学方面的知识，尤其要掌握消费者购买心理等基本知识，善于针对不同类型的顾客提供不同类型的服务。推销人员应善于分析现实顾客和潜在顾客的需求情况，了解购买者的心理特征、习惯偏好，并针对顾客拒绝购买的心理障碍，采用不同的推销对策。

5. 推销实务知识

推销工作不是专门的理论研究，而是一门可操作性很强的实务性工作，只有掌握了一定的推销理论、洽谈技巧、结算知识、买卖合同的内容等实务性知识，才能很好地开展产品推销工作。

（三）个人素质

个人素质是指推销人员自身具有的条件和特点。推销人员在推销商品的同时，也在推销自己。因此，一名合格的推销员应该具备的个人素质主要包括以下几方面：

1. 身体健康

有一个健康的体魄是推销员成功的重要条件。推销员是独立的经营者，每天都要与各种各样的顾客打交道，需要有充沛的体力和精力，所以，健康的身体是重要的保证。

2. 仪表恰当

推销员应在语言、举止、服装、风度等方面讲究礼仪。初次见面给人印象的90%产生于服装，因此推销员的着装应得体，应该尽力接近顾客的审美水平。

3. 待人礼貌

礼貌待客能满足顾客受人尊敬的心理需求，所以彬彬有礼是一种有力的推销武器。另外要讲礼貌，对客户用尊称，以表示尊重；尊重别人选择商品的权利；赴约时要守时，尊重顾客的时间安排。

4. 善于交谈

推销的核心是说服，所以它比仪表、装束更重要。老练的推销员往往都会认真仔细地总结出一套说话的技巧，随机应变、清晰而又充满热情地说话十分必要。推销员还应善于倾听，有时"沉默是金"。因为顾客一般都喜欢那些不仅善于讲话，而且善于听别人讲话的人。

5. 心理素质强

推销员应找到自己的闪光点，具备积极的自我激励、情绪控制、承受挫折的能力等。

三、酒店产品促销策略的设计

促销策略对于促销活动的成功有着直接的影响。促销策略是指企业如何通过人员的推销、广告、营业推广和公共关系等各种促销方式，向消费者或用户传递产品信息，引起他们的注意和兴趣，激发他们的购买欲望和购买行为，以达到扩大销售的目的。说得简单点，促销策略就是设计促销活动。

（一）促销方式

根据促销人员的参与情况，促销方式可以分为两类：一种是人员推销，即推销员和顾客面对面地进行推销；另一种是非人员推销，即通过大众传播媒介在同一时间向大量顾客传递信息，主要包括广告、营业推广和公共关系。

1. 人员推销

人员推销又称人员销售（简称推销）是企业通过派出推销人员或委托推销人员亲自向顾客介绍、推广、宣传，以促进产品的销售。推销人员与顾客之间可以是面对面交谈，也可以通过电话、信函交流。推销人员除了完成一定的销售量以外，还必须及时发现顾客的需求，并开拓新的市场，创造新的需求。人员推销过程可以分为寻找潜在客户、接触前准备、接触客户、推销洽谈、促成交易、售后服务等具体步骤。

与其他促销方式相比，人员推销具有不可替代的作用。推销活动具有双重目的：一方面，要满足顾客的特定需要，帮助顾客解决某些问题；另一方面，要达到推销人员的目的。推销活动既是一个向市场提供商品的供应过程，也是促使顾客产生购买欲望的引导过程，还是一个了解顾客需求、为顾客提供服务以满足顾客需求的过程。人员推销具有以下特点：

（1）推销的直接性、灵活性。人员推销是与顾客面对面的直接沟通方式，推销人员可以根据各类客户的欲望、需求、动机和行为，有针对性地采取必要的协调行动。同时也便于观察客户反应，及时调整推销的计划和内容，顾客有什么意见或问题也可以及时回答和解决。

（2）说服性、感情的交融性。说服是推销的重要手段，是推销的核心。通过说服顾客了解产品（功能、特点、应用），使顾客对产品产生兴趣、认可，并最终购买。推销人员在说服顾客购买的过程中，强调感情的交融，需要站在企业的角度，为顾客排忧解难，在满足顾客需要的同时达到促销的目的。

（3）成交的高效性。人员推销针对性强，可以对未来可能的顾客先进行研究和选择，通过电话或传真预约并确定推销对象。推销人员总是带有一定的倾向性去访问有关顾客，目的较为明确，往往可以直接与消费者沟通，因此，可将不必要的经费和时间浪费降低到最低程度，耗费的无效劳动较少。

（4）人员推销成本高。当市场广阔而又分散时，人员推销成本较高，推销人员过多，企业也难以管理，同时招聘理想的推销人员并非易事。因此，企业除了致力于推销人员的挑选与培训外，还应采用其他促销方式作为有效补充。

2. 广告（具体内容前面章节有详细阐述）

3. 营业推广

营业推广是由一系列具有短期诱导性、强烈刺激的促销方式所组成的，适宜于短期推销的促销方法。概括来说，营业推广有如下特点：

（1）促销效果显著。在进行营业推广的活动中，可采用的方式多种多样。一般来说，只要能选择合理的营业推广方式，就会很快地收到明显的促销效果，而不像广告和公共关系那样需要一个较长的时期才能见效。因此，营业推广适合于在一定时期内、一定任务的短期性的促销活动中使用。

（2）是一种辅助性的促销方式。人员推销、广告和公共关系都是常规性的促销方式，而多数营业推广方式则是非正规性的和非经常性的，只能是它们的补充。使用营业推广方式开展促销活动，虽能在短期内取得明显的效果，但它一般不能单独使用，常常需配合其他促销方式使用。营业推广方式的运用能使与其配合的促销方式更好地发挥作用。

（3）有贬低产品之意。采用营业推广方式促销可能会使顾客产生"机会难得、时不再来"的感觉，从而转变消费者需求动机的削弱和购买行为的惰性。不过，营业推广的一些做法也常使顾客认为商家有急于抛售的意图。若频繁使用或使用不当，往往会引起顾客对产品的质量、价格产生怀疑。因此，企业在开展营业推广活动时，要注意选择恰当的方式和时机。

营业推广一般只作为人员推销和广告的补充方式，其刺激性强、吸引力大。与人员推销和广告相比，营业推广不是连续进行的，只是一些短期、临时性的能够使顾客迅速产生购买行为的措施。

4. 公共关系

公共关系是企业通过有计划的长期努力，影响团体与公众对企业及产品的态度，从而使企业与其他团体及公众建立良好的关系，使企业能适应环境，进而获得更大的发展。

公共关系既是公共关系组织及成员与其相关的组织与公众的一种特殊联系，也是一门"内求团结、外求发展"的管理艺术。良好的公共关系可以达到维护和提高企业的声望，获得社会信任的目的，从而间接促进产品的销售。公共关系应具备三个方面的基本职能，即公共关系工作的传播与沟通职能、联络与协调职能、咨询与引导职能。通过塑造良好的组织形象来促进组织经济效益的发展，是公共关系促销方式的显著特点。

（二）组合促销策略及影响因素

1. 组合促销策略

企业要获得良好的促销效果，就必须根据促销目标与任务、产品类型与性质、市场范围与规模、消费者素质与购买阶段等因素对人员推销、广告、营业推广、公关宣传等各种促销方式进行综合运用、有机组合。由于影响因素的多样性、复杂性和促销方式多重、多变的特点，组合促销的模式也多种多样。在促销实践中，由于各种促销方式的排序不同、重要程度不同，因此就形成了具体的组合促销策略，包括推式策略、拉式策略、推拉结合策略，如图 8 – 3 所示。

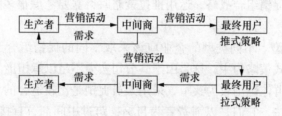

图 8 – 3　促销策略的主要形式

（1）推式策略。推式策略是指利用推销人员与中间商促销，将产品推入渠道的策略。推式策略亦称高压策略，需利用大量的推销人员推销产品，它适用于生产者和中间商对产品前景看法一致的产品。推式策略风险小，推销周期短，资金回收快，但其前提条件是需有中间商的共识和配合。

为了有效地使用推式策略，企业必须具备以下三个条件：①拥有高品质的单一产品，并具有推销卖点。为了促成销售，销售人员必须能够吸引、掌握潜在顾客的注意力和兴趣。②拥有相对高价位的产品。因为中间商必须获得足够大的毛利，才能负担推销活动所需的费用，而且销售人员拜访客户也是一笔很大的开销，所以采取推式策略的产品必须能够负担所支出的费用。③对于中间商及其销售人员，必须拥有足够引起其兴趣的经济鼓励。

（2）拉式策略。拉式策略是企业针对最终消费者展开的广告攻势，把产品信息介绍给目标市场的消费者，使其产生强烈的购买欲望，并形成急切的市场需求，然后促使中间商纷纷要求经销这种产品。

在下列情况下，应实施拉式策略：产品差异性不大；企业拥有充分的资金，有力量支持广告促销；企业的产品的销售对象比较广泛；新产品初次上市，需要扩大知名度；等等。

拉式策略主要有以下几种方法：进行广告宣传；实行代销、试销；创名牌、树信誉，增强用户的信任感；召开产品的展销会、订货会。

（3）推拉结合策略。推拉结合策略又称混合策略，在通常情况下，企业也可以把上述两种策略配合起来运用，在向中间商进行大力促销的同时，通过广告刺激市场需求。

推式策略的重心在于推动，着重强调企业的能动性，表明消费需求是可以通过企业的积极促销而被激发和创造的。拉式策略的重心在于拉引，着重强调消费者的能动性，表明消费需求是决定生产的基本因素，企业的促销活动只有符合消费需求、购买指向，才能取得事半功倍的效果。

2. 影响促销组合的因素

企业在制定促销组合战略，运用推拉策略时，需要考虑很多因素，主要有以下六种：

（1）企业类型。不同类型的企业应该采取不同的促销组合策略。小型的工业品公司应以推式策略为主，这是由于其公司实力不足以承担庞大的广告宣传费用，并且其顾客群体范围较为狭窄，采用人员促销是比较适合的。某些直销公司应以拉式策略为主，它们是以消费者为目标，跨过中间商，直接进行产品营销。规模较大、实力较强的公司，则可以采用推拉结合策略，一方面利用大众传媒广告来进行拉引，另一方面利用庞大的销售队伍和众多的销售渠道来进行推动。

（2）企业营销目标。市场环境、资源条件及经营管理方面的差异，使得每个企业的经营战略各不相同，因此所选择的促销策略也不同。当企业将保持较高的销售量和相对市场占有率作为其战略目标时，由于强调市场目标，该企业应以拉式策略为主，进行低价渗透；当企业把获取较高的利润和利润率作为其发展战略时，由于强调利润目标，该企业应以推式策略为主，以高价获得利润，为企业带来较大的经济效益。

（3）产品因素。促销组合的设计必须考虑产品的特性、企业产品的组合以及产品的生命周期，依据产品因素的不同来设计不同的促销策略。

（4）行业竞争状况。在竞争日趋激烈的行业，企业应主要以拉式策略为主。因为产品的同质性增强，消费者对产品已有较高的认知度，此时消费者更关注产品的性价比和品牌知名度。通过广告和公共关系，可以使企业的产品在纷繁复杂的商品中脱颖而出，吸引消费者目光，提高产品知名度。通过适当的营业推广可以有效地增加销量，锁定消费者。在竞争激烈程度较小的行业，通常具有一定的技术、资金或政府壁垒，在这种情况下，企业一般应以拉式策略为主。由于此行业中的产品一般单价较高，有一定技术要求，并且目标用户较为狭窄，因此采用专业人员面对面的推销是最合适的。

（5）顾客购买过程。根据顾客购买的不同阶段，推拉策略所起的作用也有主次之分。当顾客处于知晓和认知阶段时，以拉式策略为主，推式策略为辅。此时企业需要加强形象建设和提高产品知名度，因而广告和公共关系的促销效果最好。当顾客处于喜欢与偏好阶段时，企业需要提高顾客的满意度，体现出优于竞争企业的性价比优势，因而营业推广的作用逐渐提高，广告和公共关系的重要性下降。在确认到购买阶段，企业应逐渐以推式策略为主，在这一阶段需要提升顾客的满意度，促销方式的选取依次是人员促销、营业推广、广告和公共关系。从购买阶段到再次购买阶段，企业重视顾客关系的维护和顾客价值的提升，最好的促销方式是营业推广，人员促销的重要程度下降，广告和公共关系可以适时采用。

（6）促销预算。开展促销活动就必须有资金的投入，企业无论采用哪种促销策略、促销组合都应该根据企业的实际情况来制定促销预算。企业制定促销预算时，必须确定合理的促销费用。促销费用过低，会影响促销效果；促销费用过高，又可能会影响企业的正常利润。

当今社会发展中，最现实且最有效的做法并不是推式策略或者拉式策略，而应该是前拉后推、推拉结合的策略。促销的基本过程就是运用"推动"和"拉引"这两种力量，促使渠道成员或消费者购买企业的产品或服务。推拉策略是企业在促销时运用的基本策略，每个策略都有其优缺点和适用条件，企业应该根据实际情况酌情使用，综合使用各种促销手段。

四、酒店产品消费异议及处理

美国一位著名的科学家说过："全世界的失败，有25%只要继续下去就可以成功，成功的最大阻碍是放弃。"推销工作也是如此。从某种角度来说，推销员的成功都是从遭受拒绝开始的，遭受拒绝是成功推销的开始。所以，推销员应该认识到：顾客提出异议是很正常的，要把顾客的异议看成是推销的真正开始，要针对顾客异议的不同类型制定标准应答语，在实际中灵活运用。

（一）顾客异议的表现形式

顾客异议又叫推销障碍，是指顾客针对推销人员及其在推销中的各种活动所做出的一种反应，是顾客对推销品、推销人员、推销方式和交易条件发出的怀疑、抱怨，提出的否定或反对意见。常见的顾客异议有以下几种表现形式：

1. 需求异议

需求异议是指顾客认为不需要产品而形成的一种反对意见。它往往表现为营销人员向顾客介绍产品之后，顾客当面拒绝的反应。例如，一位女顾客对某一饮品提出不需要的意见。这类异议有真有假。真实的需求异议是成交的直接障碍。营销人员如果发现顾客确实不需要产品，那就应该立即停止营销。虚假的需求异议既可能表现为顾客拒绝的一种借口，也可能表现为顾客没有认识或不能认识自己的需求。营销人员应认真判断顾客需求异议的真伪，对于虚假需求异议的顾客，应设法让其觉得推销产品提供的是利益和服务，同时迎合顾客的需求，使之动心再进行营销。

2. 财力异议

财力异议是指顾客认为缺乏货币支付能力的异议。例如，"产品不错，可惜无钱购买"。营销人员应准确辨认真实或虚伪的财力异议。真实的财力异议处置较为复杂，营销人员可根据具体情况，协助对方解决支付能力问题（如答应赊销、延期付款等），或者通过说服使顾客觉得购买机会难得而负债购买。对于作为借口的异议，营销人员应该在了解真实原因后再做处理。

3. 权力异议

权力异议是指顾客以缺乏购买决策权为理由而提出的一种反对意见。例如，顾客表示"做不了主"，"领导不在"等。权力异议也有真实或虚假之分。营销人员在寻找目标顾客时，就需要对顾客的决策权力状况进行认真的分析，即找准决策人。对没有购买权力的顾客极力推销商品是营销工作的严重失误，是无效营销。

4. 价格异议

价格异议是指顾客以推销产品价格过高而拒绝购买的异议。无论产品的价格怎样，总会有人认为价格太高、不合理或者竞争者的价格更有优势。例如，"太贵了，我买不起"。在实际营销工作中，价格异议是最常见的，营销人员如果无法处理这类异议，就难以达成交易。

5. 产品异议

产品异议是指顾客认为产品本身不能满足自己的需要而形成的一种反对意见。例如，"我不喜欢这种款式"。产品异议表明顾客对产品有一定的认识，但了解还不够，担心这种产品能否真正满足自己的需要。虽然有比较充分的购买条件，就是不愿意购买。因此，营销人员一定要充分掌握产品知识，能够准确、详细地向顾客介绍产品的使用价值及其利益，从而消除顾客的异议。

此外，还有营销人员异议、货源异议、购买时间异议等。因此，营销人员应认真分析异议的真正原因，利用恰当的方法来正确处理异议。

（二）处理顾客异议的基本策略与方法

1. 处理顾客异议的基本策略

（1）欢迎顾客提出异议。异议是成交的障碍，也是成交的信号，营销人员应认真分析顾客的异议，找出原因，若听到异议时表情要自然。

（2）避免冒犯顾客。营销人员应避免与顾客争吵和冒犯顾客。对一些与成交关系不大的异议要回避。

（3）向顾客提供有关证据。向顾客提供的有关证据包括文字、图片、使用者的感受、数据统计资料、报刊文章摘要、市场调查报告、承诺和示范结果等。

2. 处理顾客异议的方法

（1）补偿顾客异议法。补偿顾客异议法是指推销人员利用顾客异议以外的该产品的其他优点或长处对顾客异议涉及的短处进行补偿或抵消的一种方法。该法适用于顾客的反对意见确实有道理的情况，这时推销人员采取否认的态度和反驳的策略是不明智的。在推销实践中，当顾客冷静地提出一些确实存在的购买异议时，推销人员应客观地对待，通过详细的产品介绍使顾客既看到产品的缺点，也清楚地认识到产品的优点，并且确信优点大于缺点，该产品值得购买。

例如，顾客说："酒店环境确实不错，就是价格高了点。"这是一种客观的购买异议。推销人员不应该反驳和否定，应该在肯定的基础上加以补偿。"价格确实有点贵，但舒服放心呀……"推销人员运用补偿法承认顾客异议，并突出了诉求重点，抵消和补偿了顾客异议，使顾客在心理上找到了平衡，有利于交易的达成。

（2）转化处理顾客异议法。转化处理顾客异议法是指利用顾客异议积极的一面去克服顾客异议消极的一面，将顾客拒绝购买的理由转化为说服顾客，使其产生购买欲望的理由，将顾客异议转化成达成交易的信号，促使顾客产生购买欲望，最终达成交易。例如，预订包年客房的顾客表示："房价又涨了。"推销人员说："是的，标间涨了20元。根据市场行情，下个月还会再涨，您最好提前预订，可以节约一部分资金。"

（3）重复与削弱顾客异议法。重复与削弱顾客异议法是指针对某些不确切的、夸张的反对意见，推销人员先用婉转的语调将顾客的异议复述一遍，使其变得较为确切、温和，然后予以答复的一种处理方法。通过重复来削弱顾客异议的尖锐程度甚至改变其性质，以缓和沟通与协商的气氛。

（4）有效比较法。有效比较法是指在推销洽谈过程中，推销人员不直接反驳顾客的购买异议，而是通过与顾客对可以考证的具有可比性的事件进行比较，使推销产品的优点凸显出来，以此来打动顾客，最终消除顾客异议的一种方法。

直接反驳顾客的意见或建议常常会激怒顾客，而没有针对性地介绍产品的特点，顾客往往又听不进去。推销人员运用有效比较法，可以使推销产品的优点凸显出来，更容易感染顾客，使他们产生购买欲望。有效比较法既适用于推销产品的使用价值的比较，也适用于产品价格、工艺水平、质量效用等方面的比较。

第九章　酒店营销计划预测管理

一、酒店营销计划与制定

(一) 酒店营销计划的定义

简单来讲，酒店营销计划就是直接实现营销收入的整个过程的计划。所以说，酒店营销计划的中心就是营销收入计划。具体地说，酒店营销计划是根据酒店营销预测，设定营销收入目标额，同时为了能够具体地实现该目标，需要对营销任务再分解。另外也要编制营销预算，决定未来某个时期内的营销数量和金额。酒店营销计划具有经营计划先驱者特点，由于酒店营销计划内容决定企业的性质与方向，所以，必须从各个角度进行全面的分析判断，切忌仅凭直觉设计计划。

酒店营销计划的内容主要有以下四项：

(1) 决定营销收入的目标额；

(2) 分配营销；

(3) 编制营销预算；

(4) 酒店营销计划的实施。

(二) 营销增加率的定义

营销增加率又称营销成长率，是本年营销实绩与上年实绩的增加比率，亦即本年与上年实绩之比。其计算式如下：

$$成长率 = \frac{本天销售实绩}{上年销售实绩} \times 100\% \qquad 或 \quad 1 - \frac{本年销售实绩}{上年销售实绩} \times 100\%$$

一般来说，决定营销增加率是比较简便的，主要是由决策层决定并下达指标。但如果计算精确的增加率，就需要从过去几年的增加率着手，利用趋势分析推定下年度的增加率，进而计算出平均增加率，其计算方法是：

$$平均增加率 = \sqrt[n]{\frac{今年销售实绩}{基年销售实绩}}$$

n 值的计算方法是：以基年（基准年）为 0，然后计算今年等于基年的第 n 年，如果是第 3 年，则 n 为 3 年。有时，也以经济成长率或业界成长率代替营销增加率，但无论采用哪种方法，均需运用下列的公式计算营销收入的目标值。

下年度的营销收入 = 今年营销实绩 × 成长率

（三）酒店营销计划在酒店经营中占有重要地位

如果说，在以卖方市场出现以前的早期时代，也就是当社会处于只要制造就可营销的时代，人们总是把资金计划看作营销计划，也就是说，一旦拥有一定资金能力就可保证销出商品，那么当社会发展到以卖方市场为主导的时代时，情况就发生了变化。由于市场已经趋于饱和状态，这时虽有足够的生产能力，但如果不能维持一定的营业营销量，仍然无法保持较强的生产能力。所以，为保证经营的顺利进行，营销的重要就越来越明显，由此也就产生了市场调查与产品计划。这是因为随着社会的发展和竞争的日益激烈，任何企业都不能凭感觉进行经营，凡事必须进行缜密周详的计划。酒店制定有计划的行动，是其在经营中能否取胜的必备条件。

一般来讲，酒店营销计划、生产计划和资金计划构成了酒店的经营计划的三大支柱，其中酒店营销计划可随着时代的发展而不断发生变化。今天它已经构成了经营计划的核心内容。从历史来看，酒店发展过程虽然是以生产为基础而发展起来的，但现在所强调的经营计划的出发点则需要能够预测市场接受酒店所生产的商品或服务的程度，在此基础上再进一步掌握市场的需求动向。

生产计划是以库存计划中介配合营销目标而制定的。至少资金计划则是随着生产计划的改变而改变的。当生产能力无法达到营销目标时，酒店就需要增加设备投资。如果生产能力过剩就需要采取相应的对策加以调整。这些都需要以原有的设备为基础的，生产能力需要与营销能力相适应，所以就需要制定长期的经营计划。

（四）制定酒店营销计划要注意期限

制定酒店营销计划，首先需要认真细致地分析市场，也就是预测市场需求状况，以掌握整个业界的动态，然后根据整个业界的预测值进行酒店营销预测。在此基础上，根据酒店营销预测、企业经营者、部门经理和推销人员所提供的营销额等情况进行综合判断，进而决定下年度的营销收入目标。为了保证顺利实现营销目标，有必要对营销额进行分配。营销分配额的中心问题在于"产品"的分配，以此为核心而逐次决定"地域"和"部门"的分配额，其次再进一步分配到每个营销人员，其目的是为了能够顺利地达成营销目标。细分营销目标额以后，再按月份分配，拟定每个月的目标额。按营销目标来编制实施计划，并成立营销组织。最后参考营销收入的目标额、营销额分配、营销费用等，编制营销预算，这是酒店营销计划的最后一个环节。

酒店营销计划按其期间的不同，一般可分为长期计划和短期计划两种。通常长期计划为 5 年，短期计划为 1 年。一般认为，两种计划及其有关工作是互不相干的，其实两者必须紧密地结合在一起，因为短期企业计划是下一个长期计划开始前年度各项管理计划所必须关注的问题。因此，短期酒店营销计划在所有各主要方面都要与长期计划密切配合。许多企业把完成长期酒店营销计划的进度，作为整个计划循环步骤中的一个项目。编制预算的企业通常需要在每年 6 月底至少以暂编的形式完成长期酒店营销计划，因为这样，对于修订和完善后半年企业发展的短期企业计划，可有充分的准备时间。长期酒店营销计划通常按年度总金额编制，而短期酒店营销计划则在年度中按季或按月编制。长期酒店营销计划利用产品的广泛分类，通常按固定币值预测，这种预测需要对市场潜力进行深入地分析，其中包括人口的变动、同业预测、企业预测等内容。企业预算要受到社会发展总体趋势和政府的基本政策和策略的影响。这些策略的决定是表示推进政府建立的长期目标的预定行动。因此它也代表着政府希望利用可控制变数来做出规划，并利用无法控制变数的方法来控制企业的未来发展。长期性的管理策略会涉及产品售价政策、新产品的开发、现有产品的改良、开拓市场的方向、提高生产能力、扩张或改变营销的渠道、成本形态等。管理策略决定的影响，是以判断的方法带给长期酒店营销计划的。因此，从预测的角度来看，在长期酒店营销计划中可运用三种模式：一般经济的预测模式、决定同业营销总额的预测模式、确定本企业的市场潜力的单独模式。

短期酒店营销计划是关于时间水平的一个最普通的方法，是企业在一年中的酒店营销计划。开始可以季度为单位进行数字分配，然后再将每一季度按月分配。每月或每季终了时，酒店营销计划应做重新调整和预测，加入未来一个月或一个季度的预测，同时将刚结束的一个月或一个季度的数字减去。这样，酒店营销计划可以经常按月或按季进行分析和修正。短期酒店营销计划通常包括为每类主要产品和每组产品所编制的详细计划或预测。短期市场预测通常以实物为单位和营销金额编制，不必做物价水平变动的调整。短期酒店营销计划为控制的需要，是按市场责任分别构成的，当年预计的物价变动必须纳入酒店营销计划之内。短期酒店营销计划常常涉及广泛的精确统计与数学分析的应用，但是管理判断在决策中仍占有特别重要的地位。

（五）酒店营销计划的制定要考虑九大内容

一般来说，酒店营销计划的内容至少应包括以下几点：

（1）商品计划（制作什么产品）。

（2）渠道计划（通过什么渠道）。

（3）成本计划（用多少钱）。

（4）营销单位组织计划（谁来营销）。

（5）营销总额计划（营销到哪里、比重如何）。

（6）促销计划（如何营销）。

可以看出，在以上的几项内容中，营销总额计划是最主要的。酒店营销计划的内容大致可涵盖在其中，营销总额计划是酒店营销计划的精华所在，也是酒店营销计划的核心。

1. 年度营销总额计划

编制年度营销总额计划时，要参考以下几项内容：

第一，前一年度企业本身和竞争对手的营销实绩。

第二，损益平衡点＝固定费用预估＋计划营销利益/计划边际利益率×100，计划边际利益率＝100－（变动费用预估/营销总额）×100。

第三，事业发展计划的营销总额。要综合政治、经济、社会变化等资料拟定事业发展计划的营销总额。

要通过召开会议的形式，逐项分析检查计划中所涉及的各项内容。最终所决定的数额是事业发展的基本营销总额计划，而各个营业部门的营销额目标可酌情提高，可作为该部门的内部目标计划。

2. 以月为单位的营销额计划

制定以月为单位的酒店营销计划，需要收集和了解过去3年内以月为单位的营销实绩，将过去3年内各月的营销实绩累计起来，再计算出每月的营销比例。这样可以根据每月营销情况，可看出因季节因素的变动而影响该月的营销额。此后，将过去3年间每月营销比例予以运用，在最后决定的企业营销总额中即可得到每个月的营销额计划。

3. 商品类营销额计划

根据商品类别制定营销额计划时，一定要取得商品类营销比例。首先，根据去年同月的商品类营销比例和过去3年左右同月的商品类营销实绩，计算商品类营销比例，从中了解营销较好的商品群和利益率较高的商品群。然后，参照商品营销比例政策和调整营销、有关意见和建议、商品需求预测等情况，修改过去3年间和上年同月的商品群营销比例。最后，以修改过的商品营销比例为基础制定商品类营销额计划。

4. 部门类、客户类营销额计划

搜集部门类和客户类的商品营销比例，对前一年同月的部门类和客户类的营销比例进行分析研究，并将实际的部门类和客户类的商品营销比例按下列三种观点给予调整：

（1）部门类和客户类的营销方针。

（2）部门经理和客户动向性意见的参考。

（3）客户的使用程度、信用状况和竞争对手的竞争关系以及新拓展客户目标等。最后用修改后的营销比例获得客户类和部门类的酒店营销计划额。

5. 营销费用计划

营销固定费用一般应该包括在总的损益计划的营销管理费用中，并需要在年度计划损益中表示出来。营销固定费用一方面需要参考过去的实绩等资料，另一方面要列出计划的适当金额。同时，要拟定各月营销变动费用计划，因为已经编制的以月为单位的营销总额计划是需要按时完成的，在此基础上必须设定所需的年度变动费用。每个月的营销固定费用计划是用年度总计划金额中的各个固定费用金额给予简单的平均，进而计算出大致的月营销固定费用金额。月营销固定费用计划的项目包含折旧费、工资和利息费用等。

6. 促销计划

主要包括：

第一，与商品相关的促销计划，其中包括营销系统化、商品的质量管理、商品的新鲜、卫生和安全性、专利权、样本促销、展示会促销、商品特卖会等。

第二，与营销方法相关的促销计划，如确定营销点、营销赠品和奖金的支付、招待促销会、掌握节假日期间人口聚集处的促销、代理店和特约店的促销、建立连锁店、营销退货制度、分期付款促销等。

第三，与营销人员相关的促销计划，包括业绩奖励、行动管理和教育强化、营销竞赛、团队合作的营销。

第四，广告宣传等促销计划，如POP（营销点展示）、宣传单、广播电视、模特展示、目录、海报宣传、报纸和杂志广告等。

7. 营销账款回收计划

主要内容有：

第一，与酒店营销计划并行的客户赊款回收计划要配合以月为单位的营销总额计划进行。过去的收款实绩等资料可作为分析参考。

第二，要求管理人员控制客户款项的回收是相当重要的。

第三，注意提高客户账款回收率，缩短客户账款积欠天数和数额。然而，回收率的提高仅是使票据到期天数延长并不具有实质性意义，要通过计算切实达到账款积欠天数的缩短。计算公式是：

客户账款积欠天数 =（客户赊款余额 + 本公司收受票据余额）/ 日平均营销总额

8. 营销人员行动管理计划

营销人员的行动管理是十分重要的，要坚持以下几个方面的管理：

一是每位营销人员自己应该明确未来1个月的重点行动目标，并通过文字表达出来。根据行动计划，经理人员要进行经常性地检查、督促，以得到落实。

二是建立以每星期为单位的行动管理制度。以月为单位的重点行动目标设定后，即可以提出每周的行动管理和努力方向。现代商业社会，许多的企业活动都是以"周"为一循环单位的，如果每周的管理做得不够完美，就不会取得好的业绩。

三是以实现的营业日报表来检查每周计划的实施结果。每天营销人员所呈报的营业状况，都可以以周的行动计划为绩效参考标准。只要将行动计划与每天的实绩相对照，营业人员的表现即可一览无遗，充分达到营销管理的目的。

9. 部门、分店的损益管理计划

要严格执行部门损益制度。也就是对每个部门、分店、科等单位的损益标准和其相对应的实绩及完成率都有一个十分清楚的了解和掌握。而且要尽量以利润中心方式进行计算，把所属部门和分店本身的变动费用和固定费用进行区分，从该部门或分店营销总额中扣除计算利益是最简单的方法。然而实践中却很难执行，只能尽量采用最公平且不引起各部门争论的方法，以达成率的情况作为损益的评价基准。

（六）制定酒店营销计划需要两种基本资料

主要包括以下两个方面的资料：

1. 外界资料

外界资料的收集并通过对这些资料的分析，进而判断经济动态、市场与工商业的一般动态、业界动态等。尤其需要特别注意的是有关市场需求量的资料，要按照产品、地域、月份等类别去收集。

2. 内部资料

内部资料主要是以营销资料为中心，尤其是预测营销方面更为重要。可能按下列方法，从"质"和"量"两个方面准备。

（1）有关"质"方面的资料。质方面的资料主要是用以分析营销情况的变化、营销实绩内容、营销政策的实施结果等，其中尤以营销负责人在营销活动中所得的市场情报最为重要，是定量式分析不可或缺的资料，也是酒店营销计划所必需的参考资料来源。所以，企业必须注意与客户建立起良好的关系，从中不断获得各种市场信息资料：

1）营销政策实施结果的信息资料。以此作为拟定重点市场政策、分配政策、营销条件时的重要参考资料。

2）有关市场与其他同行业企业动向的信息资料。

3）有关产品普及度和市场占有率变化的信息资料。

4）顾客名录（本企业与其他企业）信息资料。

5）分析营销报告所得到的信息资料。

（2）有关量方面的资料。

1）营销额的资料：应该区分成金额和数量两种，其中数量方面的资料，以越详细越好。可采取下列分类方法加以收集整理：产品、地域、顾客、部门、推销员、营销方式、营销途径、交易条件等。同时，也应尽量按照月份收集统计各种资料。

2）有关营销费用资料，并进行分类、收集和统计。

3）有关营销利益的资料，按照产品、地域、顾客、部门等类别加以分类、收集和统计。

4）有关应收账款、应收票据的收回资料。

5）有关存货的资料。

6）有关推销员的访问实绩。

（七）制定酒店营销计划需要注意的问题

制定酒店营销计划应以企业目标、企业策略、酒店营销预测等因素为基础。在此基础上制定符合企业发展实际的酒店营销计划，其中主要包括：酒店营销计划的实施、广告计划、推销费用计划和市场酒店营销计划等。

酒店营销计划的基本目标是表示企业对于未来的营销收入。为此根据以下几个方面的内容可以做出较为准确的判断，内容有：企业的现有资源环境；企业目标的影响；长期和短期的管理策略。这一目标确定后，可以通过管理来完成，所谓管理是要在一定的时间内达成目标的行动，也就是达到酒店营销计划中的一定目标。企业目标所涉及的内容是广泛的，根据这些目标制定酒店营销计划，必须以管理策略为基础，判断企业实现目标的能力和水平。酒店营销预测提供在确定情况的假设下，现有顾客需求的技术性预测。推广、广告和推销费用计划为达成包括在最终产品，也就是酒店营销计划营业额所必需的资源的预定投入。市场酒店营销计划反映着营销量和营销工作中从企业资源预定投入所产生的营销收入预计。总之，整体酒店营销计划本质上代表了整体企业计划中产生收入的部分。酒店营销计划包括三个分计划，即市场酒店营销计划、推广和广告计划、推销费用计划。

酒店营销计划的构成因素并不是按照一定的先后顺序展开的，应该视情况而定。有的酒店营销计划在一些方面是需要有先后顺序的，但其他方面必须协调并进。广泛的企业目标和策略的推进通常应在计划步骤的初期进行，酒店营销预测的发展应在计划循环的早期进行。同时，也需要推广广告计划、推销费用计划、市场酒店营销计划。因这三个分计划中的每一个计划对其他计划都会产生重要影响，只有当这三个分计划达成协调一致的推进时才可以说，酒店营销计划已经完成。

1. 目标和策略

这是企业经营管理都必须给予特别重视的一个重要问题。在制定企业的目标和策略中，必须充分重视营销功能，并能够做到把计划前提说明书发至有关责任人的手中，作为计划程序的基本步骤。

2. 酒店营销预测

酒店营销预测与酒店营销计划具有不同的特点，它是在一定时间范围和一定的基本假设情况下对潜在顾客需要的一种技术性的预测。当企业对酒店营销预测进行判断，拟定策略作为资源投入的承诺、管理承诺，并采取行动的目的，是为了达成营销目标，这时的酒店营销预测转变为预测计划。因此，营销与酒店营销计划两者包含着相同的营业量，有时也不尽然。这一区分让我们知道，酒店营销预测是代表一项用于发展整体酒店营销计划的重要分析步骤或活动。典型的酒店营销预测由技术人员进行编制，应用许多精密的分析方法，如趋势适应、相关分析、数学模式、指数平均、作业研究等技术。酒店营销预测是近些年来最重要的一项成果，它为复杂的酒店营销预测分析提供了一种精密而可靠的技术，而且可以减少预测的风险。今天酒店营销预测的中心问题是分析中所使用的历史的适用的资料的积累、分类和利用。

3. 发展酒店营销计划

整体的酒店营销计划，包含推广和广告计划、推销费用计划、市场酒店营销计划。市场酒店营销计划常常被称为酒店营销预测，可用数字表示每一分支机构的营销数量和金额。一般来讲，在短期或年度酒店营销计划中，通常包含 1 年并对长期酒店营销计划中的当前部分给予特别注意。短期酒店营销计划的中心目的不是要估计或预测将来的营销数量，而是要发展这一计划。另外不但需要确定业务努力的方向，还需要制定一个切实可行的短期酒店营销计划，需要企业市场管理者付出努力，特别是经理级营销的人员。酒店营销计划经过审核后，营销部门要按照酒店营销计划采取有效的措施和步骤，努力完成酒店营销计划中规定的营销和成本目标。短期酒店营销计划的发展，涉及有关组织的责任、产品和时间等许多问题。一个完备的市场酒店营销计划除了表示全年的营销收入外，还应表示按组织机构、营销地区、季度或月、产品类别等区分营销数字。一个中等以上规模的企业，其完整的市场酒店营销计划除总表外，还包含许多详细的附表。

从设定企业目标、企业策略和酒店营销预测开始，负责营销的经理，就应该在所属部门负责人的协助下，开始运作酒店营销计划的实施工作。营销主管负责整个的营销工作，同时重点负责发展计划的推广和广告计划，并计算详细成本。因为这些资料的形成构成了整个营销活动预算的基础。营销主管也需要以这样的方式来发展营销费用计划，这些计划涉及支持市场酒店营销计划所需要获得的订单和应付订单的成本。一般来讲，应由营销主管向总经理委员会提交完整的酒店营销计划。酒店营销计划要由总经理委员会决定，通常一个完整的酒店营销计划先给予暂时的核准，然后将有关各部分分送给其他经理，以此作为整体计划的基础。向总经理委员会提交的酒店营销计划的一个重要补充是由财务或预算经理领导编制一份快速报告，报告将广泛地反映酒店营销计划的可能利润和潜力所在。之所以要求快速报告须由财务经理领导和部门完成，是因为它能够更好地适应对营销量所发生的其他成本的广泛预测。通常应采取一个广泛的"成本—营销量—利润分析"的形式。这一财务经理领导所做的初步的利润预测只是一个估计，只有结合其他工作计划的完成和批准后，这项预测才可能会被更为详细的预测所取代。

（八）酒店营销计划的决定可采用两种方式的结合

决定酒店营销计划的方式有两种，即"分配方式"和"上行方式"。分配方式是一种自上往下的方式，即从经营最高阶层起，往下一层层分配至酒店营销计划值的方式。由于这种方式属于传统观念下"理应如此"的方式，所以是一种演绎式的决定法。上行方式是先由第一线的推销人员估计酒店营销计划值，然后再一层层往上呈报，此种方法属于归纳式的方法。由于二者各具优点，所以不易判断何者为佳。分配方式的特点是处于第一线的人员缺乏对计划的参与感，不易将上级所决定的计划变成自己的计划。而上行方式的缺点则在于部属所预估之数，不一定合乎整个企业目标，所以，往往无法被采纳。

企业究竟采用何种方式，主要应视内部情况而定：①高阶层对第一线了如指掌，而位处组织末梢的推销人员，也深深信赖高阶层者。②第一线负责者信赖拟定计划者，且唯命是从。③第一线负责者能以整个企业的立场，分析自己所属区域，且预估值是在企业的许可范围内。

①和②两种情况宜采用分配方式，而③则适用上行方式。

无论采用何种方式，制订酒店营销计划时，需要有良好的体制作保证：一方面，最高阶层对营销目标应有明确的观念。另一方面，也要观察第一线人员对目标的反应。二者双管齐下，然后再决定下年度的计划。但是在实际制定酒店营销计划时，可能会产生以下两种情况：一是营销分配计划是否可以立即实施；二是上行方式的计划是否可以被上级认可。如果分配方式可立即实施的话，就可通过计算机迅速计算出按产品、部门、顾客、推销人员、月份等类别的分配指数，然后，再将营销收入的目标值输入计算机，这样即可编制酒店营销计划了。

营销收入目标值是源于分配指数，以一层层分配方式而得，所以在整个分配过程中，不可能百分之百地满足各种需求。因而越到组织末梢，越需合乎具体的实际，否则就难以实行。另外，由于上行方式的计划，不一定符合企业的整体需求，所以，在"分配计划可能实施之前"和"上行计划被认可且成为经营之前"则需反复进行修正。

由于上述方式耗费人力多，所以如果想节省人力而使计划更具效率，就需同时进行"分配计划"与"上行计划"，二者相互密切配合，而制定实施计划。如图9-1所示。

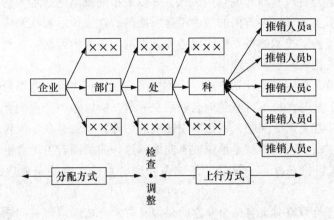

图9-1 分配方式与上行方式的关系

假设营销组织可区分成部门、处、科、推销人员等几个阶层，先根据最高阶层者所提的基本方案，然后再编制到处为止的计划草案。这一个计划草案的形态，就是将最高阶层者的基本方案，逐步分配给各处的形态。假设这一计划草案的内容，是以1年为期的产品营销目标；如A产品的营销指标价格为15000元，且营销数量为20000个，则估计各负责区域的营销额；然后将各科人员所报的预估数，呈报给处单位以作拟定计划的参与资料。科和推销人员在估计时，必须参考过去的实绩，否则就会失去应有的意义。这时，处长的位置最重要，应对"上级所交与的计划草案"，与"下级所呈报的营销预估值"加以比较、检查与协调。因为处长处于中间地带，不仅详知营销的实绩，也深知高阶层者的意图，所以，最宜于调节"计划草案"与"营销估计值"之间的差异。例如，当营销额估计过分乐观时，处长就必须会同各科长及推销人员，分析各市场区域的动向，借此修正酒店营销计划。此时，处长就需站在营销主管的立场上，负责调整计划草案与营销估计方案。另外，假如处长对单位的调整依然无法解决问题时，就需由部门经理出面协调。如果情况再恶劣，部门单位协调仍不得其果之时，则唯有会同最高阶层者，做出整个公司的全面调整了。

（九）制定酒店营销计划要考虑价格政策

一个完备的酒店营销计划，包含许多政策性问题和相关的因素，它表现为管理决策的一个整体综合。所以，营销主管需要从多方面进行考虑和研究，并从中进行选择，如新产品、终止产品、定价、营销地区的扩大或收缩、营销人力的规模、营销成本的限度、广告等。完整的酒店营销计划除了广告费用、营销费用、市场酒店营销计划外，还包含营销人员的工作方案和组织，以及其他协调的了解。这种了解为有效率地开展营销工作，并以最小的成本达成最大的营销潜力是所必需的。事实上，许多方面的结合都是可能的。这也预示着在酒店营销计划中利用精密现代科学技术的重要性，以避免其中的一些人为因素，达到酒店营销计划的客观、公正、科学、合理。

售价政策是酒店营销计划中的一个重要组成部分。售价与营销量是互相联系的。由于营销量与售价不可避免地会联系在一起，所以每个企业的管理者实际都面临着一个非常复杂的问题，就是需要曲线的估计，也就是在不同售价情况下营销量的变动程度。再一个就是单位成本曲线，这一曲线随着生产数量的变化而变动。因此，"售价—成本—数量"的关系处理会直接影响到企业应采取的管理策略。

在决定售价策略时，有一个非常明显但又常常会被人忽略的问题，就是如何深入地分析售价和营销量两者的对比关系。一般来说，售价的增加如果不至于引起营销量的变动时，可用纳税前的利润金额来表示；反之，营销量的增加如果不至于引起售价的增加时，则税前的利润要以产品单位售价与每单位变动成本的差额来表示。例如，一家企业在处理营销产品与售价关系时所采取的策略，最初的酒店营销计划显示的售价为每单位产品售价为2元，可能营销量为5000，其相关成本中3000元为固定成本、4000元为变动成本。企业领导层初步结论认为，这一酒店营销计划不适合企业的发展目标，所以他们考虑：第一，售价不变；第二，增加售价10%；第三，营销量增加10%。为了方便，我们假定以上两种策略中每种都可运用。三种不同情况的一个简单直接的分析方法如表9-1所示。

表9-1 售价与营销量的对比关系

	第一种情况（最初售价）	第二种情况（售价增10%）	第三种情况（营销量增10%）
单位	5000	5000	5500
单位售价（元）	2.00	2.20	2.00
营销收入（元）	10000	11000	11000
成本：			
固定	3000	3000	3000

续表

	第一种情况（最初售价）	第二种情况（售价增10%）	第三种情况（营销量增10%）
变动	4000	4000	4400
总成本	7000	7000	7400
税前利润（元）	3000	4000	3600

　　富有经验的营销管理人员都十分清楚，远低于竞争同业的售价策略，不仅给本企业带来一定的负面影响，也会在某种范围内对同行业产生影响。售价策略的最佳方法是在发展一个符合实际的酒店营销计划时，营销人员要深入地参与其中。售价分析不但要注意对成本的关系，还要注意到对直接竞争对手、地理区域的关系。一般而言，售价必须与所提供的产品品质与市场关系相配合。在对售价进行认真而科学、详细分析的基础上，要多听取营销人员的意见和建议。在有些情况下，营销部门的经理和营销人员最适于评估一个预期售价变动情况对实际营销的影响。

　　实践中，也有的根据产品的变动成本而不是根据企业的总成本特性制定营销策略的。经济学家比较倾向于这种策略，但实际工作者却发现这种策略的运用会带来一种不正常的现象。在某种情况下，超过生产和营销变动成本的产品收入会显示出企业总利润的增加，但这种策略往往忽视的是它对市场和同行业的长期的冲击。通过例子可说明这一点。假定某个企业出售某一产品的每单位售价为50元，每项售出1000个。在生产1000个产品时的固定成本为每单位25元，变动成本为每单位20元，企业的获利为5000元。再假定有人提出一个售价策略以适应新顾客的要求，他愿意付出每单位产品30元的价格购买500个产品。再假定企业的设备可满足生产1500个产品的需要。这一状况说明假定与新顾客签订协议，企业的总净利变为10000元，可显示出如表9－2的情况。

表9－2　根据变动成本制定售价策略情况比较　　　　单位：元

	目前行情	新顾客	总的状态
每单位售价	50	30	
营销量（个）	1000	500	1500
总营销收入	50000	15000	65000
成本：			
固定	25000		25000
变动	20000	10000	30000
总成本	45000	10000	55000
税前净利	5000	5000	10000

这一状况的有关分析是以下面的情况为前提条件的：一是现有市场将承担所有的固定成本；二是新协议对现有市场的营销量和售价都不致发生影响。如果第二点假定是完善的，无论从短期还是长期来看，这一营销策略还是适当的，否则就不一定是一个好的售价策略。

（十）产品类别是制订酒店营销计划的一个重要问题

在制定和实施酒店营销计划中，提供售出产品的数量和类别是一个十分重要的问题。无论是长期计划还是短期计划都应该反映新产品的类别、淘汰旧产品的类别，以及创新产品的组合等。产品组合是指两种以上产品间的数量关系。假如已售出 1000 个产品 R 和 2000 个产品 S，下年度的酒店营销计划预计营销 1200 个 R 和 1800 个 S。在两个产品中总营销量虽然都是 3000 个，但是产品组合的计划已经加以改变。假如长期酒店营销计划包含产品类别的改变，这项改变的时机则仅作为一种广泛的规定，在下年度进行的产品改变时应引起领导层的特别关注，并列入短期计划。因此，在实施年度酒店营销计划时，领导层必须设定有关产品类别发展和营销进度的具体而明确的办法，具体如将要推出何类产品？新产品何时能够供货？何类产品将停止生产？产品的品质和式样要做何种改变？等等。这些政策性的决定都会对长期和短期酒店营销计划具有极为密切的关系，对企业其他方面的计划产生着重要影响。此外，对生产能力、财务、营销地区扩展等问题也必须给予充分重视，最重要的是搞好协调。这里需要说明的是，酒店营销计划的基本目标，应为扩大长期性的利润而不是短期性的利润。如果某些短期决策很明显的可以增加利润，但从长期的角度来看并不一定对企业的发展有利。对此如果不加以注意，无疑会影响到长期目标的发展。

（十一）制订酒店营销计划的八个步骤

综合起来看，酒店营销计划的制订一般要经过如下的步骤，如图 9 - 2 所示。

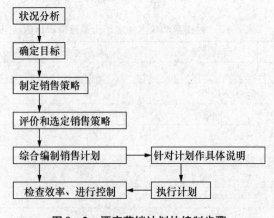

图 9 - 2　酒店营销计划的编制步骤

1. 状况分析

必须对当前市场状况、竞争对手及产品、营销渠道和促销工作等进行详细的分析，在此基础上，市场营销调研部门开始进行酒店营销预测。这种预测要求调研部门必须与其他部门相配合。

2. 确定目标

营销部门应当把前一计划期的执行情况、对现状的分析、预测结果三者结合起来，提出下一计划期切实可行的营销目标。确定的方法是：第一，以过去的业绩为中心。依据酒店营销预测状况和营销增长率。第二，以市场为中心。依据市场占有率、市场扩大率和客户购买率。第三，以生存条件为中心。依据总资产纯益率、纯益目标值、所需要的成本。第四，其他方法。依据各种估计、新政策、营销人员提供的情报、各种基准值等。

3. 制定营销策略

确立目标以后，企业各部门要制定出几个可供选择的营销策略方案，以便从中进行评价选择。

4. 评价和选定营销策略

评价各部门提出的营销策略方案，权衡利弊并从中选择最佳方案。

5. 综合编制酒店营销计划

由负责营销的副总经理负责，把各部门制订的计划汇集在一起，经过统一协调，编制每一产品包括营销量、定价、广告、渠道等策略的计划。简要地综合每一产品的酒店营销计划，形成公司的全面酒店营销计划。

6. 对计划加以具体说明的事项

实现目标的行动，应分为以下几个步骤：

（1）注明每个步骤之间的相关次序；

（2）每个步骤由谁负责；

（3）确定每一步骤需要多少资源；

（4）每一步骤需要多少时间；

（5）指定每部分的完成期限。

凡是与计划有关的情况，都应尽量说明：

（1）以金额表示营销量的大小；

（2）企业目前市场占有率的多少；

（3）预期的营销量的金额是多少；

（4）广告费多少；

（5）零售费多少；

（6）总的市场活动成本多少；

（7）营销成本占营销收入的比例是多少；

（8）毛利是多少；

（9）毛利占营销收入的比例是多少。

7. 执行计划

计划一经确定，各部门就必须按照预定的战略策略执行，以求达到营销目标。

8. 检查效率，进行控制

在执行计划过程中，要按照一定的评价和反馈制度，了解和检查计划的执行情况，评价计划的效率，也就是分析计划是否在正常执行。通常，市场会出现意想不到的变化，甚至会出现意外事件，如战争等。营销部门要及时修正计划或改变战略策略，以此适应新的情况。

二、营销计划选择与实施

（一）选择酒店营销计划的方法

1. 制订酒店营销计划的因素

为了预测营销情况和编制酒店营销计划，可有许多方法。这些方法中从比较精确的统计方法到经验方法，范围十分广泛。但没有一种方法是对所有酒店都能够适用的。所以，各酒店的营销计划方法必须与整体的酒店环境特性相配合，同时要经常加以修订和完善，以使酒店的成长和管理需要相一致。在选择制订酒店营销计划的方法时，应考虑以下几点主要因素：

第一，企业的特性。有些企业在某地经营，有的则在一个区域，或全国，或世界范围经营。企业的规模、性质、产品的种类、制造方法都是制订酒店营销计划的影响因素。此外，营销的渠道与方法也不应该忽略。个别企业的其他特殊性质显然对酒店营销计划方法的选择也有影响，而且这些因素也十分复杂。

第二，有关成本。制订并实施酒店营销计划的成本，因各企业和方法的不同而有所不同。在选择方法时，有关成本与希望达到的正确程度、酒店营销计划的运用范围的关系都必须认真考虑。

第三，人员的使用。人员的使用常常是一个决定性的因素。科学方法的运用需要有通过专门训练的人员，同时也需要对执行时间做出合理的安排。作为一般性的前提，必须规定执行时间。因为这是管理人员的重要职责。使用和培训技术较高的人员以圆满完成酒店营销计划的各个方面的分析工作，是一个很重要的工作内容。

第四，管理经验。在企业计划与控制的最初阶段，经常希望用简单的方法来完成酒店营销计划，但随着人的思维的发展、企业领导者对酒店营销计划理解的不断深入、企业的进步，酒店营销计划的方法也随之发展。计划越来越严密，程序越来越严格，责任分解也越来越细。

第五，时间范围。制订并实施一个短期酒店营销计划，与通常适合于实施长期计划预测方法有所不同。虽然有许多方法是共同的，但它们之间还是存在着区别，所运用的方法也不可能千篇一律。在长期和短期计划之间判断的任务赋予了不同的比例。

2. 营销市场调查计划的制订

营销调研要取得预期的效果就必须要有一个完整的、切实可行的计划。一般来说，酒店营销计划的制订包括分析市场情况、确定调研目标、确定调研项目、选择收集资料的方法、预算调研经费和调研计划的评估六个方面的内容。

（1）分析市场情况。主要是针对一个地区、一个酒店或一种商品，找出在酒店市场营销中出现的问题，然后对症下药，寻求解决问题的方法。通常采用初步情况分析和非正式调查两种方法，将调研的问题减少或缩小范围，以便最后确定调研内容。

（2）确定调研目标。酒店要从自己的战略目标出发，根据酒店内外部条件的变化及调研目标要达到的程度，确定调研目标。调研目标主要回答为什么调研，希望得到什么结果等问题。同时，企业要相应地确定调查地点、对象、方法等，以便进行调查表的设计。

（3）确定调研项目。这是营销调研计划的基本内容。酒店可以根据其调研目标制定调研项目，调研项目的基本内容包括以下几点：

1）需要收集哪些资料和数据。

2）资料来源。包括第一手资料即酒店通过调查直接从消费者、生产企业、中间商和竞争者等方面收集到的最初的资料和第二手资料，即酒店通过查阅有关的资料或通过专业的信息服务机构获得的资料。

3）获得资料并证实资料的准确性。

（4）选择资料收集的方法。这是实现调查目的的基本手段。酒店应该根据不同的调研项目而采用不同的调查方法，以获得最佳的调查效果。因为资料的来源很多，所以酒店必须从优选择。一般而言，调查的基本方法可以分为询问法、观察法、实验法和消费者固定样本连续法四种方法。

（5）预算调研经费。酒店采取不同的调查方案和调查方法，其调查费用也不一样。酒店营销调研的目的是提高企业的经济效益，调查费用过高，就会得不偿失，造成不必要的浪费。因此，酒店必须结合调研要达到的效果从严控制调研经费开支。

（6）调研计划的评估。市场调研计划确定后，经理部门应对计划进行评估，评估的内容包括调查目的是否符合要求，调查项目是否完整，调查方法是否实用，时间和费用是否合理四个方面的内容。

3. 营销调查计划的实施和控制

酒店营销计划制订完毕并经经理部门审批之后，就直接进入计划的实施和控制阶段，这个阶段的主要任务是组织和培训调查人员、资料的收集、资料的分析和整理以及编写调查报告四个方面的内容。

（1）组织和培训调查人员。酒店应当根据调查的任务和范围，确定参加人员的多少并对参加调查人员的素质和业务能力进行考核。然后组织专业培训，集中进行学习。主要是让调查人员明确调查的任务、内容、步骤和方法等。

（2）资料的收集。收集的目的是要找到能帮助达到调查目标的任何有用信息。在实地搜集资料时，酒店应该加强对调查人员的监督。否则，收集的资料将会由于没有按照调研计划去执行而功亏一篑。因此，在调查过程中，酒店必须经常检查和监督资料的收集人员，同他们保持密切的联系。

（3）资料的分析和整理。调研的价值在于获得有用信息，但由于酒店所获得的信息往往是分散的、片面的，甚至是不真实的。对此酒店必须分析整理所得资料，去粗取精，去伪存真。这样才能反映调查事物的内在联系和本质。从而正确地预测其发展趋势，实现调研的价值。

（4）编写调查报告。调查报告通常有两种形式：专题报告和综合报告。调查报告应对关键的资料做一个简要的总结，并对调研过程、资料和结论做出详细的解释。

营销调研计划是酒店实行正确营销决策的基础，是制定酒店营销计划的重要依据，也是实现营销控制的重要条件。令人遗憾的是，尽管每个酒店都明晰营销调研计划的重要性，但似乎很少有酒店能够正确地实施、控制计划过程。也有许多酒店误把一些与计划有关的工作程序认为是营销调研计划，这种方法可能在短期内有效，但很难把营销中所有要素组成一个有意义的整体。

4. 市场调查计划表

表9-3　市场调查计划表

调查目标	

续表

考虑因素	
方法设计	
预定进度	
使用人力	
预算	

5. 同业产品市场价格调查表

表9-4　同业产品市场价格调查表

___年___月___日

品名	规格	品牌	单位	价格来源根据 （发票或经办人）	对价格的分析

品名	规格	品牌	单位	价格来源根据 （发票或经办人）	对价格的分析
说明					

营业经理：　　　　　　　　　　　　　　　　　　　　　　　　　　　制表：

6. 竞争产品调查表

表9-5　竞争产品调查表

营销地区	品牌	型号	价格	性能	情报来源	备注

审核	主任		经理		副经理		制表日期	

制表人：　　　　　　　　　　　　　　　　　　　　　　　　　　　　编号：

（二）酒店营销计划的具体实施

1. 营销指标的分配

当酒店营销计划确定后，要将营销指标有计划地分配到各部门、各区域、每个营销人员。在这个过程中需要把握好以下几个方面的问题：

第一，进行"平等"、"公平"的营销指标分配。一般来讲，营销指标的分配比责任区域的责任分配更加敏感。针对推销人员营销指标的分配主要有两种情况：一是平等法，二是公平法。平等和公平严格说来并没有太大的区别。平等分配是指所有的推销人员都应该承担一定的营销任务。公平分配则是根据区域、客户的特性的不同而改变分配指标。前者不管所负责的区域、客户如何，推销人员都承担同样的指标，如果他的客户没有达到应该达到的标准时，可由指标较高的推销人员的客户补足差额，尽可能地让所有推销员平均分配酒店营销计划。后者则把推销人员个人的推销能力、从前所负责区域的特性、客户的特性都给予了考虑。有希望完成较高指标者，分配较高的营销指标；不能完成较高指标者，可以分配较低的营销指标。在这种情况下，负责较高营销指标的推销员，虽然让人感到具有较强的营销能力，事实并非如此。

第二，责任分配后的例外事件的处理。即使责任分配已经决定，也会出现一些例外事件。例如，某推销员的责任区，有客户的分公司虽拿到订单，营销发票却由总公司统一开出，变成负责总公司推销人员的业绩数字。或是，客户经他人介绍的新客户属于他人的责任区，但因客户的介绍也必须去进行访问。在这种情况下，责任分配是营销部门决定的规则。因此必须按照制度办事。但推销人员如果"例外"，导致营销意愿低落时，则问题就不能忽视。以前者为例，经过努力才能拿到订单，营销额却归于负责总公司的推销人员，这种情况会导致接单者意愿不高，营销主管不能不引起重视。为了预防这种情况的发生，需要通过公司的内部管理加以解决。具体做法是在公司内设置分配标准，让营销数字回归接单的推销人员。这个方法是根据推销员的营销比重，分别给予不同的比例分配。

第三，慎重对待新进人员的责任分配。作为营销主管，要向推销人员提供扩大客户的经验和方法，教给推销能力水平较差的人员提高营销业绩的技巧和方法。同时，还要不断地创新探索一些方法，加强内部管理。在这个过程中，就必须要灵活运用分配制度，把它当作一种刺激推销员的一种手段。因此，在实施责任分配时，必须慎重，同时要有所创新，让推销员有一种责任感努力去完成所分配的任务，这是解决问题的关键之所在。

第四，新开拓市场与既有市场的区别。随着商品的专业化和客户要求的水平提高，各个酒店都不能只满足于已有的传统营销方式。如果不加以创新，就有被淘汰出局的可能。任何一个营销主管，都在思考如何开展新的营销方向。因此，营销部门可以把推销人员分成两组，负责不同的方向。一组为巩固既有的客户和商品，负责现有的市场业务；另一组则负责即将展开的新市场，开拓新客户，为今后的开发进行基础性工作。换言之，把现有市场和新市场的责任分开，不但能够保持目前的营销额，还能够开展新的业务。

针对新市场的责任分配，更是一个十分重要的课题。担任新市场开发的推销人员，如果能按照公司的目标去进行，公司的业绩应该会得到不断的提升。然而，大部分的发展却让营销主管感到为难，也就是随着时间的推移，营销额却不见明显增加。推销人员事实上也在努力工作，仍不见实际效果。造成这种状况的原因，不是推销人员不努力，而是由于负责新市场开发的推销人员，把自己的工作放在了一边，而实际帮助的是既有市场的推销人员。

2. 具体实施酒店营销计划

营销指标分配完成后，各负责人需要确切掌握月份、地域、顾客等类别中的产品营销收入预算，其目的是确立月营销目标。决定月营销目标之后，等于是决定了具体的行动目标，所以针对这一目标，再制订行动计划。酒店营销计划实施，主要是为了制订行动计划。但事先要确立以下几个方面的指导思想：

（1）有关营销产品和服务的指导思想。

（2）有关交易条件或付款条件的指导思想。

（3）有关营销方法的指导思想。

（4）有关重要市场的指导思想。

实现营销收入，需要通过市场活动，也就是市场营销的途径达到，而市场活动则需要通过推销人员的访问活动。所以，酒店营销计划实施的中心，可以说就是访问计划。

访问计划的设定有一定的程序，如将每天的预定数累加成每月的预定数。然而这种访问计划与目标值的相关度极为脆弱。所以，确定每天的访问计划时，需要采用由大到小的方式，从年计划到月计划，然后再到周计划、每天的访问计划预定数。在这个过程中，再逐渐加入具体的活动内容：

（1）月计划：除了营销收入目标值之外，还要决定准顾客计划与月访问计划。

（2）周计划：根据月计划制定周计划值，决定一周之内应该访问的准顾客，并且决定具体的行动方向，例如在一个星期的某一天应访问哪些地方等。

（3）日计划：在访问的前一天，从周计划中挑选出应访问的准顾客，然后配合周计划，制定每天的行动指标。

这样，计划一经确定，每个人、每天的目标就相当明确了，知道自己需要做什么和怎么做。在确定访问计划之前，需要先决定每月的可能访问数，以及每一个准顾客的访问频率。访问数包括访问户数和次数。由于每月的访问数和所负责的区域的特性、业种、推销的商品等的不同而有所差异。所以说并没有标准数值可循，需要根据过去的实绩和市场特性来决定。以外出旅游营销为例，可决定访问次数为 400 人次，户数为 250 家。可按成交的希望度，将准顾客分为 A、B、C 三个等级。A 级是很可能在 1 个月内成交的顾客；B 级是很可能在 2～3 个月内成交的顾客；C 级是很可能在年度内成交，或需要继续访问的准顾客。

管理密度不是指企业内部的人事管理，而是营销对象的管理。这时，就需要以管理密度来保持营销量。可设定重要管理对象为 A、普通管理对象为 B、可有可无的管理对象为 C 等级别。访问频率可因可能成交度和管理密度的不同而异。可能成交度与管理密度越高，访问频率也越高，亦即每月、每个准顾客的访问次数也就越多。

访问计划内容的计算方法与可能成交度的计算方法相同。假设 C 客户访问频率小于可能成交度时的访问频率。以上情况虽然以数值表示访问计划内容，但数值后面仍需以实体为依据。选定准客户之后，可利用表 9－6 的访问计划表，确定月访问计划，同时，以各种符号表示访问内容。其中，事先已经确定的事项，可用红色填记，并用蓝色或黑色填写实际行动之后的结果。最后，再用月访问实绩表整理访问结果，以此来测知各管理密度情况下的访问实绩。

表 9－6　月访问计划表

地区负责人：

日期 客户名称	A 伟力工业公司		B 顶峰企业		C 北方企业	
	预定	实际	预定	实际	预定	实际
1						
2						
3	○	○				
4						
5					○	○
6						
7			○	×		
8						
9						
10						
11						
12	○	○				
13						
14						
15				△		

续表

客户名称\日期	A 伟力工业公司		B 顶峰企业		C 北方企业	
	预定	实际	预定	实际	预定	实际
16						
17						
18	○	◎				
19						
20						
21						
22		●				
23						
24						
25	※	※			◎	◎
26						
27						
28						
29						
30						
31						
访问结果	5		2		2	

注：○为促销，◎为成交，※为收回账款，●为交货，×为抗议，△其他。

三、酒店营销预测与实施

（一）酒店营销预测的概念

营销在讨论酒店营销预测之前，我们需要明确和说明一些在酒店营销预测中用到的基本术语。由于这些术语联系紧密，容易混淆，在商业活动中被大量引用，因此常常在管理者之中造成误解。

1. 市场潜力和营销潜力

在说某种产品的"潜在"市场的时候，我们试图表述的是什么呢？市场潜力是指在特定的时期—个具体的市场上整个行业的某种产品或服务的总的预期营销额（量）。完整和清楚地表述市场潜力这个概念，必须包括以下四个要素：

（1）可出售物品。这里指产品、服务、主意、人员或地点等。

（2）整个行业的营销可以用货币或产品单位来计量。

（3）一个具体的时期，例如 1 年。

（4）可用地理范围或顾客类型，或者二者的综合来确定具体的市场界限。

营销潜力是指单个公司对自己能够在整个市场潜力中获得的最大市场份额（或百分比）的合理预期。

市场潜力是关于整个行业的一个概念，而营销潜力只涉及个别公司。在垄断的行业中，市场潜力等同于营销潜力。然而，在绝大多数行业，由于市场上存在许多相互竞争的企业，市场潜力与营销潜力是不同的。

2. 酒店营销预测

酒店营销预测是指单个酒店对其在一段具体的临近时期内、在特定的市场上按照预定的市场酒店营销计划可能实现的营销所做的估计（用货币或商品单位计量）。人们既可以给整条产品线做预测，也可以给个别产品项目做预测；既可以为酒店的整体市场做预测，也可以为个别细分市场做预测。

初看起来，公司的营销潜力和酒店营销预测好像是一样的。但通常情况下都不是这样的。营销潜力只能在理想的条件下才能实现。由于种种原因，酒店营销预测一般都会小于营销潜力。可能受到酒店生产能力的限制而无法达到完全的营销潜力，也可能是酒店目前的财务资源不足致使无法实现营销潜力。

（二）影响酒店营销预测的因素

酒店营销预测在企业管理中具有很重要的作用，它不仅是酒店营销计划的前提，同时还影响和决定着企业其他工作的安排，如原材料的购买、资金的应用、库存的控制、必要设施的配备。

酒店营销预测的工作，有些酒店是由营销主管来做，有些是由市场经理来做。无论是谁来做，都应该熟悉酒店营销预测的技术，以便可以准确客观地进行酒店营销预测，使之成为今后的工作指南。另外酒店营销预测主要以过去的营销实绩为核心，但在决定营销目标额之前，必须考虑到内外环境各种因素，下面介绍影响酒店营销预测的内外部因素及注意的问题。

1. 外界因素

（1）需求动向因素。需求是外界因素之中最重要的一项，如流行的趋势、爱好变化、生活形态的变化、人口的流动等均可成为产品（或服务）需求的质与量方面的影响因素，因此，必须加以分析与预测。平时企业就应尽量收集有关对象的市场资料、市场调查机构资料、购买动机调查等统计资料，以掌握市场的需求动向。

通常情况下应首先对市场需求进行预测。市场需求决定着营销潜力，营销潜力通常是一个公司最大可能的营销量，而酒店营销预测值又是在给定的营销政策和内部因素的前提下统计出来的，因此其数值以营销潜力为基础，一般却低于营销潜力。从上面叙述可以看出需求预测是很重要的。常见的三种需求预测方法在前文已经介绍过了。

（2）经济变动因素。营销收入深受经济变动的影响，尤其近几年来科技、信息的快速发展，更带来无法预测的影响因素，导致企业营销收入波动。因此为了正确预测需要特别注意资源问题的未来发展、政府及财经界对经济政策的见解以及 GNP、经济增长率等指标变动情况。

（3）同业竞争动向因素。营销额的高低深受同业竞争者的影响。为了生存必须掌握竞争对手在市场上的所有活动。例如，主要竞争对手的市场重心置于何处、产品的组合价格如何、促销与服务体系如何等。

（4）政府、消费者团体动向因素。考虑政府的各种经济措施以及站在消费者立场产生的各种问题。

2. 内部因素

（1）营销活动政策。这是由于产品政策、价格政策、营销通路政策、广告及促销政策等的变更对营销额所产生的影响。

（2）营销政策。如变更市场管理内容、交易条件或付款条件、营销方法等对营销额所产生的影响。

（3）营销人员。营销活动是一种以人为核心的活动，所以人为因素对于营销额的实现具有相当深远的影响力。

（4）生产状况。如是否能与营销收入配合、今后是否产生问题等。

3. 酒店营销预测应注意的问题

（1）酒店营销预测中的困难。环境的变化让人难以做出准确的预测。当一个时期到下一个时期的营销都很稳定时，预测下期营销并不是一件很困难的事情。而当一个时期到下一个时期的营销变动剧烈时，要做出准确的酒店营销预测就很困难。

（2）酒店营销预测的期间。酒店营销预测期间一般是 3 个月（一个季度）、6 个月或 1 年。通常情况下，预测期间和企业的会计年度一致，因为费用计划要以酒店营销预测为基础。但是，有些企业的经营周期比一年要短得多，他们更愿意按经营周期进行预算。

为了安排资本支出，酒店常常要进行长期酒店营销预测。高层管理者在实行酒店扩张前，一般都要收集有关长期营销前景的信息。短期预测，像 1 年或更短期间的预测，其准确性要比长期预测高。

（三）酒店营销预测的指导原则

酒店营销预测是一项非常困难的工作。遵循下述的指导原则将有助于提高预测的准确性（见图 9 - 3）。

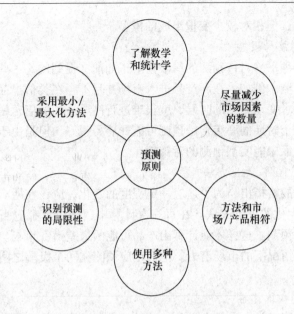

图 9 − 3 酒店营销预测的指导原则

1. 预测方法要适合产品/市场

对一些市场而言，某些预测方法要优于其他方法。选用最合适的方法直接关系到预测的准确性。针对不同的市场采用不同的预测方法。例如，一方面让营销人员广泛深入地参与酒店营销预测工作，因为他们清楚了解客户方面的所有变化。另一方面依靠模型和趋势分析来进行预测，而营销人员的主要工作就是提供和核对分析用的信息资料。在选择预测方法的时候，决策的逻辑性是非常重要的。

2. 使用多种方法进行预测

提高酒店营销预测准确性的一个有效途径就是采用多种预测方法。营销部门根据经济指标和历史营销数据进行预测，而营销人员把酒店营销计划的账户逐个加在一起来预测，然后营销副总裁与两组人员一起来消除预测差异，直到它们趋于一致。同样，两种数学方法如移动平均法和指数平滑法也可以一起用来预测营销。

3. 尽量减少市场因素的数量

简化在市场分析中具有重要意义。分析依据的因素越多就越难确定影响产品需求的真正因素。一个包括很多因素的市场指数，其结果常常只是一些基本因素的重叠。

此外，一个很大的回归模型也给预测者带来了大量的统计问题。庞大的模型实际上阻碍了进一步理解构成产品需求的真正因素。就预测者而言，一个好的方法就是和营销代表、经理与顾客讨论影响公司产品营销的因素，并构造一个由对营销最有影响的，但相对较少变量组成的模型。

4. 识别预测的局限性

管理人员必须平静对待预测的局限性。正如前文提到的，一些产品可能比另一些产品更好预测。例如，在新产品进入市场并且不存在类似产品的时候，或是过渡时期产品需求变动剧烈的时候，就很难进行高质量的酒店营销预测。进一步讲，一个公司某个时期的酒店营销预测可能开展得很好，但是由于没有很好地实施酒店营销计划而未能实现预测的营销额。

5. 采用最小化/最大化方法

优秀的研究战略指出，为了适应一定程度的变化，应该在所有的计算过程中运用最小化/最大化的评价方法。在每一次计算中，分析者都应当熟知在最坏可能情形下的一组预测。这样才能计算出产品可能的最差潜在市场。同时，分析者也应该估计最好情况下的市场潜力。他们也应预测在两个极端之间变动的情形下的市场潜力。

6. 了解数学和统计学

酒店营销预测通常会涉及数学和统计学的大量运用。作为一名营销主管，应该对统计方法相当熟悉，这样才能指出陈述问题中的严重错误。

四、酒店营销预测的过程

酒店营销预测的过程如图 9-4 所示。

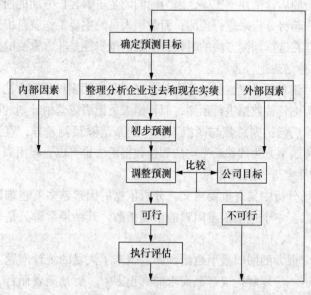

图 9-4　酒店营销预测过程

1. 确定预测目标

（1）预测目的是什么。

（2）将被如何使用。

（3）是否用于酒店计划进入的市场。

（4）预测是否需要体现对现金的控制。

（5）是否用于个人营销配额的设定。

2. 初步预测

（1）初步预测将来的营销量。

（2）用几种方法进行平衡处理。

3. 依据内部因素调整预测

（1）与过去相比预测期间的工作将有什么不同，整个营销战略是否有改变。

（2）有无新项目推出。价格策略如何。促销费用如何安排。营销渠道有无变化等。

4. 依据外部因素调整预测

（1）一般经济环境是改善了还是恶化了。

（2）是否有重要对手加入。

（3）竞争对手的营销策略动向。

5. 比较预测和目标

（1）预测和目标是否一致。

（2）预测不能满足目标是降低目标值还是进一步采取措施实现原来的目标。

6. 检查和评价

（1）做出的酒店营销预测不是固定不变的，随着内外环境的变化，调整目标或者采取措施来实现公司的营销目标。

（2）另外，必须有一个反馈制度使一些重大的变化能够在酒店营销预测和决策中反映出来。

五、酒店营销预测的方法

（一）预测方法概述

酒店营销预测的方法有很多种，可通过高度的统计手法求算，也可以凭直觉或经验求算。至于何者为佳，则无一定标准可循。但有一点需要特别留意，就是不要拘泥于某一种酒店营销预测手法，而应视实际情况来加以预测。

下列方法可用于产品或服务的酒店营销预测。

1. 调查方法

（1）德尔菲法。

（2）经理意见法。

（3）营销队伍集合法。

（4）客户意见法。

2. 数学方法

（1）时间数列分析法。

（2）趋势变动分析法。

图9-5说明了各种方法的数据来源。由于我们已经在前面讨论了购买者意图的调查和试销，它们既可用于潜力估计，又可用于酒店营销预测，所以就不再讨论这两种方法了。下面我们将详细探讨其他各种方法。

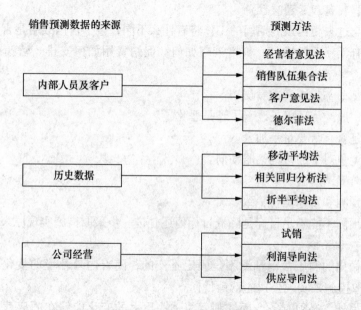

图9-5　酒店营销预测方法

（二）具体介绍

1. 德尔菲法

兰德公司发明的德尔菲法（The Dephi Technique）被广泛地用于未来预测和酒店营销预测之中。采用德尔菲法时，要选择一队"专家"，通常由管理人员组成，每个专家就同一个主题进行预测，预测得到的结果再反馈给各个专家。在专家了解了其他人的预测之后，又要就同一主题再进行预测。这个过程反复进行，直到专家们的意见达成一致。

该方法的缺点是在强调权威文化的企业中，专家意见在交换过程中可能受到所谓权威的影响。

2. 经理意见法

经理意见法是最古老和最简单的一种预测方法。经理意见法不需经过精确的设计即可简单迅速地进行预测，所以当预测资料不足而预测者的经验相当丰富的时候，采用这种方法是最适宜不过的了。经理意见法要求获得高层经理对未来营销的看法，这些看法可能有根据，也可能没有根据。有些管理者可能已经使用了我们稍后介绍的预测方法来形成自己的意见，有些可能主要依靠观察、经验和直觉来做出判断。把经理们的意见综合起来，就得到全体经理人员的总预测，或者通过经理们相互讨论来消除他们之间的分歧。得到的最终结果将会作为下一年财务计划的基础。

经理意见法的主要优点是简单快捷。也许是由于方法简单，经理意见法特别受中小企业的欢迎。

尽管这种方法受到广泛的欢迎，经理意见法也有几个不足之处。很多管理人员认为这种方法不太科学，只是比没有根据的猜测好一点。他们还认为，为了消除分歧以达成最终的一致，经理意见法要耗费太多的时间。最后，高层经理和情绪强烈的管理人员可能比更了解产品的管理人员对最终预测产生更大的影响。由于推测法是以个人的经验为基础的，不如统计数字那样令人信服，但当无法依循时间系列分析预测未来时，经理意见法的确可以发挥丰富的经验与敏锐的直觉，从而弥补了统计资料不足的遗憾。

3. 营销队伍集合法

营销队伍集合法是建立在搜集每个营销人员对预测期间产品或服务营销估计的基础之上的一种酒店营销预测方法。执行过程中，营销人员可能会咨询营销主管和客户或者完全凭营销人员的直觉和经验，然后把每个人的预测集合起来就得到了公司的总预测。

营销队伍集合法把酒店营销预测交给那些离市场最近的人和进行营销的人，在此基础之上确定的营销指标和报酬方案更容易被营销人员接受。但是，营销人员通常不精通预测，他们倾向于过于乐观或过于悲观。更糟糕的是，如果根据酒店营销预测确定营销指标，他们不仅可能有意识地压低预测值，而且常常因不了解总体性经济因素和公司力量的作用而出现较大的偏差。最后，这个过程要耗费管理者和营销人员很多时间。

营销人员最接近消费者和用户，许多企业都通过听取营销人员的意见来推测市场需求。

这种方法是这样进行的：先让每个参与预测的营销人员对下年度的营销最高值、最可能值、最低值分别进行预测，计算出一个概率值，然后再根据不同人员的概率值求出平均酒店营销预测值。

营销队伍集合法的特点：

（1）比较简单明了、容易进行。

（2）营销人员经常接近消费者，对消费者意向有较全面深刻的了解，比其他人对市场有更敏锐的洞察力，因此所做预测值可靠性较大，风险性较小。

（3）营销人员直接参与酒店预测，从而对酒店下达的营销配额有较大信心去完成。

但是，在一般情况下，根据营销人员意见的预测必须经过进一步修正才能利用，这是因为：

（1）营销人员可能对宏观经济形势及公司的总体规划缺乏了解。

（2）营销人员受知识、能力或兴趣影响，其判断总会有某种偏差，有时受情绪的影响可能估计过于乐观或过于悲观。

（3）有些营销人员为了能超额完成下年度的营销配额指标，或是为了获得奖励或升迁机会而可能会故意压低预测数字。

营销队伍集合法虽然有一些不足之处，但还是被企业广泛运用，因为营销人员过高或过低的预测偏差可能会相互抵消，预测总值仍可能比较理想。另外，有些预测偏差可以预先识别并及时得到纠正。

4. 客户意见法

客户意见法是通过征询顾客或客户的潜在需求或未来购买计划的情况，了解顾客购买的活动、变化及特征等，然后在收集顾客意见的基础上分析市场变化，预测未来市场需求。

运用这种方法不仅可以发挥预测组织人员的积极性，而且征询了顾客的意见，预测的客观性和准确性大大提高。

采用这种预测法一般准确率较高，但观察2年以上的需求量情况发现，可靠性程度比短期预测要低一些。因为时间长，市场变化因素大，消费者不一定都按长期的购买商品计划安排，所以，预测结果可用其他方法预测对比进行修正，使预测更为精确。

第十章　酒店营销控制预算管理

一、酒店营销控制内容与过程

（一）什么是酒店营销控制

所谓酒店营销控制就是酒店营销管理部门为实现预期的营销目标，以营销计划和营销预算为依据，而对其市场营销活动实施的监控。它是酒店营销管理的主要职能之一，与营销管理的分析、计划、执行等职能密切结合，形成酒店内部完整的营销管理机制。

营销控制是建立在营销计划基础上，对营销活动的全过程实施的严密监控：一方面营销控制必须以营销计划为前提，市场营销部门在进行营销绩效考核时，对实际的营销计划执行的结果与营销计划所制订的目标进行对比，找出二者的偏差；另一方面营销控制又为以后的营销计划的修正提供依据。从对当期营销绩效的考评中，分析导致出现偏差的因素，及时调整下期的营销计划以及营销策略。

（二）酒店营销控制的内容

在奉行市场营销观念的现代企业中，营销部门是酒店管理中最重要的部门之一。它一方面要通过酒店的营销工作使酒店能够与外部市场需求相一致，顺利地开展营销工作；另一方面也围绕营销工作，使得企业内部各部门以市场营销工作为中心，积极配合实现企业的市场营销目标。

营销控制的内容一般包括：

1. 营销部门对涉及营销工作的内部营销系统的控制

为了顺利地开展企业的市场营销工作，营销部门一般直接由企业的最高决策层直接负责，企业最高领导通过对营销部门的控制，以营销工作为中心，把这种监督与控制深入到企业的各个不同的职能部门，从而使各部门最大限度地发挥合力，更好、更协调一致地完成企业的市场营销工作。企业内部能否实现顺畅的信息沟通、是否把企业的市场营销工作作为其工作的出发点，是营销内部控制的重要工作。

2. 营销部门对外部供应商的控制

外部供应商是影响企业市场营销工作的重要的利益攸关者。外部供应商的自身利益并不一定总是同酒店的利益保持一致。其是否能够积极主动地配合酒店的市场营销工作，使得酒店营销工作顺利开展，也受到酒店营销部门管理监控工作是否到位的影响。定期对供应商进行相应评价，实行优胜劣汰，对好的供应商进行相应奖励，对差的进行相应处罚，形成一套行之有效的供应商评价与奖惩措施是营销控制工作的重要组成部分。

3. 营销部门对营销工作人员的控制

营销部门内部管理是否到位，与有没有良好的薪酬与激励措施、良好的监督紧密相关。对其工作开展过程进行相应控制，对工作的效率、结果也要进行相应控制，包括对费用等的控制。

4. 营销部门对营销计划执行效果的控制

营销计划并不能总是得到充分的贯彻与落实，并且事实上营销计划的具体实施总会与计划所设定的目标有或多或少的出入。这种偏差有些是由内部因素导致的，有些是由外部客观因素导致的。酒店营销管理者就要及时地对其进行相应的调整，以保证其顺利实施。

5. 营销部门对营销方案的控制

营销方案是否合理，能否得到有效的实施，比如酒店执行的产品定价策略、新产品推广方案等，也需要得到有效的监控。可以采取多种不同的比较分析方法来进行相应的营销控制。

（三）酒店营销控制的过程

营销控制工作是一个连续的规范的过程，也是一个科学规范的过程。这个过程一般包括以下几个步骤：

1. 确定营销控制所涉及的内容

营销控制需要评价的内容很多，涉及酒店内部营销系统评价、营销工作人员的评价；广告与促销效果评价等。酒店营销管理者可以根据自身的情况，从上述营销评价的五方面内容入手，选择符合企业自身特点的最重要的内容进行相应监控。

2. 确立评价的标准

评价的标准既有定性的也有定量的，为了更好、更客观地评价酒店营销的效果，应该尽量以量化的指标作为评价的标准。数字是最公正的，在限定了标准的情况下，数字也不会说谎，最能客观公正地反映酒店的营销工作的绩效情况。

3. 确定酒店营销活动的实际结果

营销控制得以顺利实施的一个根本基础，就是能否有效地采集到酒店市场营销活动的实际数据，然后再对实际数据进行相应的加工、整理、分析。

4. 实际结果与标准相比较

把酒店的实际营销结果与酒店所确定的评价标准进行相应的比较分析。比如，制订年营销计划时，我们希望通过营销方案和努力，全年客房入住率达到80%，而实际上尽管我们付出了全部努力也只达到了75%，这样比较的结果就是-5%。

5. 分析差异原因并提出改进措施

得到实际结果与标准的比较数据并不是目的，最终的目的是以一套相对科学、规范、合理的模型作为基础，对酒店的市场营销活动做出客观的评价并找出差距、针对不足之处，提出具体的解决措施，以便我们及时修正营销计划，提升营销效率。

整个过程如图 10 - 1 所示。

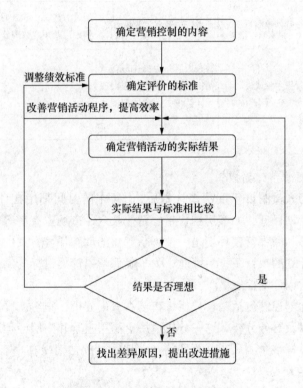

图 10 - 1 酒店营销控制的过程

二、酒店营销控制类型与方法

酒店营销控制的类型按照不同的划分方法有多种不同的类型。结合酒店营销的具体情况，我们只讨论三种最重要、最常见的类型：年度营销计划控制、盈利性控制与战略性控制。

其总体比较情况如表 10 - 1 所示。

表 10 - 1　营销控制类型总体比较

控制类型	主要负责人	控制目的	控制工具
年度营销计划控制	营销主管	检查计划指标是否实现	销售分析 市场占有率分析 营销费用率分析 宾客态度分析 其他比率分析
盈利性控制	营销控制员	检查饭店盈利或亏损情况	通过对产品、销售区、目标市场、销售渠道及预定数等分析而加以控制
战略性控制	营销主管或饭店特派工作人员	检查饭店是否抓住最佳营销机会，市场、销售渠道总体情况，及整体营销活动情况	营销核对清查（或称营销审计）

1. 酒店年度营销计划控制

当酒店营销人员制订年度营销计划后，1 年中的时间都用在计划的控制上，目的是使营销计划目标，如客房销售量、营业收入、市场占有率等如期完成。然而，酒店的外部和内部营销环境是一个不断变化的动态环境，其中有些因素的变动常影响营销计划的执行工作，因此，为了确保营销计划目标的实现，营销人员必须进行年度营销计划控制。

年度营销计划控制包括销售分析、市场占有率分析、宾客态度跟踪分析、营销费用率分析以及财务分析，这一分析适用于高层主管和中层经理对年度营销计划进行控制，考核整个酒店或某个部门（或地区）的营销绩效。

2. 盈利性控制

除进行必要的年度计划控制外，酒店的营销人员还要对酒店各种经营项目、子市场、中间商等进行盈利性控制。这种控制有利于营销人员做好酒店产品、酒店市场开发和扩展决策，并有利于酒店选择合适的销售渠道。在进行盈利性分析控制时，首先，营销人员要将营销费用及其他有关费用按会计原则分摊到各种营销活动中去；其次，要调查各种营销活动的次数，计算出每次活动所耗的费用；最后，再将各种营销活动费用在各产品、子市场及酒店中间商中合理地分摊，进而对各种产品、子市场及中间商的盈亏情况进行相应分析。

3. 战略性控制

酒店必须经常对其整体营销效益做出缜密的回顾评价。面对激烈的竞争和多变的市场需求，营销领域中各方面的目标、计划、措施都会迅速过时，每个酒店都应定期对其市场战略进行总体重新评价。评价的方法主要有两种：一是营销效益等级评核；二是营销审计。

三、酒店营销预算理解与认知

（一）什么是酒店营销预算

酒店营销预算是酒店市场营销部门预先制订的各项收入支出计划。它是酒店营销计划的数据部分，正如美国营销学者威廉·道林所表述的：营销计划 = 预算 + 文字。营销预算作为部门预算，它与酒店其他部门预算共同构成了酒店总体预算。

编制营销预算是酒店营销部门经理的重要职责，它将直接影响到酒店的营销工作能否顺利进行以及成果如何，因此必须予以高度重视。

（二）营销预算的作用

现代酒店营销预算并不是简单地将收入和支出数据计算出来。一个好的预算其数据应反映出营销工作的重点、工作目标以及资源和工作的配置情况。通过检查营销预算的执行情况，又能发现计划与实际工作中的不足，从而有利于酒店调整经营决策和改进经营管理。因此，营销预算是重要的管理工具，具体体现在以下两个方面：

（1）营销预算制定酒店营销工作的目标，并通过销售额、利润率、市场份额、客房出租率、预期平均房价等量化指标反映出来。在预算的编制中，这些指标又具体按不同的部门（如客房销售、餐饮销售等），不同的市场（会议、旅行团体、商务散客等）进行分解，使之变成具体的工作目标。由于这些计划指标将影响到酒店整个人、财、物资源的配置和管理，所以预算指标必须建立在酒店自身实力以及对未来市场的准确预测基础上，必须采用正确、适宜和最新的资料，以使预算指标切实可行。

（2）营销预算是重要的管理控制手段。利用营销预算作为标准来实施对实际工作的控制，是管理的重要手段。这一手段包括确定预算目标、实施预算方案、检查预算执行情况、比较预算与实际偏差、公布预算与实际偏差以及调整和改进六大环节，如图 10-2 所示。

实际运营与预算出现正负偏差是很正常的，任何计划都不可能做到百分之百的精确。正偏差表明实际营运好于预算，而负偏差则正好相反，如表 10-2、表10-3 所示。管理人员的主要工作便是对出现的偏差实施处理，找到出现偏差的原因是预算所定目标过高或过低，还是经营环节中出现问题或市场发生大的变动，然后在此基础上采取相应的行动：如果预算目标不符合实际状况，应及时加以调整；假如由于自身工作失误，便需尽快纠正错误；如果由于市场发生突然变化造成营业额大幅度上升或下降，则需对原有的预算进行大幅度的调整，以适应新的形势。

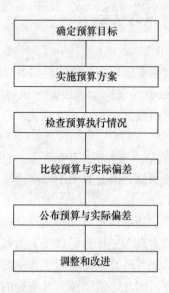

图 10 - 2　酒店预算管理流程

表 10 - 2　销售预算偏差　　　　　　　　　　单位：元

	预算销售额（7 月）	实际销售额（7 月）	偏差
团队市场	30000	20000	10000　U
散客市场	75000	80000	5000　F
会议市场	40000	50000	10000　F

注：F 为正偏差，U 为负偏差。

表 10 - 3　支出预算偏差　　　　　　　　　　单位：元

	预算支出额	实际支出额（本月）	支出额	结余
广告	3000000	500000	1800000	1200000
人员推销	1000000	110000	650000	350000

表 10 – 4　全年客房预订分布表

销售总监：　　　　　　　　　　　　　　　财务年度：

总经理：　　　　　　　　　　　　　　　　财务年份：

	客房夜次	一月	二月	三月	四月	五月	六月	七月	八月	九月	十月	十一月	十二月	全年
1	预测客房总夜次													
2	本月初预订													
3	本月底预订（确定性预订）													
4	总数（2 + 3）													
5	本月取消数													
6	预订与实际使用量差额（+或–）													
7	重新估算数（+或–）													
8	全部调整数额（5 + 6 + 7）													
9	使用或计划使用数（4 ± 8）													
10	团队客房预订													
11	预测差额（10 ± 9）													
12	预测客房出租率（%）													
13	实际出租率（%）													
14	预测平均房价													
15	实际平均房价													

销售总监：　　　　　　　总经理：　　　　　　　财务总监：

（三）营销预算的类型

酒店营销预算按其性质和使用，主要分为以下三种类型：

1. 资本预算中的营销预算

资本预算又称为中长期预算，它主要包括酒店中长期的大型项目，如酒店更新改造、开设新楼层、引进商务设施和健身娱乐设施等。在这种预算中，营销预算所占的比重较小，许多酒店经常将此忽视。事实上，这些新的项目的推出同样需要做相应的前期营销工作。

2. 总体预算中的营销预算

总体预算指企业在一定期限内各部门营业收入和支出的计划，通常为年度预算。我们在本章中将要重点阐述。

3. 连续预算中的营销预算

连续预算又称为滚动预算，它是企业根据年度预算的执行情况，对下一预算周期内的收入和支出所做的调整性计划。滚动预算周期通常为季度或月度。

（四）营销预算的组成

酒店营销预算由销售收入和费用支出两大部分组成。在酒店实际营运中，销售收入的预算分别由各接待部门如客房部、餐饮部等直接创收部门编制，而营销预算主要是编制市场营销部门用于市场营销活动的费用计划。因此，销售收入的预算将不在本章中具体阐述。

酒店营销费用由三大类费用组成：

1. 本部门工作人员的工资福利

工作人员指本部门所有的管理人员、销售人员、公共关系人员、秘书以及临时合同工；其工资福利包括工资、奖金、工资税、保险费、养老金以及给本部门员工提供食品和饮料的费用，还有其他福利奖金等。

2. 部门管理和日常费用

指与营销部门有关的费用支出。具体包括：①办公费用，如使用的印刷表格、文具办公用品、销售手册等；②通信费用，电话、电传、传真、信函及其他邮资费用；③国内外销售旅行差旅费用；④汇票和订阅费；⑤酒店订房系统入网费；⑥促销活动费；⑦市场调研费；⑧交际费，包括经理、销售人员和其他员工的交际费；⑨酒店宣传资料小册子和特式菜单等费用；⑩其他各项支出，如陪同餐费、制装费、培训费等。

3. 广告和促销费用

指酒店用于广告和促销活动的费用。具体包括：①直接邮寄费，如通讯录、信封、写信、签字或由其他机构代理完成这类性质工作的费用；②广告费，其中包括广告制作费，以及在报纸、杂志、户外、电视和电台等媒体做广告的费用，媒体费是广告中最大和最重要的部分；③销售点促销用品费，如特别账单卡、特式菜单补充目录陈列展示品的制作费用；④杂项，如复印、印刷、交通费用等。

酒店营销预算的格式可见表 10 - 5 和表 10 - 6。

表 10 - 5 酒店营销预算——推销与促销

	一月	二月	三月	第一季度	四月	五月	六月	第二季度	七月	八月	九月	第三季度	十月	十一月	十二月	第四季度	全年
费用																	
工资																	
奖金																	
福利																	
总工资和福利																	
其他费用																	
办公用品																	
待客用品																	
清洁用品																	
纸张																	
文具																	
其他																	
通信																	
电话与电传																	
邮资和电报																	
旅行推销·本地																	
旅行推销·外地																	
订阅费																	
预订入网费																	
促销活动																	
市场调研																	
交际费·经理																	
交际费·销售人员																	
交际费·其他人员																	
小册子																	
杂项																	

	一月	二月	三月	第一季度	四月	五月	六月	第二季度	七月	八月	九月	第三季度	十月	十一月	十二月	第四季度	全年
陪同餐费																	
制服																	
培训																	
其他																	
其他费用总额																	
部门费用总额																	
市场营销费用总额																	

表 10 – 6　酒店营销预算——广告

	一月	二月	三月	第一季度	四月	五月	六月	第二季度	七月	八月	九月	第三季度	十月	十一月	十二月	第四季度	全年
费用																	
直接邮寄																	
代理制作费																	
代理商费用																	
报纸																	
杂志																	
其他媒体																	
电视和广播																	
汇票																	
销售点促销费用																	
杂项																	
电话费																	
邮资费																	
资料费																	
交通费																	
印刷和复印																	
其他																	
部门总费用																	

四、酒店营销预算编制与制定

（一）营销预算的编制方法

编制预算的核心在于确定各项费用的具体数额。而如何确定这些数额，各个酒店有不同的做法，其中使用较多的有：

1. 经验推断法

不少酒店编制销售预算，都是以当年各项费用项目的实际开支数为基础，然后预测计划年度各项费用可能发生的增减变动，来确定它们的增减数额。这种方法简便易行，尤其适用于经营比较稳定的酒店。然而，过去的数据不一定完全反映未来的经营情况，尤其是在酒店市场波动较大、竞争激烈的形势下，采用这种方法容易造成预算额的不准确，甚至会出现将过去的错误延续到今后的现象。

2. 量力而行法

指酒店确定市场营销预算是按它们所能拿出的资金数额。这种方法尤其在酒店广告的预算中多见，也就是说，在其他市场营销活动优先分配经费之后，如果尚有剩余部分就供广告之用。这种预算方法考虑到了酒店财力情况，但却忽视了广告的目的在于促进销售，而预算时必须考虑需要多少营销费用才能达到销售的目标。从这种意义上来看，虽然很多酒店使用量力而行法，但它却存在着片面性，对此，必须有清醒的认识。

3. 行业比率法

它是根据同行业的标准来确定营销预算总额。西方发达国家中有不少咨询机构和组织，根据长期的调查统计以及各家酒店呈报的数据，整理出了各类酒店的营销费用在营业收入中所占的比例。

采用行业比率法，酒店只要稍微结合本酒店的实际情况，参照同行业的相应费用，就可确定自己的营销预算，但是，这种行业比率法也许并不适用于本酒店。

4. 竞争对等预算法

在国外又称作"复制猫法"，指酒店对照竞争者的营销开支来决定自己的营销开支，以保持竞争上的优势。许多酒店都喜欢根据竞争者的营销预算来确定自己的营销预算，造成与竞争对手旗鼓相当、势均力敌的对等局面。这种方法简便易行，但与行业比率法一样，它忽视了各个酒店具有的特殊性。因为各酒店的信誉、产品和服务、经营机会以及营销目标和销售力量并不完全相同，某一酒店的营销预算不一定值得其他酒店比照。因此，同样的营销费用支出并不意味着就能带来同样的效果。

5. 销售百分比法

即酒店按照客房销售额（或总销售额）的百分比来计算和决定营销开支。

也就是说，酒店按照每 100 元的销售额（本计划期销售实绩或预算期预计销售额）需要多少营销费用来计算和决定酒店营销预算。例如，某酒店在 2014 年 11 月 1 日将前 10 个月的销售收入与 11 月和 12 月的预计收入相加，以总额的 3% 作为 2015 年的营销预算，或者以 2015 年的预计销售收入的 2.5% 作为广告预算。使用销售百分比法来确定营销预算，使之与酒店的销售收入紧密地联系起来，可以使营销费用控制在一定的水平上。这一水平从理论上讲能够使酒店获得相应的利润，此外，它还能保持酒店之间竞争形势的相对稳定，因为只要各竞争酒店都默契地让其营销费用随销售额的某一比例变动，就可以避免竞销大战。

使用销售额百分比来确定营销预算，事实上是把销售收入作为营销支出的"因"而不是"果"，颠倒了二者之间的因果关系。用这种方法确定营销预算，实际上是基于可用于促销的资金的多少，而不是基于营销活动的要求，这样往往容易使酒店失去有利的市场营销机会。此外，此法必然导致营销预算随每年的销售波动而增减，而没有考虑到酒店在不同时期其市场和竞争形势的不同，容易造成营销费用分配的不合理，有的年份可能营销费用太高，而在经营形势不佳、需要大量营销预算时，却无法得到相应的资金。

6. 目标任务法

目标任务法是指酒店在编制营销预算时，先根据营销目标，决定为达到这种目标而必须执行的工作任务，然后估算执行这些工作任务所需的各项费用，这些费用的总和就是营销预算。酒店在编制总的营销预算时，要求每个销售经理准备一份内容如下的营销预算申请单，尽可能详细地限定其营销目标，该目标最好以数字表示，如提高商务散客预订量 20%；列出为实现该目标所必须履行的工作任务，如开展商务促销月拜访商务机构 1000 家等，并估算完成上述工作任务所需要的全部费用。这些费用之和就是各个销售经理的经费申请额，所有销售经理的经费申请额即构成酒店总营销预算。

由于这种方法在逻辑程序上具有较强的科学性，因而为众多的酒店所采用。这种方法的不足之处在于它没有从成本的观点出发来考虑某一营销目标是否值得追求这个问题。例如，酒店营销目标是下一年度将客房出租率提高 20%，而这所需的广告及促销费用也许会比实现该目标所带来的利润高出许多，从经济角度上讲这是得不偿失的。如果酒店事先进行成本效益分析，然后再选择有利的目标付诸实现，效果将会更好。

7. 零基预算法

这种方法与目标任务法在实际操作上很相似，但它的特点是对于任何一个预算（计划）期，任何一项费用的开支数，都不以过去的和现有的基础为出发点，即不考虑当年的费用开支水平，而是一切从零开始，将下一个预算期作为独立的经营周期，根据各项费用是否必要，是否能达到最佳的经济效果来决定其预算费用水平。采用零基预算方法，所有的费用都与预算年度的各项营销活动紧密相连，而各项营销活动的计划是在对酒店的营销优势以及经营机会和挑战进行分析之后做出的，这样，便能够保证各项费用得到最佳配置。但这种方法需要进行大量的调查研究和细致的工作才能应用。采用零基预算法进行预算，大致有三个步骤：首先，酒店营销计划人员根据营销战略计划编制具体的行动方案，以及各项活动需要的费用数额；其次，对每项行动方案进行"成本效益"分析，将其花费与可能收益所得进行比较，评定各项行动方案优劣，并据此排定优劣顺序；最后，根据排列次序，结合可动用的资金来分配营销预算资金。

8. 最优利润计划法

它是通过数学模式来反映企业利润最大时所需的营销费用。当利润达到最大值时，营销费用额即为最佳预算。这一模式建立在销售额对营销费用的反应关系上，即销售反应函数 $S = f(E)$（见图 10-3）。

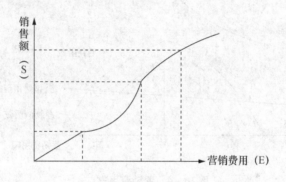

图 10-3 销售反应函数

从理论上来看，图 10-3 的销售额与营销费用存在着一定的函数关系，销售反应函数表明：在某一特定的时间里，酒店在市场营销方面的花费越多，它的销售额就可能越高；反之，企业花费较少的营销费用就不可能产生较大的销售额。但是，酒店的销售额不可能无限上升，当达到一定限度后，会出现销售饱和状态，也就是说，营销费用增加到销售饱和状态时，两者之间的关系已不再呈正比关系。美国学者韦达尔（M. L. Vidale）和沃夫（H. B. Wolfe）认为，销售—广告曲线自原点起呈凹形，即增加的广告支出会产生连续收益递减现象。造成上述情况的原因至少有以下三个：第一，对任何产品或服务，其潜在的需求量总有个上限。第二，当某家酒店扩大它的营销费用时，其竞争对手可能也采用同样的措施。第三，酒店本身客房总数的规划也有限制，它不可能无限扩大。实践证明，在正常的情况下，增加营销费用，酒店的年平均客房出租率不大可能增加 10%以上，制定过高的营销预算，只会带来不必要的浪费。

上面所得到的销售反应函数为假设的理论曲线，可以采用三种方法：第一，统计法。即把收集到的销售历史数据和营销因素组合的各种变数加以整理，从中分析、判断出销售反应函数。第二，实验法。即选择不同试验市场区域投入不同的营销费用，来观察分析各自所产生的销售额。第三，判断法。酒店可以邀请专家对所需的各种数值进行判断和估计。

在确定酒店的销售反应函数后，我们可用图 10-4 所示的曲线来找出理想的营销费用支点。图 10-4 与图 10-3 中销售反应函数曲线有两点区别：①为了确定最优化的营销费用数额，我们用营业额来代替销售量；②销售反应函数高于原点与纵轴相交，表明酒店即使不支出营销费用也能获得一定的销售量。

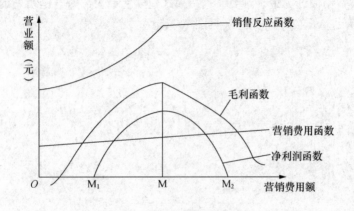

图 10-4　营销费用支点

为了确定最佳营销费用数额，营销计划人员应从销售反应函数曲线中扣除各种非营销费用，确定毛利函数，然后，根据每增加 1 元营销费用所能增加的营业额来确定费用函数。营销费用函数为直线，因为每一项增加的营销费用所带来的营业额变动之比为常数（定义为 S=0 时，每月营销费用所产生的营业额，S 表示时间为 T 时的销售），从毛利函数扣除营销费用，便得出净利润曲线。当营销费用在 M_1 与 M_2 之间时，企业为盈利状态，故 M_1 和 M_2 为合理的营销费用数额区间。当营销费用数额为 M 时，企业达到最佳利润，酒店营销费用预算额应订为 M。

采用最优利润计划法确定最佳营销费用额是一种全面科学的方法。但是，计算销售反应函数的准确参数值是一项十分复杂和繁琐的工作，如果销售反应函数的参数随着时间的推移不断发生变化，花费太多时间和资金而求得的销售反应函数的参数值只在短期内有用，则是很不经济的。

（二）编制营销预算应考虑的因素

编制营销预算是制订酒店战略计划的重要组成部分，营销预算不仅是一个部门的预算，它与酒店总体目标和其他部门的预算有着密切的联系。作为编制营销预算的销售部门经理，要使该预算切实可行并获得通过，必须考虑以下几个方面的问题：

1. 酒店的财务经营状况

编制营销预算的决定性因素是达到营销目标所必需的费用。从市场营销部门的角度出发，可使用的营销预算越多，则用于市场促销和推销的支出就越多，能够带来的市场推销效果也可能越好。但是，酒店是一个经营整体，必须考虑其他部门正常运转所需的支出，保持各部门预算平衡，同时，还必须考虑营销预算能否带来足够的收益。此外，酒店的财务状况更是影响预算的重要因素。不论酒店是大是小，它所掌握的人力、物力和财力都是有限度的，因此，营销预算的大小必须在酒店财力所能承担的范围之内，不可能无限提高。这就需要酒店销售部门同财务部门一道来研究、确定营销预算的额度。

2. 酒店的市场和竞争形势

酒店营销预算主要用于开发市场和进行销售活动，市场和竞争形势必然对营销预算支出总额和预算项目的具体分配产生影响。酒店在市场客源充足、竞争对手少的情况下，用于营销的预算就相应较少；而在市场客源短缺、竞争激烈的形势下，为了尽可能占有更多的市场份额、提高酒店客房和其他设施的使用率，必须投入较多的资金用于市场的开发和新产品的推广以及促销活动。

预算资金只有进行合理的配置才能获得最佳的收益，而预算资金的配置必须以市场分布特点和竞争态势为基础。酒店如果以稳定客源和提高收益为目标，则必须将营销预算资金重点投到主要的客源市场。对于市场容量和潜力巨大且竞争激烈的市场，酒店应投入较多的预算资金开展重点促销活动，以获得竞争优势。

3. 酒店产品的生命周期

因为酒店产品有介绍、成长、成熟和衰退四个生命周期，每一个生命周期的营销策略和方法都不尽相同，所以，其营销预算也应随之相应配置。在产品的介绍阶段，由于需要进行大量的宣传推广工作以打开市场和销路，因此，营销预算额也相应较大，有时酒店需拿出当年营业收入的10%～15%甚至更多，用于支持营销活动。

而在成长期，因为介绍期的促销所起的作用，加上市场已经打开，相比介绍期来说营销活动不多，营销费用相应较低。

当产品进入成熟期时，由于市场竞争十分激烈，为了保持市场份额，各酒店都进行各种各样的市场营销活动，大量的促销、强有力的人员推销、高额的佣金等都需要较多的营销预算资金作保证。

而当产品走向衰退期时，市场主要是那些稳定的客源，且许多竞争对手已退出该产品市场，因此，酒店无须在该项产品上再进行更多的营销活动，因而营销预算也会相应下降，这时，只需将营销资金配置于稳定老客户的销售工作方面。

总之，营销预算是营销计划中收入和支出的量化描述，制订和执行营销预算是酒店重要的管理工作。营销预算反映了酒店营销工作的目标和重点，营销预算的执行情况又可以及时帮助酒店调整经营方向和重点。

第十一章 酒店市场营销新型模式

一、酒店绿色营销

实施绿色营销的企业以保护生态环境为前提，力求减少和避免环境污染，节约资源，维护人类社会的长远利益，并以此为宗旨来开发产品并实施营销活动，实现经济与市场的可持续发展。因此，绿色营销是提高企业市场竞争力的重要手段，特别是对于酒店企业而言更显得尤为重要。正如某位学者所言，绿色营销是化危机为商机的经营趋势。

（一）认知绿色营销

绿色营销是一种新的营销概念，是人类跨世纪营销活动的一个新飞跃。英国威尔斯大学的肯·皮蒂教授曾指出："绿色营销是一个能辨识、预期及符合消费的社会需求，并且可以带来利润及永续经营的管理过程。"从本质和内涵上看，企业绿色营销是企业以环保观念作为其经营指导思想，以绿色消费为出发点，以绿色文化作为企业文化核心，在满足消费者绿色消费需求的前提下，为实现企业目标而进行的营销活动。它是传统市场营销的进一步扩展和深层次延伸，比传统市场营销意义更深远、更具时代性。

绿色营销与可持续发展是相互关联的统一体，它们的共同目标就是实现经济与社会、环境的协调发展。在可持续发展这一宏观导向下，绿色营销起着微观的基础作用。

绿色营销观念认为，企业在营销活动中，要顺应时代可持续发展战略的要求，注重地球生态环境保护，促进经济与生态环境协调发展，以实现企业利益、消费者利益、社会利益及生态环境利益的协调统一。从这些界定中可知，绿色营销是以满足消费者和经营者的共同利益为目的的社会绿色需求管理，是以保护生态环境为宗旨的绿色市场营销模式。

绿色营销也是降低资源耗费、提高经济效益的重要途径。例如，日本推出节省25％燃油、少排80％废气的绿色汽车等事实证明，只有发展清洁技术，生产绿色产品，推进生产全过程的污染控制和预防，才能建立节能、降耗、节水、节地的资源节约型经济，实现生产方式的变革，加速工业、交通及通信业发展模式的全面转型，实现以尽可能小的代价和最少的能源、资源消耗，获得最大的经济发展效益。国际商会和联合国环境规划署联合在巴黎召开的可持续发展商务宪章委员会提出的第一条基本原则就明确指出，要把可持续发展和保护环境作为企业发展的首要目标，因为只有"绿色企业"才有竞争力。

绿色营销的兴起与发展进一步培育了消费者的环保观念。大量绿色食品的出现推动了绿色食品消费趋势，促进了绿色消费意识的形成；可降解餐饮用具的使用不仅减少了白色污染，而且增强了人们保护环境、防止污染的意识；可回收电池的应用也大大促进了人们节约资源、回收废物的观念……消费者环保观念的进一步培育与加强又直接作用于可持续发展的进程。

（二）绿色营销的特点

绿色营销是因企业和社会生存环境发生变化而提出的，与知识经济和可持续发展密切相关的一种新的市场营销观念。与传统的营销观念和方式相比，绿色营销具有以下几方面的特点：

1. 鲜明的时代性

知识经济时代是社会经济发展的新时代，可持续发展是当代社会一种全新的发展观，而绿色营销的理论和实践必然要以知识经济和可持续发展作为其指导思想，同时，以知识和科学技术发展为支持的知识经济又为绿色技术的开发、绿色能源的采用、绿色产品的生产、绿色营销的实施创造了有利条件。

2. 绿色营销观念

随着经济的不断发展，人们的生活条件得到不断的改善，生活水平有了很大提高，消费层次从原来的物质层次发展到精神层次，由简单的解决温饱型消费向小康富裕型消费转变。生活方式的改变和生活水平的提高，又使人们的健康意识、环保意识大大增强，形成了维护生态平衡，重视环境保护，提高生活环境质量的绿色观念和绿色意识。绿色营销正是迎合和满足这一消费需求变化的新的营销方式。

3. 营销的可持续性

绿色营销的目的是实现社会资源、自然资源、生态资源的永久利用，保护和改善生态环境。要实现绿色营销，企业在技术开发、产品设计、物品采购、生产工艺、质量标准、包装材料、广告策划及促销方案等方面，都必须贯彻绿色理念，从而促进绿色产业、绿色产品、绿色消费、绿色意识的发展，形成可持续发展的良性循环。

4. 发展的可持续性

随着绿色营销的实施，绿色产业和绿色消费必将大力发展，反过来将进一步促进人们绿色意识和环保意识的提高，使消费者实现由"不自觉"到"自觉"的绿色消费。消费绿色产品的转变这对社会进步和经济的可持续发展也有着一定的促进作用。绿色营销体现了社会发展和消费需求转变的方向，必将成为未来营销观念和方式的主流。

5. 绿色科技为保障

技术进步是产业变革和发展的决定因素，新兴产业的形成必然要求技术进步，但技术进步如果背离绿色理念，其结果有可能加快环境污染的进程。只有以绿色科技促进绿色产品的发展，才能促进节约能源和资源可再生、无公害的绿色产品的开发，这更是绿色营销的物质保证。

（三）酒店绿色营销的实施

绿色营销是一种企业以环境保护为经营指导思想，以绿色文化为价值观念，以消费者的绿色消费为中心和出发点的营销观念、营销方式和营销策略。它要求酒店企业在经营中贯彻自身利益、消费者利益和环境利益相结合的原则。

1. 研制酒店绿色产品

（1）理解酒店绿色产品。

绿色产品是绿色营销中最为重要的因素，也是企业开展绿色营销的载体。应从以下几个方面理解绿色产品：

1）根据产品的整体概念。绿色产品可划分为三个部分。首先是核心产品，即绿色产品提供给消费者的实质利益。与传统产品相比，绿色产品的核心产品概念增加了满足消费者的环保、健康等诸多需求。例如，电动车就满足了消费者的环保、节能、便利的需求。其次是形式产品，即绿色产品在市场上出现时的物质实体的外形，包括绿色产品的品质、特征、造型、绿色商标、绿色包装等。最后是延伸产品，这是绿色产品给消费者提供的一系列附加利益，如绿色服务、绿色保证、绿色运送、绿色维修等。

2）根据绿色产品的生命周期。绿色产品的生命周期是指绿色产品从设计到最终退出市场并循环使用的过程，具体来说，绿色产品的生命周期包括：绿色产品设计原料获取→绿色生产→绿色产品消费→绿色产品追踪服务→绿色产品回收循环利用→绿色产品设计原料获取，这一过程构成了一个整体的循环。

（2）酒店绿色产品的标准。

1）酒店绿色产品的核心功能既要能满足消费者的传统需要，符合相应的技术和质量标准，更要满足对社会、自然环境和人类身心健康有利的绿色需求，符合有关环保和安全卫生的标准。

2）酒店绿色产品的实体部分应减少资源的消耗，尽可能地利用再生资源。产品实体中不应添加有害环境和人体健康的原料、辅料。在产品制造过程中应消除或减少"三废"对环境的污染。

3）酒店绿色产品的包装应减少对资源的消耗，包装的废弃物和产品报废后的残留物应尽可能成为新的资源。

4）酒店绿色产品生产和销售的着眼点不在于引导消费者大量消费而大量生产，而在于指导消费者正确消费而适量生产，建立全新的生产观念。例如，酒店研制鲜花食品、推出清蒸系列美食、安装节能节水设备等。

2. 制定绿色产品价格

（1）绿色产品的定价原则。首先是污染者付费原则，即通过对污染环境者征收环境补偿费的方法，使环境得到必要的保护，并使受污染的环境得到治理。其次是受益者分派原则，这要求那些从环境治理获益的企业分担环境治理的费用和开支。最后是按环境消耗和保护程度来实行弹性价格。

（2）绿色产品的定价标准。绿色产品由于支付了较高的环保费用，因此其价格往往高于非绿色产品价格，在工业发达国家，绿色产品的价格上涨幅度较大，消费者也乐于接受。但在我国，由于消费者的绿色意识还不够强烈，绿色产品价格的上扬幅度不宜过大。

3. 建立绿色分销渠道

绿色分销渠道是绿色产品从生产者转移到消费者所经过的流通环节。建立稳定可靠的绿色分销渠道，首先要引导和培养中间商的绿色意识，保持与中间商恰当的利益分配关系，建立稳定的营销合作关系。企业还必须做好绿色产品在流通过程中的安全、保鲜、运输等诸多工作。其次要利用信息网络，保障绿色分销渠道的短、宽、快，尽量减少流通渠道的资源消耗，降低营销成本。最后，绿色产品的包装应减少对资源的消耗，企业应关注包装废弃物的环保、辐射、污染等问题，提倡包装材料的循环利用。

4. 实行绿色促销

完整的绿色营销应该包括如何激发消费者的绿色兴趣，引导他们消费绿色产品，并在消费过程中注意环境的保护。例如，绿色广告是指通过广告媒体对公众宣传绿色知识、绿色企业等相关内容，引导消费者关注和理解绿色知识，接受绿色产品，并最终购买绿色产品。绿色推广则是指通过绿色营销人员的绿色推销和营业推广，从销售现场到推销实地，直接向消费者宣传、推广产品绿色信息，讲解、示范产品的绿色功能等。

二、酒店网络营销

网络营销是企业营销实践和现代通信技术、计算机网络技术相结合的产物，是企业以电子信息技术为基础，以计算机网络为媒介和手段而进行的各种营销活动的总称。计算机网络是现代通信技术与计算机技术相结合的产物，网络营销是借助互联网、计算机通信和数字交互式媒体，运用新的营销理念、营销模式、分销渠道和营销策略，为达到一定的营销目标所进行的经营活动，它能更有效地促进个人和组织交易活动的实现。

（一）认知网络营销

网络营销是企业整体营销战略的一个组成部分。互联网具有营销价值，企业或个人可以通过互联网利用合理的方式实现营销目标。企业应当维护互联网营销的良好环境，坚持规范的网络营销，反对不正当竞争行为。

广义上讲，网络营销是以互联网为主要手段，为达到一定营销目标的经营活动。从营销的角度出发，网络营销是企业整体营销战略的一个组成部分，是为实现企业总体经营目标所进行的，以互联网为基本手段，营造网络经营环境的各种活动。

对于网络营销定义的理解，应注意以下几点：

（1）网络营销不是孤立存在的；

（2）网络营销不等于网上销售；

（3）网络营销不等于电子商务；

（4）网络营销不应被称为虚拟营销；

（5）网络营销是对网上经营环境的营造。

（二）网络营销与传统营销的比较

网络营销是在传统营销的基础上发展起来的，与传统营销有着千丝万缕的关系，但又有很大的不同。网络营销作为传统营销的延伸与发展，既有与传统营销共性的一面，也有区别于传统营销的一面。随着网络营销的发展，其特点表现得越来越突出。网络营销与传统营销的共同点表现在：都是企业的一种经营活动；都需要通过组合发挥功能；都把满足消费者需求作为一切活动的出发点；对消费者需求的满足，不仅停留在现实需求上，而且包括潜在需求。当然，网络营销与传统营销的区别也较明显（见表11－1），网络营销对传统营销存在一定的冲击。

表 11 –1　网络营销与传统营销的区别

分析角度	传统营销	网络营销
产品和消费者	电子产品、音像制品、书籍等较直观和容易识别的商品的销售情况要相对好一些	可真正直接面对消费者，实施差异化行销
分析角度	传统营销	网络营销

分析角度	传统营销	网络营销
价格和成本	价格高、成本大	减少了批发商、零售商等中间环节，节省了中间营销费用，可以减少销售成本，降低营销费用
媒体利用	多种媒体	单一媒体
自主性	企业主动性强	消费者主动性强
效率	耗费的时间和精力大	消费者购物方便，效率高

（三）网络营销的特点

市场营销中最重要、最本质的是组织和个人之间进行信息传播和交换。互联网具有营销所要求的某些特性，使得网络营销呈现出以下一些特点：

1. 跨时空

营销的最终目的是占有市场份额，由于企业在互联网上可以超越时间约束和空间限制进行信息交换，因此使得脱离时空限制达成交易成为可能，企业可以有更多的时间和更大的空间进行营销，可每周 7 天、每天 24 小时提供全球性营销服务。

2. 多媒体

互联网企业可以传递不同表现形式的信息，如文字、声音、图像等，使得为达成交易进行的信息交换能以多种多样的形式存在和交换，可以充分发挥营销人员的创造性和能动性。

3. 交互式

互联网通过展示商品图像，商品信息资料库提供有关的查询等来实现供需双方的互动与双向沟通。企业还可以通过互联网实施产品测试与消费者满意调查等活动。互联网为产品联合设计、商品信息发布，以及各项技术服务提供了最佳工具。

4. 个性化

互联网上的促销是一对一的、理性的、消费者主导的、非强迫性的、循序渐进式的活动，也是一种低成本与人性化的促销活动。避免了推销员强势推销的干扰，并可以通过信息提供与交互式交谈，与消费者建立长期良好的关系。

5. 成长性

全球范围内互联网用户的数量正在快速增长，互联网用户占比最大的是年轻人、中产阶级等，由于这部分群体的购买力强而且具有很强的市场影响力，因此互联网成为极具开发潜力的市场分销渠道。

6. 整合性

互联网营销从商品信息发布至收款、售后服务一气呵成，因此是一种全程的分销渠道。企业可以借助互联网将不同的传播营销活动进行统一设计规划和协调实施，以统一的传播资讯向消费者传达信息，避免不同传播途径的不一致性产生的消极影响。

7. 超前性

互联网是一种功能最强大的营销工具，它同时兼具渠道、促销、电子交易、互动顾客服务，以及市场信息分析与提供等多种功能。它所具备的一对一营销能力，正符合了定制营销与直复营销的未来趋势。

8. 高效性

计算机可储存大量的信息供消费者查询，而且其传递的信息数量与精确度远超过其他媒体，并且能适应市场需求，及时更新产品或调整价格，因此能及时有效地了解并满足顾客的需求。

9. 经济性

通过互联网进行信息交换代替以前的实物交换，一方面可以减少印刷与运输成本，实现无店面销售，免交租金，节约水电与人力成本；另一方面可以减少由于迂回多次交换带来的损耗。

10. 技术性

网络营销是建立在高技术作为支撑的互联网的基础上的，企业实施网络营销必须有一定的技术投入和技术支持，改变传统的组织形态，提升信息管理部门的功能，引进懂营销与计算机技术的复合型人才，未来才能具备竞争优势。

（四）网络营销工具

网络营销工具是企业或个人为实现营销目标而使用的各种网络技术、方法和手段。在现阶段的网络营销活动中，常用的网络营销工具包括企业网站、搜索引擎、E－mail 营销、许可 E－mail 营销、网络实名通用网址、即时通信、浏览器工具条等客户端专用软件，电子书、博客、RSS、BBS、网站视频在线客服工具、SNS 营销、会员制营销、病毒性营销等。借助于这些手段，企业才可以实现营销信息的发布、传递、与用户之间的交互并创造有利的营销环境。本项目仅简单介绍几种酒店最常用的网络营销工具。

1. E－mail 营销

E－mail 营销是网络营销信息传递的重要手段之一，与其他网络营销体系相辅相成，又自成体系。E－mail 营销在发达国家已经成为一个成熟的网络营销应用行业。在我国，尽管 E－mail 营销这个概念已经不太陌生，但无论从管理理论还是操作上都还处于初级阶段，没有权威的理论指导，这使得电子商务专业的学生在学习网络营销的时候非常有必要从认识和方法上加深对它的了解，进一步促进我国 E－mail 营销的发展。

E－mail 营销是在用户事先许可的前提下，通过电子邮件的方式向目标用户传递有价值信息的一种网络营销手段。E－mail 营销具有范围广、操作简单、效率高、成本低廉、应用范围广、针对性强、反馈率高等特点，在酒店行业应用广泛。

E－mail 营销包括三个基本要素：基于用户许可，通过电子邮件传递信息，信息对用户是有价值的。

（1）E－mail 营销的基本形式。按照 E－mail 地址资源的所有权，E－mail 营销常用的方式有内部列表和外部列表两种基本形式，对网络营销比较重视的企业通常都拥有自己的内部列表，但采用内部列表与采用外部列表也并不矛盾。

邮件列表意味着在线生意的一切，建立一个可以反复发送信息的列表是获得成功的关键。建立邮件列表的基本资源包括现有客户、其他业务的顾客、网站的访问者、广告、在报刊上发布新闻、推荐、租用 E－mail 地址列表、直接回应邮件、会员组织等。

（2）E－mail 营销需要注意的问题。E－mail 营销需要注意的问题主要包括以下六个方面：①早期的 E－mail 营销来源于垃圾邮件，使人们对其没有好感，存在排斥心理；②准确、客观的市场定位；③营销的专业化程度；④营销的定制化程度；⑤电子邮件退信率；⑥市场供求信息不畅通。

2. 搜索引擎营销

搜索引擎营销是网络营销方法体系的重要内容之一，已成为中小企业网站推广的首要方法。所谓搜索引擎营销，就是根据用户使用搜索引擎的方式，利用用户检索信息的机会，尽可能地将营销信息传递给目标用户。或者说，企业利用这种被用户检索的机会实现信息传递的目的，就是搜索引擎营销。

（1）搜索引擎营销的原理。搜索引擎营销得以实现的基本过程是：企业将信息发布在网站上，成为以网页形式存在的信息源；搜索引擎将网站/网页信息收录到索引数据库；用户利用关键词进行检索（对于分类目录则是逐级目录查询）；检索结果中罗列相关的索引信息及其链接 URL；根据用户对检索结果的判断选择有兴趣的信息并点击 URL 进入信息源所在网页。这个过程也说明了搜索引擎营销的基本原理。

（2）搜索引擎营销的特点。搜索引擎营销的特点主要体现在以下六个方面：①搜索引擎营销方法与企业网站密不可分；②搜索引擎传递的信息只发挥向导作用；③搜索引擎营销是用户主导的网络营销方式；④搜索引擎营销可以实现较高程度的定位；⑤搜索引擎营销的效果表现为网站访问量的增加而不是直接销售；

⑥搜索引擎营销需要适应网络服务环境的发展变化。

（3）分类目录型搜索引擎和全文搜索引擎营销。分类目录型搜索引擎并不采集任何网站信息，而是利用各网站向搜索引擎提交网站信息时填写的关键词和网站描述等资料，经过人工审核编辑后，如果符合网站登录的条件，则输入数据库以供查询。雅虎是分类目录型搜索引擎的典型代表，国内的搜狐、新浪等搜索引擎是从分类目录发展起来的。分类目录型搜索引擎的好处是：用户可以根据目录有针对性地逐级查询自己需要的信息，而不是像技术型搜索引擎一样同时反馈大量的信息，而这些信息之间的关联性并不一定符合用户的期望。

与全文搜索引擎相比，分类目录型搜索引擎有许多不同之处：

首先，全文搜索引擎属于自动网站检索，而分类目录型搜索引擎则完全依赖手工操作。用户提交网站后，目录编辑人员会亲自浏览你的网站，然后根据一套自定的评判标准甚至编辑人员的主观印象，决定是否接纳你的网站。

其次，全文搜索引擎收录网站时，只要网站本身没有违反有关的规则，一般就能成功登录。而分类目录型搜索引擎对网站的要求则高得多，有时即使登录多次也不一定成功。尤其是雅虎这样的超级索引，登录更是困难。

最后，在登录全文搜索引擎时，一般不用考虑网站的分类问题；而登录分类目录型搜索引擎时，则必须将网站放在一个最合适的目录。

对于分类目录型搜索引擎，用户只有将自己的网站信息提交才有可能获得被收录的机会（如果分类目录经过审核认为符合收录标准的话），并且分类目录注册有一定的要求，需要事先准备好相关资料，如网站的名称、网站简介、关键词等。由于各个分类目录对网站的收录原则不同，用户需要对每个计划不同的分类目录进行详细的了解，并准备相应的资料。

（4）技术型搜索引擎营销。

1）搜索引擎优化。搜索引擎优化是网站优化的组成部分，是通过网站栏目结构、网站内容、网站功能和服务、网页布局等网站基本要素的合理设计，使得用户更加方便地通过搜索引擎来获得有效信息。

2）对搜索引擎友好的网站的基本特征主要包括：为每个网页设置一个相关的标题；尽量使用静态网页；在页面中以文字信息为主，而不是以图片或 flash 为主；重视外部网站链接的数量和质量；为搜索引擎访问网站提供方便；正确处理各种关键词的优化关系，例如网页标题、网页主体内容、图片 ALT 属性、META 标签等。

（5）搜索引擎的广告策略。

1）百度竞价排名广告及其表现形式。竞价排名的基本特点是按点击付费。广告出现在搜索结果中（一般是靠前的位置），如果没有被用户点击，就不收取广告费；在同一关键词的广告中，支付每次点击价格最高的广告排列在第一位，其他位置同样按照广告主自己设定的广告点击价格来决定广告的排名位置。

2）Google 的关键词广告及其表现形式。关键词广告的基本形式是：当用户利用某一关键词进行检索，在检索结果页面会出现与该关键词相关的广告内容。由于关键词广告具有较高的定位，其效果比一般网络广告形式要好，因此获得快速发展。

当然，搜索引擎广告策略中也存在问题，包括：关键词广告中无效点击比例过高；广告信息和自然检索结果对用户获取信息产生误导；专业搜索引擎关键词广告投放和管理并不容易；关键词广告每次点击费用在不断上涨。

3. 病毒性营销

病毒性营销也被人们称为病毒式营销和病毒营销。病毒性营销是一种常用的网络营销方法，常用于网站推广、品牌推广等。病毒性营销利用的是用户口碑传播的原理，在互联网中，这种口碑传播更为方便，可以像病毒一样迅速蔓延，因此病毒性营销成为一种高效的信息传播方式，而且由于这种传播是用户之间自发进行的，因此几乎是不需要费用的网络营销手段。

4. 博客营销

自"博客"概念在国内出现后，以博客为代表的 Web2.0 网站获得快速发展，不仅带动了 Web2.0 概念的广泛传播，Web2.0 技术也被应用于企业营销活动中，尤其是 RSS 和博客营销在网络营销中获得了更快的发展，对博客营销的研究成为网络营销中的前沿领域之一。

（1）博客营销的价值。博客可以直接带来潜在用户，降低网站推广费用，为用户通过搜索引擎获取信息提供了机会，增加了企业网站的链接数量，实现了以更低的成本对消费者行为进行研究，建立了权威网站品牌效应，减少了被竞争者超越的潜在损失，让营销人员从被动的媒体依赖转向自主发布信息。

（2）博客营销的策略。在博客营销过程中，企业应注意掌握一定的策略：①选择博客托管网站、注册博客账号；②选择优秀的博客；③创造良好的博客环境；④协调个人观点与企业营销策略之间的分歧；⑤建立自己的博客系统。

5. 微博营销

微博营销是指通过微博平台为商家、个人等创造价值而执行的一种营销方式，也是指商家或个人通过微博平台发现并满足用户的各类需求的商业行为方式。微博营销以微博作为营销平台，每一个听众（粉丝）都是潜在的营销对象，企业利用更新自己的微型博客向网友传播企业信息、产品信息，树立良好的企业形象和产品形象。每天更新内容就可以跟大家交流互动或者发布大家感兴趣的话题，这样来达到营销的目的，这样的方式就是新兴推出的微博营销。

该营销方式注重价值的传递、内容的互动、系统的布局、准确的定位，微博的火热发展也使得其营销效果尤为显著。微博营销涉及的范围包括认证、有效粉丝、朋友、话题、名博、开放平台、整体运营等。微博作为 Web2.0 的新兴媒体产业，因为它的操作简单、快捷方便、时效性和互动性强等特点，以简短的字符就可以迅速传播到整个互联网的这种影响力，使得各大企业和个人纷纷入驻微博。企业可以通过它快速提升自身的品牌价值，而作为个人可以很好地和朋友或名人之间近距离进行互动交流。

酒店业微博营销方案分为六大部分：

（1）选择一个合适的微博平台。选择一个有影响力、集中目标用户群体的微博平台。

（2）充分利用微博主页。新浪微博的微博主页是能够充分展示酒店本身的独特个性的，我们可以展示精心设计的酒店的头像、文字简介、标签等基本展示元素。例如头像采用酒店 Logo，或者酒店建筑外观、酒店客房等，这能够提高潜在客户对酒店品牌的识别度。而酒店要求我们追求简洁，争取在第一时间吸引眼球，让粉丝一眼就看清楚酒店的简介。至于标签设置，以武汉万达威斯汀酒店为例，该酒店设置了美食、武汉、酒店、万达威斯汀等标签，这样潜在粉丝就可以通过微博内部搜索引擎搜索到该酒店。同时可以在微博主页长期置顶酒店的宣传视频已让新粉丝更好地了解酒店。

（3）精确查找客户目标。酒店官方微博上的粉丝仅仅是一个潜在的客户而已，其不一定能成为真正的企业的消费者，但是，我们并不能因此而否定酒店官方微博粉丝的重要性，毕竟这些粉丝是潜在的客户，只要在潜在的客户中加强寻找，就一定能发展到相应数量的客户。因此，酒店微博营销之初还得将寻找客户目标，特别是让越来越多的微博用户成为酒店微博的粉丝。所以微博营销团队的成员应该各自发挥特长尽量通过多种手段进行查找，但是方式却不能让客户反感，以免影响酒店的形象，以致得到相反的结果。

（4）高度重视微博的维护。酒店在利用微博进行营销时，最重要的就是微博的维护。酒店微博要保持固定的人气并且要增加更多人气，这就需要持续不断地更新酒店信息，并且要想方设法地让粉丝大量转载，让更多人看到，这就对微博维护者的要求很高，他们不仅要了解酒店当下的信息，掌握客户的需求，还要保持每条信息所包含的内在营销目的。一旦偏离了主旨，就只能沦为单纯的博主，而不是酒店的形象代言人、客户关系维护平台。但是，微博发表也不宜过多、过快，否则很容易导致粉丝的反感，造成粉丝的流失，这就需要酒店对粉丝的活跃度和活跃时间进行分析。我们应该根据自身消费群体的上网习惯，掌握正确的发帖时间，以发最少的微博来取得最大的营销效果。另外，微博除了作为酒店营销的平台外，也是酒店与消费者直接沟通、交流的平台，具有人性化的特点，对于消费者在微博中提出的问题，若能得到快速的回复并予以解决，将大大拉近消费者与酒店的距离，增加消费者对酒店的亲近感。反之，则会给酒店带来负面口碑，这种负面口碑通过转发、评论甚至会得到数倍的放大，给酒店造成不可估量的损失。

（5）定期举办活动。当酒店微博粉丝达到一定数目后，我们就可以开始定期地举办一些活动，比如转发加关注可以免费领取小礼品，幸运者在酒店消费给予折扣等。

（6）开通微博预订服务。当酒店微博运营一段时间后，如果效果较好，则开始进行微博预订服务。由于查看酒店微博信息的用户必须先登录自己的微博，因此，客人的预订信息也比较容易获得，客人预订未到的违约成本就变成了在微博平台上被检举不诚信的风险。所以恶意利用微博平台预订酒店的服务的客户应该会比在酒店官网预订的少很多。

（五）网络营销的实施

网络营销竞争越来越激烈，也就意味着网络营销的成本将越来越高，仅仅依靠传统的网络推广方式（如搜索引擎营销或者单一网络平台推广等）成本过高，而且获得的潜在用户有限，因此，网络营销的实施需要进行多渠道网络推广方面的探索。网络营销的实施主要应做好以下五个方面的工作：

（1）市场调研。通过市场调研的手段，对市场进行客观的了解，主要是了解客户群体以及客户群体的日常行为和思维方式。酒店企业只有知道自己的客户是谁，客户在哪里，客户的需求量等情况，才可能真正地利用网络与客户达成交易。

（2）市场定位。市场定位就是根据所做的市场调研进行判断，企业是否适合通过网络进行营销。网络空间虽然很大，但并不是所有的公司都适合通过网络来成交业务，所以一定要结合自身的实际情况去决策。

（3）方案制定。根据市场定位，然后找到目标客户群在互联网上的主要集中区域。例如，有些客户群主要通过搜索的方式获取信息，而也有的主要集中在行业网，有些则主要通过论坛了解相关资讯。企业应针对不同的目标客户群制订详细的推广方案，着重研究怎样通过有效的方式将商品信息传递给客户等。

（4）方案执行。根据以上制订的方案，企业应确立方案的负责人，将任务分解细化，把客户最想要的以客户最希望的方式展示给他们，并且要做好与客户的沟通工作。

（5）效果评估及策略调整。对方案执行情况进行科学的定位以及时调整方案，主要评估的标准是客户关注度和客户咨询量、客户咨询量和客户成交量的对比，以此为依据找出提高销量的方法并予以实施。

总之，理想的网络营销服务应该具备：一是跨平台网络推广，把方便留给用户；二是网络营销效果第三方监控，把知情权还给用户；三是全程整合网络营销，把效益带给企业。

三、酒店关系营销

随着科学技术的进步，以全球市场和信息技术革命为基础的经济发展迅速。全球信息化与经济全球化作为不可阻挡的发展潮流，以及电子通信工业、交通邮电等行业的迅猛发展，使得人与人之间的时空距离相对缩短。距离的缩短使得生产者之间，生产者与消费者之间的依赖性、相关性也越来越强，彼此之间越来越注意相互情感的倾诉。作为大中型酒店，对这种时代特征不可漠然视之，要处理好这种互动关系，形成持续发展的基础和动力，以此达成酒店的战略目标。

（一）酒店关系营销的含义和实质

1. 酒店关系营销的含义

所谓酒店关系营销，是识别、建立、维护和巩固酒店与顾客及其他利益相关者关系的活动，并通过酒店的一系列努力，以成熟的交换机制及履行承诺的方式，使活动涉及的各方面的目标在酒店关系营销活动中实现。这一观念强调的重点是在酒店与顾客及其他利益相关者之间建立起相互信任的合作关系。酒店关系营销也是酒店和顾客通过交换服务和价值的同时，创造双方更加亲密的相互依赖关系，以满足社会需要和欲望的一个管理过程。在面向经济全球化、服务多元化和个性化的 21 世纪，酒店关系营销是大型酒店服务营销的核心战略。

2. 酒店关系营销的实质

（1）双向沟通。在关系营销中，必须建立和发展相关个人与组织的互动关系，建立双向沟通机制。只有广泛的信息沟通与信息共享，才能赢得各方面的支持。

（2）合作共赢。酒店企业建立和发展相关个人与组织的互动关系，通过广泛的信息沟通与信息共享，实现合作共赢。

（3）情感维护。关系营销双方的关系能否维护，不仅要看物质上的双赢，而且要建立与维护情感关系，使得参与各方能够从关系中获得情感需求的满足。

（4）动态控制。参与各方的关系在不断变化，酒店企业必须通过建立专门的关系营销机构不断了解合作各方的动态、态度的转化等，及时采取措施消除关系中不稳定因素和不利于关系各方利益共同增长的因素，以控制、维系多方合作共赢的关系。

（二）酒店关系营销的原则

我国的酒店企业可以运用以下三个原则去体现酒店关系营销的战略核心作用。

（1）主动沟通原则。在酒店关系营销中，涉及关系的各方（如旅行社与大型酒店、大型酒店与政府主管部门等）都应主动与其他关系方接触和联系，相互沟通消息，了解情况，形成沟通机制或以合同形式定期或不定期接触，相互交流各关系方的需求和利益变化情况，主动为关系方服务或为其解决困难和问题，增进伙伴间的合作关系。

（2）承诺信任原则。在酒店关系营销中，关系方相互之间都应做出一系列的书面或口头承诺，并以实际行动履行诺言，这样才能赢得关系方的信任。

（3）互惠原则。在与关系各方的交往过程中，必须满足关系方的经济利益，并通过在公平、公正、公开的条件下进行高质量的产品或价值交换，使关系方都能得到实惠和利益。

（三）酒店关系营销策略

1. 顾客关系营销策略

（1）树立以消费者为中心的观念，提高顾客满意度。长期以来，我国酒店业一直以"如何更好地满足顾客的功能需求"作为酒店的追求目标，在这种经营理念的支配下，酒店经营的中心始终离不开产品，即物质型的基础满足，强化酒店的"吃住"功能成为酒店经营的基本点。而在感性消费时代，顾客在某酒店享受服务是出于对该酒店某项服务的良好感受，出于某种信任、荣誉和爱好等方面的要求，出于情感的渴求和心灵的认同。因此，在酒店关系营销中建立并维持与顾客的良好关系是酒店服务营销活动成功的最基本保证，因为顾客是酒店生存和发展的基础。要做到这一点，酒店企业首先要一切从消费者出发，切实考虑他们的需求和欲望以及愿意为之付出的成本。其次，要切实关心消费者的利益，提高消费者的满意程度与享受服务的便利性，使顾客的利益落到实处。最后，酒店要加强与顾客的联系，密切双方感情。

（2）数据库营销和顾客组织化。酒店企业建立和维持与顾客良好关系的具体手段还包括进行酒店的数据库营销和顾客组织化。酒店数据库营销是指通过采集、积累有关酒店顾客各方面的信息，利用计算机技术进行综合处理并加以科学地分析，从而更加完善地为顾客服务，节约营销成本，提高酒店关系营销效率。顾客组织化则是指通过有效的消费者组织战略，把酒店顾客纳入到酒店的外围组织系统中，使酒店与顾客更为紧密地结合，培养顾客对企业及其产品品牌的忠诚，并使酒店能对顾客形成比较有效的控制。例如，成立会员俱乐部，其成员是现有顾客或潜在顾客。俱乐部为会员提供各种特殊服务，包括产品信息、优惠价格、优惠销售条件或方式、优先挑选权等，从而为企业培养稳定的顾客群，最终获得利益。同时，这种方式也有利于形成一个直接的反馈系统，并产生群体广告效应。

2. 供应商与中间商关系营销策略

随着市场机制的不断完善，酒店也从供不应求转向基本平衡，现在更转向供过于求为主要特征的买方市场。酒店的数量、客房和床位的数量逐年上升，而酒店业的利润却在下降。酒店进入微利时代成为一种不可逆转的趋势。在买方市场的微利时代，我国酒店业如果还按照原先以质量、价格为重心的商品经营模式，必然会受到市场竞争的强大挤压。因此，酒店企业必须致力于酒店关系营销，与供应商、中间商之间建立长期的合作关系，讲究信用、互惠互利、诚意合作、共同发展。

3. 竞争者关系营销策略

在当今市场竞争日趋激烈的形势下，过去的营销观念所强调的视竞争对手为仇敌的彼此势不两立的竞争不利于企业目标的实现。酒店企业应通过各种横向或纵向的酒店间的合作巩固已有的市场地位，并依靠合作所产生的合力开辟新市场。从宏观的角度来讲，就是减少无谓的竞争损失，提高竞争效率，达到竞合效果。

4. 企业内部关系营销策略

内部营销是企业关系营销的基础，只有企业内部关系协调融洽、内部团结协作，才能外求发展。

（1）建立良好的内部沟通氛围。内部沟通就是与企业内部公众进行沟通，内部公众是指组织内部沟通、传播的对象，包括组织内部全体员工构成的公众群体，例如企业内部的员工、员工家属、股东等。内部公众是与组织利益关系最密切的公众，是组织内部公关工作的重要对象，又是外部公关工作的主体。酒店需要通过自身成员的认可和支持来增强内部凝聚力，需要通过全员公共关系来增强外部张力。因此，企业需要建立良好的内部沟通氛围。

（2）造就良好的员工信念。员工信念是企业及其员工所公认的，在实践中奉行的一种文化价值观念。酒店的价值观是酒店企业文化的核心，酒店的价值观是指酒店在追求经营成功过程中推崇的基本信念及奉行的目标。例如，酒店制度文化是酒店为实现目标给予酒店员工的行为一定的方向、方式的具有适应性的文化。酒店制度文化是酒店企业文化的重要组成部分，同时又是精神文化的基础和载体。所以，酒店企业在领导体制、组织机构的建立，管理制度的制定方面一定要全面、系统、协调、有效。在制度建设上，不能仅仅考虑纪律与限制，还要建立激励机制、沟通机制等；正确处理好管理者与员工、企业与员工、员工与员工之间的关系；树立集体价值高于个人价值、协作价值高于单体价值、人的价值高于物的价值的价值观；关心员工、尊重员工，给员工以安全感、受尊重感和成就感，使员工真正体会到工作的意义，从而使他们能够在各种制度的约束下，最大限度地发挥自己的能力和才能，进而服务好酒店的客人。

（3）满足员工各层次的需求。酒店企业在加强对员工的激励过程中，不能仅仅凭物质激励加强员工公共关系，而要满足员工各层次的需求，既包括现实需求又包括潜在需求，既包括物质需求又包括精神需求。一般来说，要同时考虑员工的生理需求、安全需求、社交需求、尊重需求、自我实现需求和对下一代培育的需求等，做到真心关心员工，最大努力地提高员工的满意度。

5. 政府机构与组织关系营销策略

酒店企业应协调处理好酒店与政府及各种社会团体的关系，创造良好的关系营销环境，努力扩大自身的市场份额。政府出于国家利益的考虑，通过立法、行政、经济等手段对社会经济活动实行宏观调控和管理，因此酒店的营销活动必然受到政府有关规定的影响。政府在酒店举行公务活动时，酒店应该持积极的态度，保证酒店关系营销的成功，这有利于企业树立良好的公共关系形象，并通过与政府的密切合作来获取直接或间接的利益。酒店可以借此开展酒店关系营销，促进与政府或者社会团体的联系，从而占据相关的政府公务活动的大部分市场份额。

一般来说，酒店可以通过组织宣传型公共关系活动树立企业形象；通过服务型公共关系活动为消费者提供全方位服务，最大限度地满足顾客需求；通过社会型公共关系活动，例如赞助性活动、公益性活动等赢得社会声誉与顾客的支持；通过交际型公共关系活动，建立广泛的公共关系网络；通过征询型公共关系活动，了解民心民意，保持酒店与社会环境之间的动态平衡。

四、酒店主题营销

主题营销是指通过有意识地发掘、利用或创造某种特定主题来实现酒店经营目标的一种营销手段。例如节假日主题就是利用节假日的活动来创造一个特定的主题环境和主题内容，更广泛地吸引客人前来消费。不过，主题营销不是节假日特有的营销方式，只要人们在生活和生产活动中有特定的主题需求，就可以采用主题营销。近年来，在酒店餐厅营销中运用较多的是"主题餐厅"，它不仅以鲜明的主题特色和浓厚的文化内涵形成一种新型酒店餐厅经营模式，而且还成为酒店开展市场营销的一种重要的策略措施。

（一）酒店主题营销的特点

1. 文化亲和性

主题营销是通过酒店营销人员的联想、创意、回忆、幻想等"精神劳动"来设计、创造一种主题文化，使之对目标市场的客人产生亲和力、吸引力。

酒店的文化营销包括产品文化、环境文化和活动文化，它们都可以通过主题设计和创意，形成企业营销主题。酒店主题营销就是要继承和弘扬文化，进行以一定主题为中心的文化包装，开展文化促销，利用文化来吸引和满足顾客，充分发挥文化在酒店市场营销中的作用。文化对酒店市场营销的重要性表现在：它满足消费者更高层次的需要，包括交往需要、尊重需要和人生价值实现的需要。总之，以文化为主要内容的主题营销能够满足人们的精神需要，且具有文化亲和力。

主题营销搞得好的酒店就会比一般酒店给予消费者更多的精神享受或精神收益，因此会产生更大的市场吸引力。比如北京饭店推出了历史名人曾住过的客房、开国大典菜谱等，吸引着那些对老北京酒店文化感兴趣的中高收入消费者和海外客人。可见，一种好的主题文化是传统文化、现代文化的凝聚，对主题营销具有重要作用。酒店经营者应当高度关注顾客的各种文化背景、文化思想和文化心理及其变化趋势，并从中选择某一主题，开展主题营销，消除市场的文化障碍和挖掘酒店营销机会，以此创造文化亲和力。

2. 本质差异性

主题营销的本质是创造差异。它通过主题的创意、选择、设计来创造出一种独特、新颖的环境和企业形象，使自己的产品和服务区别于竞争对手，优于竞争对手，以此达到广泛吸引客人的目的。

近年来，酒店一直保持着持续发展的势头，行业规模和经营领域日趋扩大，已经逐渐成为增长幅度最高、发展速度最快的热点行业。但是，与西方发达国家相比，酒店业在营销理念、管理经验和营销手段等方面都要滞后很多。因此，弘扬中华传统文化，塑造中国知名品牌，开展主题营销，提升企业的核心竞争力，成为当今我国酒店业发展的重要趋势。主题营销就是为适应这种市场竞争的需要和发展趋势而兴起的一种市场营销的策略手段。主题营销的差异化主要是在营销主题的选择、营销环境的创造、产品的组合等各方面都要形成自己的特色，有别于其他竞争对手。所以，主题营销差异化的核心就是为消费者提供独具特色的产品或服务，同时这种独特性需要被消费者接受和认可，而且其成本要小于消费者所认可的价值，只有这样才能产生溢价，真正实现差异化战略。

差异化是酒店主题营销的核心。如果没有主题营销形成的差异，酒店在相同的时间、相同的市场中提供相似的产品，在有限的时间和空间里就会使企业之间竞争更加残酷。正因为如此，酒店企业的主题营销策略才具有战略意义。酒店通过主题营销活动的开展，可以提供更好、更新、更快或更便利的产品和服务，从而创造更高的价值。对于酒店而言，形成主题营销差异化的途径主要有以下几种：

（1）主题选择差异化。主题营销是在主题多样性和复合性的基础上，在同一市场中选择不同的主题，避开竞争对手，另辟蹊径地构建自己的营销体系。主题差异的实质是主题背后的思想理念，即酒店经营者或策划者对当代社会潮流的独特思考。在酒店经营中，如果能够进行主题创新，创造出与众不同的主题环境、主题产品和提供优质差异化的服务，就更能够胜人一筹，并为酒店企业的发展打开了全新空间。

（2）市场细分差异化。酒店市场实际上是庞杂和不断变化的，这就要求企业认真细致地研究市场，进行准确的市场细分。服务对象的定位是企业开展主题营销中实行差异化的前提，也是实行差异化的手段。酒店针对不同的目标市场，开办针对不同细分消费人群的主题客房、主题餐厅，就可以实现酒店市场差异化。

（3）主题产品差异化。酒店产品差异的形成，与传统的继承、技术的创新、技巧的融合和食品原材料的来源等都具有很大的关系。例如中国各种菜系的特色，是在长期的历史继承中形成的，它们之间彼此体现出了非常强的差异性。因此，餐厅在主题营销过程中可通过以下途径来实现主题产品差异化：主题产品的差异要在创新中形成，尤其在菜点制作和烹调技巧方面的创新，可以形成差异。比如，北京贵宾楼在名菜"黄焖鱼翅"的基础上研制并推出了"鱼翅泡饭"，深受客人的喜爱。

（4）主题环境差异化。主题环境是开展主题营销最重要的表现形式之一。如酒店内设有中餐厅、西餐厅。中餐厅可以选择江南水乡、热带雨林等主题，西餐厅可以选择法式、意大利式、西班牙式等主题。酒店在选好自己的主题后，可以根据主题环境设计，将环境要素（包括地点、建筑物、装修、布局、设备、气氛等）融合在一起，通过装修美化形成差异化。而在环境装饰美化过程中，根据主题设计要求，运用文化艺术，突出主题的文化特色，不仅可使其主题环境的特色更加突出，差异化效果更好，而且对客人具有更强的吸引力。这就是主题酒店或主题餐厅有别于一般酒店或餐厅，具有更强吸引力和竞争力的原因所在。

（二）酒店主题营销的作用

酒店主题营销和品牌营销一样都不是偶然的，它们都是在成熟的市场环境和成熟的消费者已经形成的条件下，为适应市场竞争需要而形成的一种营销策略和手段。从酒店主题营销的作用来说，主要表现在以下四个方面：

1. 是塑造和提升企业形象的一种重要策略

酒店主题营销是在市场竞争日趋激烈的条件下形成的。当酒店市场上的各种类型的企业规模越来越大，企业之间的内部环境、产品越来越雷同，客源竞争、价格竞争越来越激烈的条件下，互相雷同的酒店必然失去竞争优势。于是，那些精明的投资人和经营者开始在酒店环境美化设计、产品创新设计上更加注重主题和特色。由此，就逐步形成了酒店的主题营销。由于主题营销的重点是选择和突出主题，并以主题为中心来形成自己的产品特色和内部环境特色，使自己与竞争对手在内部环境、产品和服务质量上区别开来，形成竞争优势。因此，酒店主题营销的实质就是通过创造特色来塑造和提升企业形象，以争取获得更多的市场份额。所以，主题营销是酒店塑造和提升企业形象、开拓市场、获得竞争优势的一种重要营销策略。

2. 是满足和引导客人个性化消费的重要措施

随着国民经济的发展、国民收入和人均可支配收入的日益提高、酒店市场客人消费的日益普及和成熟，客人追求个性化消费的需求越来越迫切。所谓个性化消费，主要是通过酒店内部环境特色、产品与服务特色表现出来的。酒店的主题营销正是在环境美化、餐饮产品的设计组合和服务上突出与强调个性特色，形成主题客房、主题餐厅和主题营销活动来迎合客人的个性化消费需求。所以，酒店主题营销必然成为满足和引导客人个性化消费的重要营销措施。如"怡红院"主题餐厅，必然吸引和满足那些对《红楼梦》及对书中所描述的生活感兴趣的客人；"海南风情"主题餐厅，必然吸引和满足那些对海南风情和广东菜点有兴趣的客人等。酒店主题营销的主题越突出，个性就越突出，其对客人个性化消费的满足程度越高，营销效果越好。

3. 是培养回头客和忠诚客户的重要营销手段

在酒店市场竞争日趋激烈的条件下，回头客和忠诚客户是酒店长期经营的希望所在。酒店开展主题营销，其主题类型的选择、主题环境和产品的设计都是通过市场调查建立在高度市场细分的基础上的。因而，开展主题营销的企业经营者能够把握其目标市场客人的主要需求，并根据这一需求来设计适合客人需求的产品和服务，制定有吸引力的价格。因此，必然培养出大量回头客和忠诚客户。这也是酒店企业要想长期经营、长期发展的重要出路。所以，主题营销是酒店企业培养回头客和忠诚客户的重要营销手段，它可以使酒店获得相对稳定的市场份额，实现"小市场、大份额"的营销效果。

4. 是促进行业发展的重要途径

主题营销就是通过主题内容的选择、设计来创造一种主题环境，并以主题为中心来设计主题产品，提供主题服务、礼仪服务。所以，主题营销的实质就是创造主题文化的差异性。主题选择和设计的效果越好，它所反映的主题文化的内容就越丰富、越有个性吸引力，越能促进行业发展。所以，主题营销是促进行业发展的重要途径，也是提高酒店建筑装修水平、经营管理水平，防止千篇一律、互相雷同的重要出路。

（三）酒店主题营销的主题创意

创意是文化创作上的一个名词，本意是提出、设想、创立一篇文章、一个故事、一件作品的主题及其表现形式。酒店主题营销的创意是指根据酒店的市场需求、消费时尚、季节时令和市场竞争分析结果提出、设想和创造一个营销活动的主题，然后以这一主题为中心来设计主题客房、主题餐厅、主题环境、主题产品，组织主题营销活动。所以，酒店主题营销的主题创意是酒店主题营销的前提和基础，也是主题形成的关键环节，是企业营销人员对主题名称、内容、表现形式、个性特色等进行谋划和构思的一个运筹过程。酒店主题营销种类很多：环境营销、品牌营销、服务营销、差异化营销、文化营销、知识营销、娱乐营销……但这些主题营销活动都必须选择确定一个具体的主题及其表现形式。其中最为重要的就是提出设想或创立一个主题概念，并以这一主题所具有的文化底蕴吸引消费者，引导宾客消费需求，积极倡导消费者体验式消费，从而达到企业营销的目的。例如，在秋冬时节，某酒店餐厅推出的"内蒙古羊肉美食节"主题活动，通过引入内蒙古特色风情和现场表演形成主题，让宾客在消费产品的同时切身感受到企业所营造的氛围，体验地域文化，以加深消费者对产品的理解、认知和认可。所以，酒店主题营销的主题创意必须解决好四类问题：一是酒店主题营销的主题是什么、主题的中心思想是什么、属于什么类型。二是主题营销的主题内容是什么，其表现形式是什么，是以主题餐厅、主题客房为主还是以主题活动为主，或者是两者的结合。三是所选择或提出的设想、创立的主题有无突出的个性特色，与同类、同等企业比较有无特别之处，能否形成竞争优势。四是主题创意的预想效果能否对客源市场产生广泛吸引力。只有正确回答了上述四类问题的主题创意，才能保证主题营销的主题方向正确、特色突出，获得优良营销效果。

（四）酒店主题营销的内容策划

酒店主题营销的主题创意在解决好上述四类问题的基础上，其营销方向和营销环境就基本确定了。但酒店主题营销既包括比较稳定的主题餐厅、主题客房的营销方式，又包括具有阶段性特色的以主题活动为主的营销方式。因此，酒店在提出和做好主题营销的主题创意的基础上，还要做好主题营销的内容策划与设计工作，其具体内容和方法如下：

1. 研究制订持续的主题营销活动计划

酒店的主题营销在主题选择确定的基础上，运用主题环境、主题产品来开展营销活动，它是一个系统的过程，必须形成一种长久、持续和规范的营销模式。比如，在年初可以策划出年度的主题营销活动，通过对社会、市场大环境的分解、分析，以及对未来市场的预测，制定出全年主题营销活动思路。在策划全年度主题营销活动时，可以以季节作为时间顺序、以节日作为阶段载体，也可以以客人不同时间段的消费特性作为需求载体，运用不同的思想理念策划主题营销活动，并制定相应主题，同时用以点带面的方法简化营销内涵，采取画龙点睛的方式点化主题。

研究制订持续的主题营销计划，其计划内容的设计要解决好以下三个问题：一是主题营销计划要将主题餐厅、主题客房的营销和主题活动的营销方式结合起来，形成以餐厅、客房为核算单位的营销主体，以便于进行营销效果考核。二是主题营销计划要以餐厅、客房为基础，形成月度计划和季度计划。每个月度计划和季度计划都要明确主题营销活动的具体内容，形成月度和季度的营销指标。三是各月各季的主题营销计划要与宣传促销活动内容相结合，有保证计划任务完成的措施。

2. 认真做好主题环境及其文化气氛的塑造与维护，保证对客人的吸引力

随着社会的发展，人们已不再简单地对产品本身存有消费欲望，而是扩展到对环境、服务等外界因素的需求，所以，在做主题营销活动策划与设计时，必须要增加主题营销活动的文化氛围，以提升经营的档次。酒店主题营销活动不仅体现在酒店要向宾客提供看得见、摸得着的实物消费，还要通过主题环境、主题产品及其活动向宾客宣扬一种文化、一种生活方式，让宾客在文化知识方面受益。比如餐厅在举办美食节时，一方面不仅要向宾客提供地道的、可口的菜肴，另一方面还要对美食节的文化背景作相关的介绍。同时，在餐厅的布置上同样要力求营造出与美食节相适应的风土人情和气氛，让宾客切身感受到自己身处异地文化的氛围之中。酒店在举办主题营销活动时，不仅要让宾客从中受益，同时也要对员工进行必要的、系统的相关文化理念的培训，使其可以从每一次主题营销的活动中受益。因此，贯穿了知识、文化等的主题营销活动不仅可以为酒店创造可观的利润，同时也稳固了宾客及员工对企业的忠诚度，从而达到了经济效益与社会效益的双赢。

酒店要做好主题环境及其文化气氛的塑造与维护，重点要解决好以下三个问题：一是酒店在一个年度中所开展的主题营销的主题内容不一定完全相同。因此，每次活动都要以主题为中心，设计、布置主题环境及其文化气氛，形成美观、典雅、舒适而有吸引力的消费环境。二是要将主题环境及其文化气氛的塑造

和维护结合起来。如果是主题餐厅，其环境气氛要长期保持；如果是美食节、食品节等短期主题营销活动，则要临时布置和美化。三是每次主题环境及其文化气氛的塑造和维护都必须与主题产品的设计制作相结合。只有做到主题客房、主题菜点与主题营销活动内容相结合，又能保证口味质量优良、价格合理，才能保证对客源市场具有广泛吸引力。如果只重视环境美观而产品质次价高，所有的主题营销策略都会在市场竞争中败下阵来，其结果必然是劳民伤财、得不偿失。

3. 抓好主题营销过程中的产品设计，控制成本消耗

比如，酒店在推出主题客房之前就要事先做好客房主题设计、环境美化及其投资预算、成本预算。同样，酒店推出主题餐厅营销活动之前，既要设计出主题产品，还要为菜式品种建立标准卡，正确规定所用原料的品种、规格和数量，精确核算成本，从而保证各种产品的出品率都要按照规格、标准操作，这样既可以控制成本，又能够确保产品品质。

总之，酒店要想通过主题营销吸引消费者，就必须根据消费者的需求去确定主题经营项目和经营方式，制订主题营销计划，搞好主题环境设计与美化和主题产品设计，策划出系统的主题营销模式。同时主体营销不仅要具备相应主题环境，其文化气氛、服务过程也要做好，服务要富有人情味，让客人获得美好的消费享受，而且还要使客人感到物有所值，只有这样才能达到主题营销的目的。

（五）酒店主题营销策略的运用

酒店主题环境与服务营销策略的运用主要通过主题客房、主题餐厅建设和内容营销来体现。而主题客房、主题餐厅都是根据主题创意与策划，以主题环境的创造、美化、情趣为基础的。因此，这种类型酒店主题营销的运用，重点要做好以下几个方面的工作：

1. 主题环境优化策略的运用

对于采用主题环境与服务营销为主的酒店来说，环境是影响顾客产品购买和消费的重要因素。它们认为酒店环境及其内外相关设施构成了酒店产品的一部分。主题环境优化策略的运用主要从三个方面来加强酒店主题的功能。

（1）地点选择。地点的选择对于酒店经营十分重要。通常，适合做酒店的理想地点一般包括繁华的商业闹市区、住宅小区、交通要道或站点、旅游景点等。只有懂得选择优越的地理位置、具有经营创意并能够运用优势弥补不足的投资人和经营者，才能通过酒店选址使主题营销收到良好效果。

（2）店面外观。酒店主题营销首先通过店面外观的名称标牌、门面装饰体现出来。所以，酒店的店面外观是非常重要的，因为它将决定消费者对酒店的第一印象，所以值得经营者投入更多的资金和精力。采用主题环境和服务营销为主的酒店应该根据自身规模、档次和目标顾客的品位要求进行店内外的主题设计和

装修。比如对于酒店规模较小的企业，外观设计和装修要以温馨、雅致、干净为宜。如果为讨好顾客在店面装潢上弄得富丽堂皇，就会误导消费者，因担心消费额过高而拒绝消费，反而弄巧成拙，适得其反。

（3）空间环境。消费者外出住店或就餐，一般讲究精神上的愉悦感，尤其是酒店内的餐厅除了提供就餐服务之外，还应该提供一定的活动空间，所以采用主题环境和服务营销为主的酒店不仅要有清爽明朗、引人注目的店面，更应该有宽敞舒适、清洁美观的店内环境。酒店内部装修最重要的就是保持一个与主题一致的美观、典雅、舒适、干净、卫生、整洁的环境，营造符合经营风格的气氛与情调，以满足目标消费者的心理需求，给顾客留下安全、舒适、满意的印象。另外，餐厅还要满足消费者在用餐时的社交需求。要做到这一点，就必须要有开放式的空间，餐桌、餐椅的摆放应以宽敞舒适为原则；面向大街的一面，应该装饰整面透明的玻璃，不仅能让等人的客人可以清楚地欣赏外面的美景，也能让外面的人通过视觉去感受餐厅内的主题装饰，以此达到吸引客源的目的。同时，为了让客人能舒适地聊天、休息，音量适宜的背景音乐也不可忽略。

总之，在酒店主题营销的各个营销要素中，建筑空间布局和环境装修美化是完全可以由酒店自己控制的。由于它具有超强的营销功能，酒店开展主题营销时一定要精心设计和安排，充分利用其优势，形成具有较强文化品位和个性特色的主题酒店、主题客房、主题餐厅或主题环境，以吸引更多目标市场的客人消费。

2. 内部营销策略的运用

服务业给人的第一印象最为重要。在酒店主题环境给客人形成良好印象的同时，酒店服务给客人的印象好坏是很关键的。因此，酒店服务质量与酒店经营有密切的联系，任何酒店都不应忽视员工服务质量的提高。由于酒店服务中顾客与服务人员接触程度比较高，因而出现问题的可能性也较大，有时服务态度的不同会给顾客带来天壤之别的感觉差异。一个小小的失误就有可能导致永远失去这位顾客。无论企业其他的营销活动多么有效，如果服务人员不能提供令顾客满意的服务，势必导致一切营销活动的失败。

因此，酒店应特别重视内部营销工作，激励全体员工做好对客服务。员工是酒店的最大资产，酒店的成功要靠全体人员的共同努力，经营者要想方设法招揽和留住优秀的员工。首先应调整思想，要把员工作为企业服务的第一顾客，用对待顾客的心情去理解和关心员工，与员工建立起融洽的关系，这对酒店的稳定非常重要。只有公平、公正地对待员工，满足员工的需求，员工才会有积极的心态、真挚的笑容和热情的服务，才有可能吸引顾客和使顾客再次光临。顾客住店，除了要住好、吃饱、吃好外，还要享受周到的服务。经营者应设法增加酒店产品的附加价值，以提高利润。而提高服务质量无疑是最方便也是最有效的方法。服务人员具备服务意识和技能，用无微不至的服务增加酒店产品的附加价值，即使价格比较高，相信顾客也会欣然接受。所以，在酒店采用主题环境和服务营销策略时，需要不断地对员工进行教育和培训。不仅要使员工通晓企业的经营方针、作业程序、营业方法、服务纪律等，更要提高员工的服务意识和服务技能，以便向顾客提供优质服务，最终达到员工与企业共同生存与成长的目的。

3. 主题文化营销策略的运用

以文化为营销主题，以菜肴为文化营销的载体，以客人体验为目标，将三者统一起来，进行组合策划和实施，就构成了酒店主题文化营销的基本定义。在这三者之间，客房和菜肴只是一种资源、一种物资，不存在文化。文化是历史、意识、艺术，是一切物质形态之外人类社会精神层面的意识内涵。例如餐饮文化是指由饮食文化内容自然形成、沉淀的部分，如大量的饮食典故、饮食风俗等。这里的餐饮文化营销是餐饮与文化进行组合，从而创造商业机会，以满足顾客新的饮食消费需求的商业策划过程和商业运营行为。而这一操作过程实际上是菜肴与文化的结合过程，也就是将菜肴注入文化内涵，营造主题文化氛围，给顾客在消费内容、形式、功能上带来更多新奇、更高精神享受和自尊价值体验的过程。例如，北京"行者部落"餐厅，以"行者部落"为餐厅主题，将主题餐厅、秘制汤锅、风情礼品、艺术家居四者巧妙结合，各种艺术沙龙、经理人俱乐部、设计师论坛、传媒研讨、外企高层聚会在此，一时成为媒体的焦点。顾客在品尝20种少见药材烹制的御膳滋补汤锅、环球风情套餐、中西精致面点等风情美味的同时，还可以欣赏到澳洲土著风情礼品、非洲文化礼品、俄罗斯历史礼品、东巴艺术宗教礼品、西藏密宗雪域礼品、敦煌石窟典藏礼品、长沙古窑陶艺礼品、陕西民间乡土礼品等风情礼品。几十位设计师量身定制的艺术家居错落分布，让人身处"行者部落"就犹如畅游于文化流动的湖泊中并观赏着两岸风情。那一件件充满着故事的物品将"行者部落"的主题餐厅布置得恍如中世纪的文化长廊。又如纹秤咖啡厅是一个融合了古典文化的咖啡厅，由中国山水画、书法、日式的竹筒滴水设计堆砌成整个厅房。书架上整齐摆放着足有几千册之多的书，顾客在这里能够找到古今中外的名著，尤以近现代的文学书籍为多。兴之所至时，也可以自在地在厅内下围棋。这样的餐厅有着浓郁的文化氛围，很受知识分子、高雅人士的欢迎。

4. 节假日营销策略的运用

岁末年初，圣诞节、元旦、春节、情人节、劳动节、端午节、中秋节、国庆节等节假日里，酒店的销售都进入了黄金时期，成为消费者集中消费的最佳时机。各大酒店纷纷制订出各种营销计划，使出浑身解数来招揽客户，以利用节假日的机会来提升效益。纵观历年来酒店营销工作的实施情况，可以发现如今的酒店营销策划似乎进入了一种误区，那就是节日营销就是搞活动，各家都推出活动，奖品越来越离奇，甚至发展到上万元的电脑、旅游等。这些活动在举办时无疑会收到奇效，使酒店一时间生意火爆、高朋满座，但活动一过马上就又变得冷冷清清，类似这样的情况在各地都普遍存在。因此，研究节假日酒店市场规律，提出符合市场需求的营销规划，从长远发展的角度为酒店经营打好坚实的基础，应该从如下几个方面探讨节假日营销的主要策略：

（1）根据客源市场构成不同，进行产品整合，推出符合市场需求的组合产品。节假日期间，从整体来看无论是星级酒店还是一般旅馆，社会化的大众消费都将成为主流。以家庭消费、朋友聚会为这一阶段的主要客源构成。那么，酒店产品就应以满足这类客人的需求为主，如客房要以家庭主题进行布置；餐厅菜品方面要推出以家庭消费、朋友聚餐为主题的菜品，此间穿插特色菜、招牌菜、新派菜等，使消费者能够全面地了解厨师水平，促进餐饮品牌形象的树立和推广。这是节假日营销的主要目的，也是众多酒店营销活动中的主题项目。

（2）要求营销活动主题突出，形成与节假日性质和风俗相适应的环境气氛。组织文化特色鲜明的营销活动是节假日营销的主要表现，也是打造节日氛围的主要途径。由于节假日的性质和背景不同，中西方文化的特色差异都要在营销活动过程中显现出来。比如餐厅布置、餐台设计、菜单印制、背景音乐和灯光、活动内容等都要有所差异。如在圣诞节期间，要开展圣诞树装饰、圣诞老人发放礼物、儿童唱诗班表演等各项活动；在元旦和春节，以大红灯笼悬挂、"福"字倒贴、凌晨钟表倒计时、发放利是红包等活动为主；在情人节，则是以玫瑰花、巧克力、烛光晚宴、小提琴伴奏等方式作为营销的主要表现形式。在这一系列的活动过程中，一定要把握"原汁原味"的原则。

五、酒店机会营销

（一）酒店机会营销策略的特点

酒店机会营销是指酒店根据市场环境，寻找到与本企业的经营条件和经营目标相吻合的市场机会而开展的市场营销活动。酒店的市场营销机会具有广泛性、隐蔽性、瞬时性、随机性和对应性等特点。

1. 广泛性

酒店机会营销广泛性体现在以下三个方面：①任何酒店都存在酒店机会营销；②酒店机会营销存在于酒店经营的各个环节、各个方面；③酒店机会营销存在于各种不同时期，无论是市场疲软或是市场繁荣时期，都存在不同的机会。对任何酒店而言，都具有均等发现和利用机会的机会。所不同的是，有的酒店能敏锐地把握并找准机会与酒店资源的对接口而果断地利用各种机会，有的酒店则对机会缺乏应有的敏感和关注，坐失良机。

2. 隐藏性

机会营销是一种潜在的需求，具有极强的隐蔽性，因而不易被人所觉察。但是一旦出现某种引发性条件，机会营销就会由潜在状态转化为现实的经营机会而出现在市场上，成为酒店开展营销的有利机会。因此，酒店营销人员应慧眼识"机"，善于突破机会的隐蔽性防线，寻找到各种有价值的营销机会。

3. 瞬时性

"机不可失，时不再来"。机会营销的出现有一定的偶然性，它来自于社会营销环境的变化，无时不变的社会环境使得机会带上了"来也匆匆、去也匆匆"、稍纵即逝的鲜明特点。因此，酒店营销人员应具备时间观念和效率意识，善于把握机会，因势利导，不失时机地采取相应的营销谋略和对策，尽早把营销机会转变成为营销行为，做到"人无我有，人有我早"，以创造良好的营销业绩。

4. 随机性

机会营销的产生受制于客观环境，而现代环境的变化是空前的、迅疾的，各种有利的时机就在这种极其复杂和多变中蕴含着。这就要求酒店应随时跟踪、分析、研究、洞察环境所蕴含的巨大能量，及时发现新问题，研究新情况，做出快速反应，随机应变。

5. 对应性

机会营销总是对应于不同的酒店，只有酒店具备相应的资源条件，机会营销才能为酒店带来客观的收益和回报。因此，酒店在分析机会时，应注重内在资源条件的分析——通过可行性和不可行性双向分析，明确自身利用某一机会的优势和劣势。

（二）酒店机会营销策略的方法运用

酒店要正确运用机会营销策略，关键是要找到、发现、捕捉、利用和开发各种营销机会，然后根据市场营销机会来组织与开展机会营销活动。重点是要做好以下三个方面的工作：

1. 发现、创造和利用营销机会

机会营销是在潜在机会时期，以尚未得到满足或尚未得到完全满足的消费需求为营销对象的。谁能最先发现、捕捉、创造出这种机会和需求，并能率先满足这种需求，谁就把握了机会营销的主动权。其方法主要包括：①从信息情报中去发现和捕捉机会。即从报纸、电台、电视及政府和上级新出台的政策、文件等。②从社会潮流和趋势中去发现和捕捉机会。如环保潮流、科技潮流、消费时尚、健康潮流、文化潮流等。③从社会重大事件中去发现和捕捉机会。④从经济文化发展中去发现和捕捉机会。

2. 抓住机会做好机会营销方案设计

对酒店来说，机会营销不能只讲理论，一经发现和捕捉到了市场营销机会就必须紧紧抓住，机不可失，时不再来。因此，抓住机会做好机会营销的方案设计是酒店运用机会营销策略的重要环节。重点要解决好下面三个问题：一是机会营销决策。即要分析机会的性质、对酒店的作用、酒店能够开展什么营销活动来利用这一机会、利用的时间有多长、规模有多大、能够带来什么效益等。经过分析研究，最后做出决定。二是机会营销的活动安排。即在做出营销活动决策后，要研究确定本次机会营销的活动名称、时间、酒店内部或外部的地点、活动规模、营销活动的具体计划和工作步骤等。三是机会营销活动的预测和财务预算。即要预测从活动开始到结束，可能增加多少客源和销售收入、需要投入多少成本和费用，如果是在原来的基础上增加客源和收入，能够带来多少边际利润。只有经过上述预测和预算分析，确保能够增加经济效益，才能开展这项机会营销活动。

3. 认真做好机会营销的组织工作

酒店机会营销大多具有临时性、阶段性。因此，必须在机会营销方案设计的基础上，大力认真做好机会营销的组织工作。其重点包括以下三个方面：一是机会营销活动的产品组织。如通过客房布置、环境布置的新变化，餐饮推出的新产品和服务等，来满足客人尚未满足或尚未完全满足的消费需求。二是机会营销活动的宣传推广。即要认真做好店内外宣传。利用各种宣传手段引起社会、客人、客户的关注，吸引消费。三是机会营销活动的客源组织。即酒店公关部、销售部和机会营销的业务部门，要认真做好客源招徕和组织工作，采用电话推销、人员推销、发函邀请老客户、拜访客户等方式，吸引客人前来酒店消费。

（三）酒店机会营销的机会捕捉

在酒店日常营销活动中往往蕴藏着巨大的营销机会，如何捕捉、挖掘出机会营销，是各类酒店营销部门的核心工作。

1. 在社会潮流中捕捉、挖掘出机会营销

社会潮流中往往预示着巨大的营销机会，它是社会上大多数人推崇的一种消费方式或消费活动。在社会潮流中捕捉、挖掘出机会营销的具体方法如下：

（1）环保潮流。随着环保意识的强化，环保型消费将成为社会主流。酒店营销应考虑设计开发各种环保型的产品和活动，如环保型客房、环保型餐饮、环保主题的促销活动和消费教育活动等。

（2）休闲潮流。休闲潮流的出现迎合了现代人追求身心解放的需求，因而，部分酒店的传统形象将被相对随意、轻松、休闲的度假型酒店所替代。

（3）科技潮流。科学技术的发展为人们的生活带来了巨大的变化。现代酒店可借助科技开展全球营销。

（4）健康潮流。健康是人的最大财富，健身意识会越来越呈现趋势化，酒店可设计各类健身型产品，开展各种运动行销活动。

（5）社交潮流。酒店本身就是现代社会的窗口行业，随着社交需求的强化，酒店将成为社交中心。

（6）文化潮流。知识经济时代文化的回归和享受将成为社会生活中的一大典型特征。因而，酒店应策划各类文化型的营销活动。

2. 在节假文化中捕捉、挖掘出机会营销

节假文化的一个重要组成部分是节日文化。节日文化以节日为载体，以文化活动、文化产品和文化氛围为主要表征，以特定主题来组织活动的社会文化现象。其发展趋势是：节日活动和经贸活动结合日益紧密、节日活动与旅游活动结合日益紧密、节日活动和时代精神结合日益紧密、节日活动与平时开发民族文化资源结合日益紧密。

酒店应将文化与经济结合起来，并充分发挥节假文化的经济承载力，挖掘出随节假文化应运而生的各种营销契机。

3. 在知识经济中捕捉、挖掘出机会营销

随着知识经济在中国的发展，"知识就是资本"将成为人们的共识，因此，以知识武装自己、武装企业将成为未来社会主流之一。有鉴于此，酒店在开展营销活动中，可通过开展各种文化型、知识型、科技型、信息型、网络型的活动深化酒店特色，打开全新的营销局面。

4. 在主题活动中捕捉、挖掘出机会营销

（1）旅游主题年。我国每年都会提出不同的旅游主题，酒店可从中发掘出机会营销。

（2）民族地理类主题。不同国家、不同地区、不同民族均有不同的区域文化和民俗文化，酒店可以以区域文化和民俗文化作为主题吸引客人。

（3）历史文化类主题。酒店可通过再现各个不同时期的历史文化来创设各类不同的主题，满足消费者怀旧思古的情结。

（4）影视歌舞类主题。酒店可以以某类风格的影视文化作品为主题吸引、招徕客源，如以各种古典音乐、流行音乐、民族音乐、爵士乐、摇滚乐等不同的音乐作为主题吸引，通过组建类似"音乐同盟"的方式培养忠诚客源；而戏剧舞蹈类主题则可以各种剧种、各类舞蹈作为酒店的某一特色，酒店可以主题演出活动、主题客房、主题餐饮等方式深化这一主题文化。

（5）运动休闲类主题。酒店可研究酒店产品与体育文化的有机融合，创造运动型主题形象；随着物质条件的提高，以休闲为主题的酒店引起了人们的关注，酒店可借助随意的环境、休闲的餐具、淡雅的色彩、宽松的氛围、自然的服务，营造一种无所不在的休闲文化。

　　（6）文学艺术类主题。酒店可以以文学作品为原型设计开发各类主题活动或主题产品，也可以绘画、雕刻、书法、摄影等艺术创作作为主题吸引客人。

第十二章　酒店公关宣传营销管理

一、酒店公关处的岗位职责

（一）公关主管岗位职责

公关主管负责组织酒店的市场分析、广告宣传、公关活动，宣传酒店的品牌，打造酒店的良好形象，协助其他部门做好接待工作。

1. 制订酒店公关制度和工作计划

按照酒店年度市场营销策略，编制年度公关活动计划、广告宣传计划，并根据需要制订市场调研计划。完善公关处各项管理制度及工作程序，并监督其落实和执行情况。

2. 组织酒店市场调研

根据市场调研计划和实际情况，制订详细的调研实施方案。根据酒店市场拓展需要和具体调研方案，组织开展市场信息以及客户资料的调查、收集工作，在对信息资料的整理分析的基础上，做好市场分析和市场预测工作，为公关、销售活动的开展提供依据。

3. 组织开展酒店公关活动

根据酒店年度公关活动计划，组织开展酒店促销、庆典、赞助、捐赠等公关活动，并协调各项活动的开展，确保活动的顺利开展和活动目标的达成。拓展和维护酒店的各类社会关系，为酒店经营提供支持。参与各类媒体、贵宾、政要客户的接待工作，参与处理各类危机事件。

4. 落实酒店广告宣传工作

落实并监督广告的执行计划，全面负责广告策划、平面制作与媒体投放等工作。监督广告实施的质量，对广告投放效果进行调查与监测。根据广告投放效果的监测数据，定期地进行广告投放分析，并撰写广告效果分析报告。

5. 协助其他部门接待重要客户

协助营销部经理做好媒体、社团等重要客户的接待工作并进行报道。同时，组织跟进重要客户的接待工作，保证接待工作顺利进行。

（二）市场调研专员的岗位职责

市场调研专员是公关主管的下级，主要开展信息收集和市场分析工作，为酒店营销工作计划的制订、实施提供数据和资料。

1. 收集酒店行业信息

关注、了解酒店行业发展信息和主要竞争的动向，收集有关的动态信息。

2. 执行调研任务

根据公关主管的调研任务安排，按调研方案进行市场调研，负责收集情报、资料，统计数据和信息。根据公关主管的安排，对酒店公关类活动、各类广告宣传等效果进行调查和结果评估。整理、分析所收集的信息资料，按时提交市场调研报告，为市场营销决策提供合理化建议。

3. 提供信息支持

补充、完善酒店营销信息系统为营销各项决策和其他部门开展业务提供信息决策支持。

（三）广告策划专员岗位职责

广告策划专员是公关主管的下级，主要负责酒店广告宣传的策划工作，配合酒店的销售及公关活动。

1. 撰写广告方案

根据市场调研结果，协助公关主管完成酒店各类广告创意工作。根据广告创意、细化广告内容与形式，完成广告方案的编写。

2. 广告制作与发布管理

对于需要外部专业制作单位制作的宣传品，负责联系制作单位，将合作单位名单、收费标准报公关主管审核。联系广告制作公司，完成广告的制作，并监督制作过程。根据广告媒体投放预算，选择合适的发布媒体，并与媒体做好广告发布的沟通事宜。

（四）公关代表的岗位职责

公关代表是公关主管的下级，主要负责公关活动的具体执行工作，并根据酒店来访参观客户和贵宾的接待需求，落实公关接待事宜。

1. 接待参观客户及酒店贵宾

负责接待来访参观客户，向客户介绍酒店情况，以增进公众对酒店的认识。根据贵宾的接待级别，具体落实国内外贵宾的接待工作。

2. 执行公关活动

协助公关主管完成公关活动方案的策划与拟订工作。协助公关主管与各部门协调，具体落实各项公关活动的准备与活动过程中的具体执行事宜。

3. 完成公关处日常文书工作

负责酒店公关处日常文件及资料的抄写、打印、复印，以及公关软文的撰写工作。负责接收、发送公关处来往公文及信件，收集客户对宣传资料的意见和建议，及时向公关主管提出建议。

4. 客户资料分析与管理

负责收集客户的信息资料，进行整理，及时归档。定期地对客户的资料进行分析，为酒店公关活动方案的策划与活动的实施提出合理的公关建议。

（五）美工岗位职责

美工岗位属于公关主管的下级，主要负责酒店形象展示、环境美化、广告宣传等所需要宣传品的美工设计、外联制作以及酒店环境的陈列布置工作。

1. 美工设计与广告宣传品的简单制作

负责酒店横幅、广告牌、指示牌、招贴、工艺美术品的设计。负责酒店服务指南、酒店简介、酒店画册、菜谱、请柬、明信片、纪念品、圣诞卡、信封信纸、广告等的设计并监督印刷质量。自行制作可独立完成的广告宣传品，确保宣传品符合酒店及相关部门的要求。

2. 环境陈列布置

在公关主管的指导和安排下，负责完成传统节日、纪念活动、庆典或会场的布置美化工作。

3. 活动摄影与照片冲印

负责酒店内举办的所有活动的摄影工作，选择有利于宣传酒店形象的照片交外部单位冲印。将冲印后的照片交公关主管，以便作为新闻资料予以发表或在酒店内部刊物上登载。

4. 保管美工器具及宣传品

保管好美工器具、电脑等办公设备，所有器具、设备应保持洁净和安全。妥善安置和保管所有用过或展出过的广告宣传品。

二、大型活动、赞助活动、新闻发布会

（一）大型活动的组织程序与关键

1. 组织大型活动的工作目标

（1）宣传酒店品牌。

（2）维护公共关系。

2. 大型活动组织的工作程序

（1）策划活动内容。

（2）制订实施方案。

（3）活动参与人员分工。

（4）准备活动物资。

（5）邀请宾客参加。

（6）活动正式开展。

（7）总结活动经验。

（8）备用方案。

（9）存档。

3. 大型活动组织的关键问题

（1）公关主管策划活动时，主要工作事项包括以下三点：

1）确定活动主题、形式、规模等内容。

2）做好总费用预算。

3）了解参加人员情况、环境布置所需饰品供应情况及价格等。

（2）给所有参加活动的人员进行分工，以及进行必要的培训和动员。

（3）公关主管需要组织相关人员或亲自准备活动所必需的装备、器材、陈列品、宣传品，并在规定的时限内监督完成设备、器材的安装和调试工作。

（4）正式开展活动时，公关主管需要侧重做好以下三个方面的工作：

1）成立专门的接待、签到处。

2）做好防火、防盗和交通疏导、环境保持工作。

3）保持与活动参加人员的良好沟通，积极征求活动参与人员对活动的意见。

（二）赞助活动的操作程序与关键

1. 赞助活动的工作目标

（1）争取媒体的报道宣传。

（2）扩大酒店品牌的知名度。

（3）为酒店树立良好的公众形象。

2. 赞助活动的操作程序

（1）选择赞助对象。

（2）预测活动效果。

（3）拟订活动可行性方案。

（4）报相关领导审核审批。

（5）联系赞助对象。

（6）邀请媒体。

（7）酒店代表出席活动。

（8）跟踪活动效果。

3. 赞助活动的关键问题

（1）酒店可以赞助的活动包括文化活动、教育事业、残疾人事业等，实际工作中需要根据酒店的经营需要和社会影响程度确定。

（2）根据赞助活动内容、赞助形式、所需费用、活动影响等，公关主管要对赞助活动的效果进行预测，并拟订赞助活动的可行性方案，报营销部经理审核后报总经理审批。

（3）公关主管在组织做好赞助对象联系工作之前，要落实好具体时间、地点、赞助方式、会场或场地布置事宜以及赞助活动参加人员等。

（4）提前联系并邀请新闻媒体和记者，发放赞助资料、宣传材料，并具体核实参与人员。

（5）安排酒店领导讲话与记者提问等活动环节，举行正式赞助资金或实物的交接仪式，完成赞助活动。

（6）赞助活动结束后，公关主管要及时安排市场调研专员、公关代表做好媒体报道的跟踪工作。

1）监测参与活动的新闻媒体是否发出与赞助活动有关的新闻稿。

2）评价稿件内容是否符合酒店的赞助目标。

3）收集所有与本次赞助活动相关的新闻稿，并加以整理归档。

（三）新闻发布会组织程序与关键

1. 新闻发布会的工作目标

（1）将酒店重大举措、政策对外发布。

（2）提高酒店的社会关注度。

2. 新闻发布会的组织程序

（1）拟订发布会实施方案。

（2）邀请记者、参会宾客。

（3）准备新闻发言稿等其他所需资料。

（4）接待准备、布置发布会现场。

（5）按议程召开新闻发布会。

（6）送离参会宾客。

3. 新闻发布会的关键问题

（1）公关主管在拟订新闻发布会实施方案时，主要考虑以下几方面的内容：

1）新闻发布会的议题、举办地点和时间。

2）主持人与新闻发言人的人选。

3）新闻发布会的主要议程。

4）确定新闻发布会的费用预算。

（2）公关主管拟订媒体、记者名单，安排公关人员运用电话或邀请函邀请，并确定参加发布会的人员及人数。

（3）公关主管通知前厅部、餐饮部、保安部等相关部门做好与会媒体及宾客的接待准备工作，安排公关人员、美工等工作人员落实会场布置工作。

（4）按议程召开新闻发布会，公关主管及相关人员应做好大会的组织、协调工作，具体包括以下两点：

1）向到场的记者派发新闻稿。

2）协助主持人掌握会议议程，安排酒店领导接受记者采访等。

（5）发布会结束后，公关人员应做好礼品发放、接送车辆安排等工作，必要时可协助宴会厅的相关人员安排记者招待会。

三、酒店广告媒体宣传计划

（一）酒店广告的意义

在酒店产品日益标准化的今天，相似性作为标准化的衍生物，已经使个性几乎如同远古的恐龙一样走向灭绝。很多人的感觉是世界上只有五种酒店：一星至五星。甚至一位酒店客房的设计师曾说，从海南岛到黑龙江，他只住过一间客房。那么，如何凸显酒店的特色，如何使消费者选择适合自己的酒店，如何使酒店与消费者在"第一次亲密接触"之前能够有良好的沟通，从而使酒店的需求曲线上移，就是酒店广告所要完成的任务。

1. 广告对消费者的意义

首先，广告是帮助消费者获得信息、减少风险的有效途径。由于接受服务的感受滞后于认知，消费者的购买行为充满了对产品功能、心理、经济上的风险。避免风险的途径有三种，分别是：降低对产品或服务的要求；经常购买同类产品或服务；获得广泛的信息。在这三种途径中，只有第三种是不以牺牲消费者的利益为代价的。因此，广告中关于酒店及其产品、服务和品牌的信息有助于消费者做出最优的选择和决策。其次，广告是消费者学习消费经验的途径。经验无疑是消费者最好的决策因素。经验曲线告诉我们：单位产品的价格随消费数量的增加而减少，即经验的获得可以提高产品的性能价格比。但是经验的积累需要付出巨大的时间和精力，甚至以不愉快的记忆为代价。对事先没有经验可借鉴的消费者而言，广告可以提供给他们经验而获得帮助。

2. 广告对酒店的意义

酒店广告是通过购买某种传播媒介的时间、空间或版面来向目标消费者或公众进行宣传或促销的一种手段。酒店广告对酒店的意义体现在以下两方面：为酒店或酒店集团及产品树立形象，刺激潜在的消费者产生购买的动机和行为。在影响购买决策方面，消费者的知觉具有十分强大的威力。正如营销专家 Pizam 和 Mansfield 所认为的，当营销进入较高层次或产品具有较大的同质性时，市场营销并非产品之战，而是知觉之战。酒店市场正是如此，所以我们说，广告是酒店企业校正知觉、引导知觉的一种有力工具。

（二）制订酒店广告策略的方法

1. 确定目标市场

目标市场即最有希望的消费者组合群体。目标市场的明确既可以避免影响力的浪费，也可以使广告有其针对性。没有目标市场的广告无异于"盲人骑瞎马"。酒店的目标市场应具备以下特点：既是对酒店产品有兴趣、有支付能力消费者，也是酒店能力所及的消费者群。例如英国汤姆森组织的阳光饭店和公寓产品的目标是满足中档市场的需求，它的顾客是那些较为传统的、想到海外度假的家庭或夫妇，而不是前卫的、寻求冒险的度假者，也不是对度假价格不敏感的社会高阶层。因而后两者就都不是它的目标市场。酒店应该尽可能明确地确定目标市场，对目标顾客做详尽的分析，以更好地利用这些信息所代表的机会，以便使顾客更加满意，最终增加销售额。常见的确定的细分市场有：商务细分市场、享乐细分市场、人口统计细分市场、消费者细分市场、社会阶层细分市场等。

2. 树立具有竞争力的市场定位

一个酒店应该确定：以什么样的方式，为什么人，提供什么样的服务。只有这样才具有竞争优势，有可能被人记住。在众多的酒店广告千篇一律的情况下，与众不同的市场定位使得宣传酒店特色的广告更有必要。例如宁波金丰宾馆通过深入的市场调查分析，确定了"商务、旅游、休闲"的企业宗旨，提出"设施、价位、服务"的服务宗旨，找准市场定位，突出特色服务，取得了良好的社会效益和经济效益。

3. 科学制订广告方案

（1）明确广告的目的。广告目标是指在一个特定时期内，对于某个特定的目标受众所要完成的特定的传播任务和所要达到的沟通程度。广告目标一般可分为通知、说服和提醒三大类。通常，企业要确定广告目标，需要经过详细的市场调查，包括市场机会分析、消费者心理和行为分析、产品和服务分析。

（2）做好广告预算。确定了广告目标后，酒店可以着手制订广告预算。常用的酒店广告的预算方式有：

1）量力支出法。酒店根据自己的实际情况，确定达成每笔预期的销售所能承受的支出；估计销售数量，再将二者相乘即形成预算。

2）按需支出法。选择目标市场，估计它所拥有的潜在消费者数量；预计广告可能带来的货币收益；确定能影响市场的媒体；估计需要传递的信息次数；根据实现沟通目标所需要的金额估算计划成本，形成预算。

3）按比例支出法。从酒店预期的年度总收入中拨出一定比例的资金用于广告，并形成预算。这笔钱分为两部分：形象或定位广告、促销支持及直接的广告活动。这种方式中用到的百分比可以依据行业的平均数来决定。大型酒店从总收入中拨出用于广告的经费比例较高，因为酒店可以由许多家酒店分担，像洲际酒店、喜来登酒店、希尔顿酒店集团、凯悦酒店集团都是如此。单个酒店做出大笔的广告预算是不合理的，尽管他们可能更需要多宣传以便公众了解。为解决这一问题，许多单个酒店组成一个营销群体，一起联合做广告。

（3）传送真实可信、打动人心的信息。广告需要突出的竞争优势，可以是别人没有的价格、产品或服务，也可以是从酒店所特有的氛围，以此满足消费者希望获得的理性的、感觉的、社会的、自我满足的回报。如告知消费者："您将入住的是一家四星级标准的商务酒店（理性的）；您将感受到家的温暖（感觉的）；我们为您提供最好的绿色服务（社会的）；作为正在为事业而拼搏的人，您值得拥有（自我满足）"。"广告信息优先于广告设计"，反映的就是这个道理。

（4）选择适当媒体。广告只有在被消费者看到、听到并对其心理发生影响时，才能发挥作用。在选择媒体时最为关注的，就是广告如何尽可能地被人们所看见和听见。

（三）酒店广告的媒体计划

当今广告媒体形式各异，各有特性，反应功能也不尽相同，所以为使广告信息能以最少的投入，达到最佳的传播效果而制订合理的、科学的广告媒体计划就成为宾馆酒店有关媒体工作人员一项非常重要的任务。在制订媒体计划中，应当注意以下因素：

1. 广告媒体成本

制订媒体计划最先要考虑媒体成本。媒体成本是广告成本的一部分。广告成本是广告发布者运用一定的媒体，在一定的范围内传递经济信息时所付出的费用，也就是广告费，它包括媒体成本费用和广告作品设计制作费用等。同一类型的广告媒体成本费用由于广告的时间或版面大小及位置不同，有不同的收费标准。广告媒体成本费用是按照受众的数量而设定的。选择何种媒体做广告取决于广告预算。预算多则可采用多种媒体组合，拉长广告时间或选择覆盖面大、影响大的广告媒体如电视等。预算少则可选择一两种媒体组合运用，集中发布。在考虑媒体成本时，不但要考虑受众数量因素，还要想到媒体受众的总体消费水平及购买力情况，以取得较好的广告经济效益。

2. 广告的商品特征

广告的商品特点有两方面：即在广告商品中，不同的商品在销售上均有一定的区域性和一定的时间性。假如某商品的销售范围限定在本地区，那么通常就选择本地区的广告媒体。假如某商品在全国范围内销售，那就选择覆盖全国的媒体，比如中央电视台，面向全国发行的报纸刊物等大众传播媒体。从时间性上看，不同的商品在使用和销售上的时间是不同的，有的商品季节性非常强，就要求运用时效性很强的媒体传播信息，例如广播、电视、报纸等。

另外，广告商品在性能上是各不相同的。假如商品是性能简单的日用品，最好的媒体是视听媒体，它能在短时间内使受众了解商品。假如是性能复杂、价格昂贵的商品，则应选用印刷媒体，如报纸、杂志等，可以详细介绍商品的性能、特点、使用方式等，从而收到良好的效果。

3. 营销广告目标

做每一种广告均有自己特定的目标要求，这个目标要求是由广告者的经营策略和经营活动决定的，所以制订媒体计划必须按照广告目标的要求来确定。如某宾馆开业，需要在社会上打出知名度。广告目标是短期内迅速扩大它的影响，于是就应该安排时效性强、接触面广的地区性报纸、电视、广播等组成媒体组合，结合该宾馆近期各项营销推广活动计划，有针对性、高密度地发布广告。

4. 广告受众的特点

在选择广告媒体时，还要考虑广告受众的生活习惯。人们常常是按照个人的职业、兴趣爱好、文化程度等不同来选择传播媒体的。这种对媒体的接触习惯、广告媒体的选择影响是非常大的，如宾馆酒店住宿营销广告可选用旅游杂志或报纸旅游专版，商住两用的营销广告可选用广播广告或电视广告。

5. 广告媒体的选择

面对众多的广告媒体，怎样选择最好的媒体来达到预期目标，这就要在制订媒体计划时，首先分析媒体的传播性能特点，以找出它与所要宣传的商品的吻合之处。各种广告媒体的传播范围，发行数量各不相同，在某种程度上影响广告效果。比如中央电视台与地区电视台，其传播到的人数截然不同，效果显然也就不一样。

在媒体计划制订过程中，媒体组合是非常重要的一步，它已成为媒体计划中的主框架。所谓媒体组合就是根据市场情况、广告心理、广告预算、媒体特性，在同一时期运用各种媒体发布内容基本相同的广告，使受众接触广告的机会增加，加强和强化对该广告商品及其宾馆酒店的记忆。如果要将各种媒体进行最佳组合达到预期效果，那么就必须确认公关广告实施计划和广告目标、媒体目标。进行媒体组合的工作人员必须要非常清楚各媒体的特点和媒体组合中的概念，了解在计划的时间里，各媒体是否有空位可用。这些工作完成后再按照广告目标、媒体目标计算出各媒体的视听率、到达率、有效到达率等数据，找出最适合媒体目标的组合方案。各媒体之间还必须能够相互配合、相互提示和补充，以达到广告主题的统一性。例如以电视广告来生动直观地展现宾馆酒店的品牌服务的优良，以报纸广告详尽介绍康乐设施的特性，以 POP 广告再次吸引消费者的注意，唤起消费者的记忆。利用这些不同媒体的不同特性，使消费者全面了解广告商品，从而达到了单一媒体不容易达到的效果。

四、各类广告媒体宣传的特点

（一）电视营销广告

电视是一种将语言、音响、文字、形象、动作、表情等刺激通过视觉和听觉渠道来完成传递信息，以达到预期目的的先进的广告媒体。它具有综合性的传播功能，它不仅可以配上现场实物表演，详细介绍产品的各种性能特征，还可利用多种的艺术表现手法，来增强表现力和吸引力，从而最大限度地诱导观众按广告意图行事。所以，电视广告是当今最受青睐的媒体形式。

1. 电视媒体广告的优点

（1）覆盖面广，收视率高。由于电视的普及加之电视台发出的信号可以将各种信号发送到电波覆盖区域之内的各个角落，所以它的传播范围极广，目前观看电视节目已成为人们文化生活的重要组成部分。电视观众日渐增多，使电视广告具有很高的收视率。

（2）视听兼备，感染力强。电视是一种视听兼备的媒体，它有连续活动的画面，能够逼真地、突出地从各个方面展示广告商品的个性和组织行为的动态，让观众如亲临其境，有助于加深视听印象，增加兴趣。

（3）传播迅速，时效性强。电视广告有很强的即时性。各种信息通过电视台迅速传播，让公众立即知晓，并且可以使受众无论在全国何地，在同一时间知晓某信息，具有不可比拟的时间上的一致性。

2. 电视媒体广告的缺点

（1）时间短，消失快。电视广告时间一般有 5 秒、8 秒、10 秒、30 秒、60 秒等，多数广告用 30 秒时间播出，一般在 1 分钟以内。电视广告在很短时间内，连续播出多种画面，闪动很快、瞬间即逝、不易记忆。

（2）制作复杂，成本高。电视广告作品是艺术创作。制作时，需要先写广告脚本，编导画面情节，配音乐和解说词，有的广告还要选择演员，制作过程复杂，致使成本费用比较高，电视广告目前是所有广告媒体中成本最高的。

（3）信息简单，保存性差。因为广告时间大多在 60 秒以下，甚至几秒，不可能对宾馆酒店的服务特点、企业的运作状况作详尽介绍，让观众对商品的选择受影响，而且电视广告一闪而过，不便于广告受众保存。

（4）选择性差，被动收视。同电台广播广告相同，观众除非不看，否则就得接受，从而导致广告收视率实际下降而造成广告浪费。

尽管电视媒体有不少的局限性，但作为广告的主要媒体之一，现已成为很多企业从事公关广告活动的首选，因为它能直接把当地企业的动态形象传播给观众。

电视是一种极具亲近力的媒体，利用电视进行营销广告宣传，能使人们乐于接受它的形象，留下美好记忆。如在很多电视台特别是一些省台卫星频道，总是不断地播送本省旅游景点或其他有关风土人情的节目。当地的宾馆酒店的广告只要抓住机会，随着一同播出，人们就会将美丽的风景与这个宾馆酒店联系在一起留在记忆中。又如春节来临，许多宾馆酒店借助电视向观众拜年。这里并不是在做商品广告，因而让人感到舒心亲切，同样也拉近了宾馆酒店与消费者的距离。

（二）广播营销广告

广播包括有线广播和无线广播，是通过发射电磁波传递语言、音乐来做广告。广播广告较之其他广告媒体同样有自己的特点。

1. 广播媒体广告的优点

（1）传播速度快。广播电台利用电波传播声音，能做到同步传收，不受时间和空间的限制。听者可以边工作边收听，使广播广告受众随时能接收信息，收听率高而广告效果比较好。

（2）传播范围广。广播覆盖面广，无论在城市乡村、空中地下，只要是在广播发射功率范围内，都可以收听到广播内容。其区域之广、接触宣传对象之多，超越其他广告媒体。

（3）制作成本低。很多地区性的广播电台广告费用都是很低的，用很少的钱就可以立即插播一则广告信息。虽然全国性的广播电台广告费相对较高。但较之于其他媒体形式，广播广告只进行录音制作，过程较为简便，所以成本较低、信息传达迅速。

（4）听觉效果佳。电台广播广告可以充分运用语言及音乐、音响的特点来吸引受众的注意，给人们一种真实感和亲切感，从而提高广告的效果。

（5）灵活性强。广播媒体能作全天服务，比之报纸、杂志更能适应变化的需要，能够比较主动地、有选择地接近广告对象。比如一则旅游景点天气预报的广播节目，就吸引了众多宾馆、酒店播发广告，并且随时可应听众的需求进行内容、形式的变更。

2. 广播媒体广告的缺点

（1）保存性差。广播的声音一旦播出之后就会消失，如果受众没有听到或听清广告的具体内容，便无法寻找和补救，广告也就无法发挥作用。

（2）直观性差。用声音来对产品的性能及包装特性加以描述，听众无法树立该产品的具体特征和形象，所以对广告形象无法留下深刻印象从而忽视对该产品的注意力。

（3）选择性差。广播节目是直线式排列，听众没有选择权，只能收听正在播出的节目，不像报纸、杂志可以自由选择版面内容进行阅读，而被动地接收信息常常使接收者产生反感。

（4）城乡差异。城市中因电视等媒体的普及，所以收听对象相对比农村减少许多，广告效果也相对减弱。

（三）报纸营销广告

报纸，作为广告众多媒体中的主要工具，在日常生活中是非常具有影响力的。同时，它作为一种新闻宣传媒介，具有传播性、保存件、教育性、广泛性、综合性及权威性的特点。这些特点决定了它在营销广告媒体中的优势地位。

1. 报纸媒体的优点

报纸是以刊登新闻为主，定期、连续地向公众发行的印刷媒体，具有阅读上的可选择性及重要性，是人们获取信息的一个重要来源，从广告的角度来看，它在各大媒体中具有较明显的优势，也具有其自身的优点。

（1）宣传面广。无论是在全国范围内还是某一特定区域，报纸都具有发行量大、覆盖面宽、读者广泛稳定的优势，并且报纸还能相互传阅，使读者群最低可达到报纸发行额的两倍，从而使宣传范围更加广泛。

（2）传播较快。我国报纸按发行日期分日报、晚报、周报等，以日报为主；但不管何种报纸，其制作时间短、刊播及时，有时一般性广告稿开印前几小时送达即可保证准时印出，并且我国目前实行多渠道发行，无论何种发行方法都十分迅速。地方性日报当天与读者见面，全国性重要报纸以及部分地方性报纸还设有传真版和分印刷点，所以都能及时传播广告信息。

（3）简便灵活。报纸可以根据传播内容设计版面大小，也可按广告者的意愿和要求进行有计划的广告活动。既能集中发布，也能均衡发布；既能发布单则广告，也能发布系列广告；既能发专版，也能发专栏；广告版面可大可小，内容可简可繁；表达形式可以图文并茂，也可以运用叙述、议论等文字体裁。广告者还可以随时按照具体的市场反应对广告内容、次数进行增加或删减，以达到理想的宣传效果。

（4）保存性好。报纸是印刷品，不像广播、电视播过就会消失。读者可以不受时间约束随时阅读和反复阅读。对于有保存价值的广告，还可以随时剪辑存查，起到长久的利用作用。这是广播、电视类广告媒体无法相比的优点。

（5）费用低廉。相对其他媒体，报纸价格较低而销量大，这就非常有助于广告信息的传播；同时报纸广告费相对来说也比较低，它是以占有版面大小和位置来计费的，所以企业可以按照广告预算来灵活选择版面和位置以及投放次数。

（6）信息量大。报纸的信息容量大，简单几行字，甚至几句话就可以清楚地说明问题，所以一份报纸上常常容纳了几十条，甚至更多的信息。报纸是印刷品，反复读几次便可记忆，使信息传播较为准确。

（7）权威性强。通常来说，报纸的社会信用是比较高的，尤其是有影响的报纸，在读者中享有较高的威信。广告能够借助媒体本身的信誉扩大广告效果，增加读者对广告内容的信任。当然绝不能利用报纸的权威性来做虚假的广告宣传。

2. 报纸广告的缺点

报纸这种广告媒体形式也同样具有自身难以克服的局限性，所以广告主在进行媒体选择时也不能忽视其局限性。

（1）时效性短。主要指日报而言。一般报纸在读者阅读完毕之后便失去了其保存价值而被随便处理掉。一般人看报，主要是看当日的新闻，隔日报纸通常很少有人翻阅。日报与杂志或周报相比，也就显得生命更短暂了。为此必须要注意使报纸广告尽量多发挥当日效果，有计划地实施连续性或间断性发布策略，并与其他广告媒体结合，才会取得较大效果。

（2）印刷质量较差。报纸广告主要通过文字与图片形式来传递信息。我国的报纸以文字为主，设计比较简单，黑白印刷为主，所以报纸广告常常缺乏动态感、立体感和色泽感。图片形式传递广告信息时，效果比文字差。所以广告主在选用报纸为传播媒体时，尽可能地选择印刷质量上乘的报纸，并尽量使构图简洁明快、疏密有致以克服印刷上的困难，达到良好的效果。

（3）注意度差。报纸内容具有综合性，主要以刊发新闻为主，广告通常不可能占有突出位置，所以读者在翻阅报纸时首先注意阅读的是具有吸引力的重要新闻或自己关心的材料，经常忽略广告，尤其在同一版面刊登许多广告，相互之间既无联系又相互干扰的情况下更是如此。同时报纸内容包罗万象，这会使读者分散注意力，使广告内容被忽视。

（4）无法完全适应广告者的需求。报纸是大众化传播媒体，以传播新闻、知识、指导宣传为主，不能让广告喧宾夺主，而广告者则希望广告越显眼越好，于是报纸广告就无法使广告者获得满意的效果。

这些是一般报纸的共同性特点，但每份不同的报纸还有自身的特点，如全国发行的报纸发行范围非常广，覆盖全国每个角落。例如《人民日报》具有相当高的权威性，能使公众产生信赖感；而地方性报纸能及时反映当地发生的新闻，例如《中国日报》英文版缩短了与国外读者的心理差距。因此选择什么样的报纸作为营销广告传播媒体，需要在确定广告媒体前，进行认真仔细的分析。

在进行报纸公关广告时还需要注意的是，必须在广告宣传中渗透情感因素。

因为宾馆酒店广告与一般广告一个很大的不同之处就在于，一般广告的主要目的就是为了推销商品服务的，它要促进购买、提高销售量，直接诱导人们的购买欲望；但宾馆酒店广告则主要是引起人们的关注力和信赖感以及合作精神，所以也就需要借助情感的传导作用来影响社会公众。例如广东太阳神集团在报纸上所做的太阳神营养液的广告，它的广告词中就充满感情地写道："8 年的创业与发展，离不开您 8 年的支持，更离不开广大消费者 8 年的信赖"；"对您，我们心存感激"。不多的文字立刻被消费者所接受，也缩短了企业与用户之间的情感距离，在心理上相容，在精神上共鸣，达到动之以情的目的。

（四）杂志营销广告

杂志是同样重要的印刷宣传品，是以满足读者某方面的知识兴趣为主的专业性和综合性的读物，门类众多。随着国民素质的逐渐提高，杂志也已成为当今重要的广告媒体。在进行公关广告时，杂志常常也是能产生较好形象效果的一种广告方式。

1. 杂志媒体广告的优点

（1）专业性强，有针对性。与报纸、电视、广播等其他大众媒体不一样，杂志大多是专业的，有特定的读者群。如《旅游》、《今日中国》、《中国黄页》等。因而在杂志上开展广告活动可以使之深入到某专业或某一行业，按照这一专业性、引导性强的特点，进行广告策划时，就要根据自己的需要，有的放矢地选择不同的专业杂志，使广告效果事半功倍，如选择《北京商务》为广告媒体进行宾馆酒店的形象宣传等。

（2）阅读有效时间长。杂志内容丰富，信息容量大，读者要分多次才能读完，需要多次接触该杂志，甚至保存下来，日后重读。所以，杂志的传阅率也较高。由于杂志要半个月（半月刊）、一个月（月刊）、一个季度（季刊）才出一期，它在读者手中保留时间长。广告经常性与读者接触，使读者也就有充分时间对其内容仔细研究加深印象。

（3）印刷质量较高。杂志因其具有一定的保存性，所以选用的纸质较好，可以图文并茂，且印刷精致，不论是绘画、照片、图案都能较真实地反映商品形象，展示企业风貌。杂志广告一般集中在一定书页上，如封面、封底、封二、封三及插页等，常常是采用彩色插页，没有其他内容掺杂，这样广告就能在读者心目中占有突出的位置，留下深刻印象。

（4）突出醒目，引人注意。杂志广告大都独占一页，醒目、突出、整洁，不像报纸广告那样小面积地划分版面。杂志版面整齐统一，信息干扰少，能吸引读者的注意力。

（5）适应广告对象的理解力。杂志的订阅者通常对该杂志有所偏爱，尤其是订阅专业性杂志的读者，通常都具有该专业的知识。对广告的内容，比较容易理解，也易于接受。

2. 杂志媒体广告的缺点

（1）周期长，时效性差。杂志是定期刊物，有半月刊、月刊和季刊等，因为设计排版时间长，所以出版周期也较长。一般的周刊也通常需要提前几个月预订广告版面，这就使一些时效性强的公关广告无法发挥作用，如为提高企业的知名度而举行庆典活动、新闻发布会活动等，要是在杂志上做广告的话，可能当杂志出版后，有关信息对读者早已是明日黄花，效果甚微。

（2）接触对象单一。与报纸相同，杂志也是大众传播媒体形式，但因为杂志专业性强，有特定的读者对象，使覆盖范围受到限制，无法将特定的广告信息传递给部分特定部分公众，比如需要了解某地所有二星级宾馆信息，一级杂志也就难以接受。

（3）发行量小，成本偏高。因为发行量的限制，致使广告成本偏高，杂志上刊载广告信息需要付出较高的广告制作费用和刊载费用，所以限定了利用杂志做广告的广告客户数量。同时，杂志因篇幅页数有限，不可能把大部分篇幅作为广告载体，加上发行范围狭窄，广告主会感到为此付出大量广告费用，得不偿失，得不到预期的广告效果或广告目标。

（4）杂志多且性质相近，选择较难。因为国家文化教育事业的发展，目前同类性质杂志数量较多，如女性类杂志有《中国妇女》、《妇女》、《女性》、《女友》等，使广告选择极难取舍，从而时常造成浪费。

确定选择杂志为传播媒体进行广告宣传，关键在于尽量避开杂志的局限性，而利用杂志发行面向全国有一定权威性、彩页美观、信息容量大、时间长等特点来推销宾馆酒店的形象。通过不露销售痕迹的企业形象宣传介绍，从意识深处增加受众对企业的信任感，从而建立起企业与社会公众的良好关系。所以，杂志刊登广告的类型较多是采用观念广告、信誉广告、服务广告、创意广告、纪事广告，从而向社会展示自身整体形象。

（五）POP 广告

POP 广告是英语 Point of Purchase 的缩写，即购物点广告，又称现场广告。只要是在购物场所内外所做的各式各样的广告均为 POP 广告。POP 广告因其在商品的销售现场，直接与消费者见面，具有最直接、最有效的宣传作用。

1. POP 广告的类型

（1）柜台广告。能引起消费者的注意。

（2）悬挂广告。是指从顶棚、梁柱上垂吊下来的展示物品，如品牌、饰物、彩条、旗帜等，只要高度适中，能形成各种动态，就能起到引起注意和装饰销售点的作用。

（3）墙面广告。是指利用墙面张贴、招贴海报等方法介绍企业、宣传商品和美化墙面。

（4）地面广告。是指利用店内外的地面空间，放置商品陈列架、展示台、旋转台等。

（5）动态广告。是指一些立体上下运动的广告物，如热气球吊着飘带，上书企业或商品名称等。

（6）货架广告。是利用货架的边框设置的广告。

（7）光源广告。在广告作品内放置各种灯光，使广告商品更加清晰、明亮、精美。

（8）包装广告。包装商品的内外包装，包括包装物上的企业名称、经营特色等。

（9）橱窗广告。包括放置在橱窗内的一切广告物与装饰物。

（10）招牌广告。包括各种形态的招牌、旗帜、框子、彩带等。

2. POP 营销广告的主要功能

POP 广告是进行公关宣传的一种十分直接有效的广告形式。由于广告宣传总得借助于一定的地点、场所，而 POP 广告就是在某一特定的现场以生动、形象、直观、频繁的广告行为直接同广告受众见面，具有最直接、最有效的宣传作用。特定场所的条幅、旗帜、气球、印刷品、包装、时装模特、电视屏幕随时随地使旁观者成为广告受众，接受 POP 广告信息，从而起到报纸、杂志、广播、电视四大媒体所无法比拟的作用。对 POP 广告来说，其主要作用还是在于美化企业，树立企业形象，迅速给公众留下深刻印象，使广告受众立即采取行动。

3. POP 广告的应用

比如在旅游风景点，众多宾馆酒店都设有广告牌。有些宾馆为了突出自己，让自己的服务员穿上少数民族服装，在车站向游客发放小册子，宣传自己宾馆不仅住宿，还可以满足游客各种层次的需求，结果大多数游客都去了该宾馆住宿、就餐。

（六）店外广告

所谓店外广告，是指那些远离营业场所，竖立在路侧的大招牌和巨大的展示标志。这类路侧招牌展示标志已经成为店外广告的主体。但以提供膳宿服务的企业而言，还有其他方面值得考虑和运用。路侧招牌、屋顶上的标志、门口的遮檐、车厢广告卡及橱窗展示等都是重要的店外广告，而其重要性的程度或顺序，就要由本店所在的地点与营业类别而决定。

1. 路边招牌

路边招牌的一般形式有以下三种：海报式的大幅广告、油漆的展示品，还有电动的招牌。

（1）海报广告牌（Poster Billboards）：可以构成大宗的店外广告。它们标准的设计是木制的框架结构，上面张贴大幅石版印刷的图文并茂的海报式广告。这类广告板的外观都很相似，大都是绿色的框子，框子是白色镶边，整个版面都是石版印刷的广告词。最近这种广告都已改用铝框。

利用海报牌招揽生意称为"展示招揽"。它是将许多广告牌运用于某一项特定的宣传活动，这类海报广告牌通常都是租用的，店外广告公司将所有适合于展示招揽需要的并且可利用的地点列出一张表来以供租用人参考。但是购买这种广告空间的人往往不能选到他的海报牌所需要的最佳地点，广告公司仅能告诉他哪一个地点比较符合他的需求而已，海报展示空间的出租费用，大都是按月收取。

（2）画的展示（Painted Displays）：这种广告并不像店外广告完全图画的海报那样具有特殊地位。但对酒店而言，画的展示广告有其特定的作用，因为它们可以一次买下，而不是临时租用。至于招牌的制作则根据广告商或是店外广告公司提供的特殊设计而由广告画家画出来的，有的画在大块广告板上，有的直接画在墙上。

公示广告牌就是一块金属板，四边镶以装潢讲究的框子。这种广告牌可以永久使用，但其版面或者广告词可定期改变。利用粉刷的墙壁做广告牌，广告词也就直接附着于建筑物本身了。这类展示牌的大小几乎没有尺寸的限制。也不像海报广告牌，购买广告的人可以任其需要而选择地点。每块展示牌的价格各有不同，一般根据装置的位置、容易被人看到的程度、尺寸的大小、交通流量，以及其他任何特别结构等情况而定。

在所有的广告展示牌中，最大而又最具效果的是流线型广告牌。这是一大块现代化设计的广告板，上面可以制作各种独特的广告。

屋顶广告展示是闹市区或商业区常见的，大小虽然各有不同，但一定要相当接近于标准体积，因为这类广告招牌的大小受到市政当局的有关规章的限制。

公路或铁路上的广告牌，都是面向往来车辆频繁的公路或铁路干线，广告牌的大小不一。

画的广告牌，纵使是广告内容或版面完全没改变，每年也得重画两三次。如果广告内容或版面有所改变，则需要油漆加工，以求达到增加新内容的目的。画的广告牌的空间都是按期收费，大约是一年分为两期或三期。

非电动的广告画可在各种颜色上使用特殊的反光剂，以求广告内容在夜里也有效果。文字部分的笔画可用最鲜艳的色彩，而使广告词格外醒目。

（3）电动广告：形式上往往倾向于巨大、壮观而又豪华的格局，一般来说，它并不适用于宾馆或汽车宾馆，因为费用太大了，它是所有的店外广告中最昂贵的一种。

广告牌上最常用的灯光照明是悬空的聚光灯，挂在招牌顶上，灯光由上而下，照射出招牌正面的全部广告内容。但用霓虹灯制作的字体所构成的广告，已经成了电动广告招牌中最具效果的一种。

2. 店外广告招牌应具有的特色

（1）地点（Location）：选择客流量最大的地点，使看到广告的人能够达到最大限量。

（2）可见度（Visibility）：招牌的正面绝不能受到任何遮挡。

（3）简洁（Brief）：广告词的内容应当浓缩成一个要点，使用的文字越少越好。要知道那些你希望他们能看到你的广告的过往客商，大都是以 80 千米/小时或更快的速度经过你的广告牌的。

（4）设计简明（Simplicity）：理由同上，广告题材要简短，版面设计要简明，这样才能使整个插图、设计及内容，行人一眼即可尽收眼底。如果设计能够做到简明，广告牌内容的收视率就很高。如果设计复杂，也许就没有什么人愿意看它一眼。

（5）色彩（Color）：店外广告招牌绝大部分都是彩色的。当然，色彩越鲜艳越好。可能时应在招牌上加一幅大型而色彩艳丽的插图。酒店企业界对于同业所用的广告招牌每年都有一次评选，得奖人大都是广告牌绘图具有鲜明特色，而广告题材的文字，如在 10 个字以内得奖的把握就会大很多。

（6）灯光照明（Illumination）：一般情况下，白天的客运车辆频繁，但在晚间 6～10 点这一段时间，路上的行人还是相当的多。为了晚间的招揽，广告招牌的照明设施也必须有特色。为了获得广告的最大效果，广告版面的设计、美工以及广告题材必须反复推敲、十分讲究，才可收到令人满意的效果。

3. 房屋上的广告牌或标志

宾馆或餐厅建筑物上的广告牌或标志，在广告词的使用量上受到限制。但为了确切指明本店及本店的服务，那些广告词就必须反复斟酌，力求做到一语惊人。

房屋上的广告牌第一个需要考虑的因素就是可见度。正确决定任何广告牌的可见度的唯一办法是从建筑物附近的每一角度由远而近地走向建筑物试作观看。

建筑物上的广告牌一定要有照明设备，而且电动广告牌较为理想。霓虹灯做的广告牌，色彩鲜明，文字清晰可读，其效果是非常理想的。

房屋上的架构式广告牌，就是用具体的模型或者立体的标志表示本店的店号，效果很好。但广告一定要用特殊光亮的聚光灯照明。否则的话，这一类的模型广告牌在白天效果很好，但到了夜间就不能和那些电动的霓虹灯广告牌相比了。

如果店面正好是在街道的转角，房屋上就得用双面的广告牌，这样才可以让走近街角的人，无论从哪个方向来都可以看到广告牌。

在当今信息化时代，建筑物上的广告牌已经成为最重要的广告媒体之一。可以为你的营销助一臂之力，可以促使客户投宿本店，可以引起社会公众对本店的关注。大楼的顶层平面是对空间广告最具威力的地方，每个人都会或者需要空中旅行，但有几个人在飞临他们目的地域上空时，能确认出多少宾馆呢？所以在顶楼的平台上把自己的店号，用巨大的字体漆写上去，会收到意想不到的招揽效果。

正如所有的广告一样，建筑物上的广告牌应当使其和本店的格调相一致。如果店内的装潢是德国巴伐利亚式的，店外招牌上的字体就得非常现代化。一般而言，装潢现代化的宾馆不适宜用老式的英文字体招牌。

表明店号的广告牌只要写上一个全名的店号就可以了，其他辅助性的广告牌则可以用简缩的店号。和本店联营的有关企业当然也可加上去，但这类广告牌若是用上好几个，令人看起会有五花八门的纷乱之感。

4. 门前的遮檐与橱窗展示

（1）门前遮檐。门前的遮檐在意义上及其所能提供的广告招揽上，与建筑物上的广告招牌并不相同。虽然遮檐也可写上自己的店号，但它也可能成为一些额外的广告源头。遮檐在很短的距离以内方可看到，所以上面的店号应当尽可能地引人注目。

遮檐广告所起的招揽作用，仅限于接近本店的路人，能够看到遮檐上广告词的人，就是人行道上的行人、街道上的汽车驾驶者，以及乘用公共交通工具经过本店门口的乘客，所以遮檐广告一定要在左、右、前三个方向大做文章。

遮檐上的广告题材当然要标明店号，但也可以包括直接推销广告，例如餐厅、酒吧、晚会俱乐部、咖啡厅、特别的娱乐节日及音乐演奏等。通用的广告词则为欢迎光临，或对于在本店召开的某种会议的出席代表致敬。遮檐上的广告空间越能适合于广告词的改变越好。

遮檐上的广告一定要予以电气化，也就是说必须要有很光亮的照明设施。

每一家酒店都应有某种形式的用于广告的遮檐，纵使它原来就有遮雨或遮日蓬的设施。凡是可以向经过本店的人做广告的机会都不能放过。你的其他方面的广告也许会把一个可能的客户引到你的门口，但那绝不表示他一定会走进来，而遮檐广告可能是引他进来的最后一个"钓饵"。

（2）橱窗展示。最为人格化的店外广告就是橱窗展示。它具有特殊的、其他任何形式的广告都无法替代的优点，因为它能显示出三维空间，也就是说它是立体的。有些最新式的店外广告具有一种类似第三度空间的性质，但它们在这方面还是不能和橱窗展示相提并论。至于遮檐，固然是人行道上的一个很理想的"钓饵"，它的作用正如在其他所有的广告上加了最强有力的一句推销词，因而帮助了一次推销的圆满结束。但是，橱窗展示的效果甚至比这个还要好。就整体情形来看，众多酒店并未重视这种广告，它们似乎忽视了这一个强有力的推销资源。在机场设立这类展示橱窗的酒店也是相当的少。敞开窗户，让过路的人看到里面的餐厅也是一种很好的广告，尤其是如果能够从窗口看到里面正在进行的烹调活动或就餐的情形，效果会更好。

（七）互联网广告

互联网的兴起为酒店的广告宣传打开了新的通道。酒店可以通过 Web 服务器和客户浏览，在互联网上发布各种信息。消费者可以借助检索工具迅速找到所需要的酒店信息。

常用的互联网广告形式有：旗帜广告（Banner）、图标广告（Logo）、文字链接（Text）、电子邮件广告（Mailing list）、使用新闻组（Newsgroup）、网上问卷调查（Questionnaire）等。网络广告本身是一种很有潜力的广告载体，它具有传统媒体广告所无法比拟的优势：

（1）交互性。它可以使消费者随心所欲地选择自己感兴趣的广告信息，而且传播快速，发布和接收基本同步。

（2）全球性。互联网的全球性使互联网上发布的广告也是全球性的。

（3）针对性。可以分析网站访问者的喜好，以精确定位投放广告。

（4）精确性。互联网广告的发布次数和效果均可以采用技术手段精确统计。

五、酒店公关宣传活动的步骤

酒店的公共关系是一个信息沟通的活动过程。有效的酒店公关活动能加强酒店的竞争优势，创造出酒店良好的市场形象，有利于营销活动顺利进行，还能吸引优秀的人员加入到酒店工作和服务工作中去。一般来说，酒店公共关系管理包括以下七个步骤：

1. 确定酒店的公众对象

即找出酒店主要的宣传对象，是酒店的潜在客人，还是酒店投资者？是酒店员工，还是酒店的销售渠道成员？酒店的公众对象包括许多类型。酒店必须首先确定其公共关系的主要公众对象是内部公众还是外部公众，是哪一种类型的公众，该类型的公众在酒店消费中有何特点等。

2. 确定是否与酒店主要公众渠道存在交流问题

这是酒店公共关系活动的第二步骤。这时酒店必须确定是否与酒店主要公众之间存在着需要交流的问题，如主要公众对酒店产品是否了解，公众对酒店服务是否满意、有什么意见等。假如酒店与确定的公众之间不存在交流上的问题，那么，酒店公关人员应重新回到第一步，即确定别的宣传对象。假如公关人员认为酒店与确定公众存在着一定的交流问题，那么就可以进行管理的下一步工作。与酒店主要公众对存在的问题进行交流是酒店公共关系的主要目标。

3. 确定交流的目的

一般来说，酒店与公众之间可能存在的交流问题有以下三种：认识上的问题、感觉上的问题和行动上的问题。通常，酒店公共关系因较适用于解决认识性问题和感觉性问题而常常围绕着这两类问题而展开。酒店公共关系活动的主要任务是建立酒店良好的酒店形象和声誉，而开展酒店公共关系的目的则有两个：一是利用公共关系活动来解决公众的认识问题、酒店与公众之间所存在的信息交流问题，以便提高酒店在公众中的知名度，同时使公众对酒店产生忠诚感并为酒店做良好的口头宣传，从而创造酒店良好的形象和声誉；二是利用公共关系活动来避免或克服不良后果的发生，公共关系的目的是酒店公共关系人员在对酒店的主要公众的需求情况了解和对酒店公共关系活动需求明确了的基础上确定的。

4. 确定公关交流的内容

酒店公关经理可根据不同的交流问题来确定相应的宣传内容，即根据酒店与主要公众存在的问题及酒店公共关系交流的目的要求，确定向公众传播哪些信息，以便通过这些信息的传播，进行酒店与公众的沟通联系。

5. 确定公关交流的方式

这是酒店公共关系活动过程中很重要的一个步骤。假如公关经理找不出合适的方法，那么酒店与公众之间的交流问题就只能用酒店的其他营销工具去解决，如酒店人员推销和广告宣传等。假如公关经理认为通过酒店公关活动有办法解决酒店与公众之间的交流问题，那么就可以进行公关计划的制订。酒店必须根据其公共关系的目的和交流内容，根据酒店主要公众的行为特点等，适当地进行选择：如果宣传酒店的产品特征与优势，说明酒店产品的风格，则应该选择大众传播媒介；如果要宣传酒店的经营宗旨和对社会的贡献，则可采用赞助公益活动的方式，要是采用了大众传播媒介，就会有做广告的倾向，反而被顾客误解而不购买，作用就大不相同了。

6. 公关活动计划的制订及实施

公共关系活动是一种涉及面很广而又较长期的战略活动过程，要集中使用酒店的人力、物力和财力，有时要花费很多的费用，因而就需要制订一套完整的公共关系活动计划，并建立相应的组织和管理制度，选拔高素质的公关人才，以确保酒店公共关系活动的正常开展。酒店任何一种公关活动都必须有相应的公关计划来指导，否则，酒店公关活动往往是盲目的进行，结果也难以评估和检查。

7. 评估公关活动的实绩

这是酒店公共关系管理的最后一步工作。有人说酒店公共关系的结果是不可衡量的，因此，酒店公共关系活动没有实用价值。公共关系活动的实绩往往不易衡量，但这并不等于说酒店就无法考核其实绩了。事实上，酒店公关活动只要有计划、有组织地进行，那么公关活动的效果是可以衡量的，而且衡量公关活动效果的方式也有很多。酒店常采用下面的方法来衡量：

（1）酒店常采用剪报方式统计酒店在新闻传媒中的显露次数，即统计各类报纸杂志、电台和电视台介绍宣传酒店的次数，以便衡量各种新闻传媒的作用和影响。

（2）公关经理可以用预计的公众数目与实际受影响的公众数目进行比较，以此推断出酒店公共关系的效果。酒店通过公共关系活动宣传某一特殊事件，如果来参加这一特殊事件的人数增加、营业额增加，则说明其公共关系活动奏效了。

（3）根据宣传对象的理解和态度的变化来衡量。这需要用抽样调查的方法对宣传前后公众对本酒店的了解情况和态度进行比较。

（4）根据职工对酒店的态度变化来衡量。公关经理可通过对员工的士气、酒店的收入等来衡量公共关系的效果。通过调查，如果发现员工的工作热情大大提高，员工的集体荣誉感增强，则说明酒店内部公关活动是成功的。

参考文献

1. 高杰主编．酒店营销策划［M］．北京：北京交通大学出版社，2014.

2. 周显曙，丁霞主编．酒店营销实务［M］．北京：清华大学出版社，2013.

3. 雷鸣雏主编．中国策划教程［M］．北京：企业管理出版社，2004.

4. 刘晓明主编．酒店产品营销［M］．北京：中国财富出版社，2013.

5. 贺学良，王华主编．酒店营销原理与实务［M］．北京：中国旅游出版社，2012.

6. 石增业主编．酒店市场营销管理［M］．北京：旅游教育出版社，2012.

7. 王诺斯主编．酒店营销理论与案例［M］．北京：中国铁道出版社，2013.

8. 金和编著．实用领导艺术［M］．中国纺织出版社，2007.

9. 梭伦主编．新编酒店营销与公关管理［M］．南京：江苏美术出版社，2013.

10. 蔡万坤主编．现代酒店市场营销管理［M］．广州：广东旅游出版社，2012.

11. 经理人培训项目组编著．营销工具箱［M］．北京：企业管理出版社，2006.

12. 宋振杰编著．自我管理：经济人九大能力训练［M］．北京：北京大学出版社，2006.

13. 姚常晓编著．时间管理［M］．北京：北京工业大学出版社，2002.

14. 程爱学主编．市场总监［M］．北京：北京大学出版社，2005.

15. 肖刚主编．现代企业经营决策学［M］．北京：中国经济出版社，2002.

16. 苏伟伦主编．营销企划操作要则［M］．北京：中国纺织出版社，2005.

17. 成荣芬编著．酒店市场营销［M］．北京：中国人民大学出版社，2013.

18. 孙梦阳，赵晓燕主编．饭店市场营销实务［M］．北京：北京航空航天大学出版社，2014.